Lipton's Autobiography

リプトン自伝

野口結加
［訳］

論創社

この本を通じ、日本のリプトンを支えてくださっている多くの皆さま、そして、夢を抱くすべての人にトーマス・リプトン卿の人生の航海にふれていただけたら幸いです。

エカテラ・ジャパン・サービス株式会社
リプトン　ブランドマネジャー兼広報部マネジャー
中村　力也

まえがき

ウィリアム・ブラックウッド

私は、トーマス・リプトン卿と長年にわたって親しく接する機会に恵まれた。私がフリート街（ロンドンの中心部で、英国の新聞社が多数本社を構える地域）で新聞記者としての職を得て、ダンディ（スコットランド南東部の港町）からロンドンに移転したばかりの頃、デュアー男爵（スコッチウイスキー製造者トーマス・デュアー、一八六四—一九三〇年）に招かれて、ロンドン北部のオシッジにあるトーマス卿の美しい邸宅で行われた晩餐会に彼と共に出席した。ハリー・ローダー卿（エディンバラ生まれの歌手で喜劇役者、一八七〇—一九五〇年）もその会に参加していた。私たち四人は皆スコットランド人同士で、その晩以来、変わらぬ固い友情の絆で結ばれることになった。この絆が失われるとすれば、死別によるもので、昨年は温厚で機知に富んだ異彩を放つデュアー男爵が、そしてこの度、ついにトーマス卿が帰天してしまった。

私はジャーナリストとして、トーマス・リプトン卿が生きた人生は途方もなく興味深いものであると認識して、彼に自伝を執筆するようにと繰り返し依頼してきた。だが彼は長年、この類の申し出に頑として聞く耳をもたなかった。そのため、私もついにそれ以上この件に言及することを止めて、リプトン自身が著した書物を目にするという望みをほとんど断念していた。ところが、二年ほど前のこと、彼がアメリカズカップ五度目の挑戦に向けて準備をしている最中に、今度はデュアー男爵自身が、このお年寄りに対して、その驚くべき非凡なる人生の物語について、何かこの世の中に語るべきであると彼を説得し始めた。「それなら、トム」とリプトンは言った。「君がどうしてもと言うのなら、もう一度私も考え直してみる。だが、その際には、ウィリー・ブラックウッドの手助けが必要になる。というのも、私は、お茶やベーコンを販売したり、ヨットレースで競走することはできるが、いわゆる熟達した文筆家ではないからね」。

こうして私がトーマス卿を補佐して、いずれも国際的に繰り広げられた通商分野とスポーツ競技の場を別途に語りながら、それを統合させつつ進行するありのままの人生の物語を綴ることになったのである。

私は、是非ともトーマス卿の存命中にこの書物を刊行したいと尽力したのであるが、諸般の事情により、それを果たすことが叶わずに終わった。彼は、別段それを急ぐ様子をみせなかった。「もう少し待ってもらえないかな」とつい最近、彼は私に言った。「現在、佳境に入っているあのカップに今度こそ私が勝利したら、それについてもっと吹聴できると思うのだが」。八一歳にして、なんと陽気な楽天家であることか。だが、それこそがトーマス卿の真骨頂であった。またその一方で、彼の年を重ねた賢い頭の片隅には、彼の知り合いの中には、彼が好んで使った表現で言えば、彼のことを「気取り屋」だと思う者がいるのではないかという考えがあった。そしてついに彼は、その思い出を記した書物が英国の人々の手に届けられる様子を見ることなく、栄光に満ちた長い人生の幕を引いた。

私自身について言えば、彼の死によって自伝出版の一件は灰燼に帰すものと思ったのであるが、我が友リプトンのこの本に関する援助の申し出を度々受けるに及んで、トーマス卿の腹心の友である二人の人物に相談して、その決断を彼らの手にゆだねることにした。その二人とはすなわち、インヴァフォース卿（軍需大臣を務めたグラスゴーの船主、一八六五—一九五五年）とカーネル・ダンカン・ニール（リプトンにとって海事指南役の親友）である。両者共にこの回想録の中で深い親愛の情をもって言及されている人物で、この書物は満を持して刊行されるべきものであった。二人とも本書の執筆中からその内容のすべてを知り尽くしていた。そしてトーマス卿は、両者に対して限りない尊敬の念を抱いており、それを本書の中で言及することによって、この二人を素晴らしいスコットランド人紳士の典型として見事に書き表しているのである。

目次

最晩年のトーマス・リプトン卿

リプトン自伝

＊本文中の割注は、いずれも訳者によるもの

第一章　幸先のよい出発

「幸先のよい出発は、半分成功したのも同然」とは、いったい誰が最初に言ったのかは知らないが、私には、このあまりにも言い古されてきた言葉の中に、どれほどの真実が含まれているか十分に分かっている。私は幸先のよい出発をした。というのも、私はよい母親に恵まれたからである。彼女は、天国から神様のお使いとして地上に舞い降りた天使のひとりとして、ありうる限りの勇敢な心意気と高貴さを兼ね備えたこの上ない母親である。

私は母を生涯にわたって心から愛してきた。ずっと以前に彼女がもと来た天国へと舞い戻った後も、私には日ごとに母との麗しい思い出が蘇って、その心安らぐひとときに浸って過ごしている。陸上にいる時はもちろんのこと、たとえ海路を旅する途上にあっても、私は母の写真をいつも肌身離さず携えている。つまり私は四六時中、愛する母の面影と心通わせているのである。私が何者であろうと、私にいかなる資質があろうと、私が何を成し遂げようとも、そのあらゆることはすべて、このアイルランドのアルスター地方クローン出身の小柄な女性のお陰なのである。彼女は私の人生行路の先導役であり、その灯火に照らされて、私はここまで導かれ、またこれから先も自分に与えられた時間を歩んでいくのである。

　私の親友なら誰でも、私がこの驚くほど精力的な長い人生を回顧する序章として、今しがた語った母親の思い出に触れずには済まされないことを理解してくれるであろう。なぜなら、これまで私は母について事あるごとに繰り返し語ってきたので、私の人生の中で、まだ幼い少年の時分から、青年期にも、さらには瞬く間に商人として功成り名を遂げ、世間で言うところの富と名声を欲しいままにした後も、母親の存在がいかに多大な影響力を及ぼしてきたかを彼らはよく知っているからである。どんなことでも私は、真っ先に母に助言を求めて、その知恵と見誤ることのない先見の明に絶対的な信頼を寄せてきた。それが何かほんのわずかでも母の心を痛めることであるなら、私はただちに自分の右手を切り捨ててもよいと思うほど（罪を犯す身体の一部分を切り捨てて全身を守るほうを選ぶ聖書マタイによる福音書のたとえ話）、きっぱりと断念した。私にとって母親は、あらゆる真実、実直さ、善良さを具現した存在であり、その彼女を私は深く敬慕していたのである。私がまだやっと六歳か七歳の頃、自分の腕を母の肩にまわして、「きっといつか僕が手配した二頭立て馬車に乗せてあげるからね」と話したことを自分でもよく覚えている。そして実際、彼女はそれをみじんも望まなかったにもかかわらず、私は二頭立て馬車に母を数え切れないほど乗せることができたのである。

　私は、これまで何度も、世界中の友人たちから自伝を書いてみてはどうかという誘いを受けてきた。それは、言い換えれば「回顧録」である。原則的に私は、過去を振り返るのが好きではない。いつでも私は、前を向いていていたいのである。私は常に、昨日や一昨日の出来事よりも、来るべき明日のことに心ひかれている。昨日はすでに過ぎ去った日であり、これから迎える明日には可能性が秘められている。つまり今ここに在る私の前には、まだこれから新たな誕生日を迎えられるという魅惑がかすめて、この先に何かアメリカの海上で行われる競走などに熱中して、かつてグラスゴーで初めて自分の店を開店させた時の感激をさらに上回る熱情を味わってみたいと心躍らせているのである。実際その思いが私の頭の中を占拠し、全身の血が騒いで、それを実現させるためなら、たとえ常人の五倍、六倍もの強靭な意志が必要であろうと構わないと思っている。

人は私のことを称して「世界一の楽天家」だと言う。これには嘲笑も含まれている。いつでも私は、「それは有難い称号だね」と答えている。楽天家なら陽気で元気でいられるからである。これまで私が人生行路を笑顔で渡ってこられたのは、私が楽天家だったお陰である。私は常にご機嫌で意気揚々としている。私は、この先、来週でも来年でも、結局は決して起きないことに心煩わせて過ごすのはご免である。見ての通りこの私は、どこの町や国にもいる「楽天家氏」の中でも飛びぬけて絶好の見本である。私にとって、「楽天家氏」は生まれながらの親友であり、天与の恩恵なのである。ならばその性分を治してやろうと思うがよい。まか不思議にも医者は一銭も請求できない目に遭うことであろう。

前述の通り、私は自分の来歴を顧みるのは気乗りがしないため、これから本書の中でどっぷり追想に浸かる必要があることを恐れている。だが、もしその物語の中に、争いのきな臭さ、困難に打ち勝つ秘訣、障壁を突き破る手法、ほどよい目標設定の達成、野望の成就といった出来事が散りばめられていれば、読者もその過去にしばし浸って楽しめるに違いないと請け合う友人たちの要望に私が応えるためには、そうするより他に仕方がなかったのである。

さてこれから、ごく控えめに語るにしても、私は前述のあらゆる懐古的要素をすべて盛り込んだ「ブレンド」を提供できるのではないかと考えている。言えばすべてが極めて私的な話をする中で、どの話を選び、どれは除外するか、どの箇所は率直に語るか、それとも口を慎むか、あるいは実話の中で固有名詞をいかに用いるかといった判断が、私にとって悩みの種である。スコットランドのことわざで「プディングの味は、食べてみないと分からない」というように、論より証拠で、まずはお試しあれ。

私の帰属に関しては、よく言われるように、どことなく謎めいた部分がある。時に私はスコットランド人であるとも、あるいはアイルランド人とも呼ばれている。事実はこうである。私は、グラスゴーのラザグレン街クラウン通りにある慎ましくもそれなりにきちんとした共同住宅の最上階にある家の子として生まれた。それ故、私の生誕地はまぎれもなくスコットランドである。だが両親はどちらもアイルランド人で、モナガン州のシャノック・グリーン・ミルにある小さな村の出身である。近隣の都市にはクローンがあり、もしアイルランドの地図を広げてシャノック・グリーン・ミルという地名が見当たらなかったら、クローンとほぼ同じ場所にあると思って差し支えない。そこはファーマナ州（北アイルランド南西部の州）との境界からキャッスルブレイニーを東にエニスキレンを西に望むモナガン州の南西角に埋もれた場所である。このため私の帰属について何らかの議論が巻き起こると、私は正々堂々と、自分は「スコットランド系アイルランド人である」もしくは「アイルランド系スコットランド人である」とも、その時たまま私が肩入れしている会社にとって都合のよい返答をしている。これは議論を呈した当事者のお気に召し、しかも私にとって痛くもかゆくもないのである。この話をして、私は自分が初めて開店させた店でカウンターの背後に立って働いていた日々のことを思い浮かべた。当時の私は、スコットランドとアイルランド双方の方言（その数はいったいどれほどあることか、神のみぞ知るである）の勉強に励むことを常としていた。そうすれば、私には顧客がどこの出身か一目瞭然で、ただちに自分もその方言で答えると、お互いに単に店員と顧客の関係という以上の強い絆で結ばれたのである。こう言うと誇張に聞こえるかもしれないが、実際に私はこのやり方で何千人もの顧客を獲得することができた。というのも、私のお客様は皆、トーマス・リプトンは自分と同郷なのだと思い込んで、それを自分の友人たちに語り広めてくれたからである。私はその通りだとも、それは違っているとも口を挟まなかった。

私の父は、ジャガイモ飢饉（一八四五―一八五二年、アイルランドで主食とされた馬鈴薯の疫病が大発生して枯死したことによって起きた飢饉）の時にアイルランドを離れる決意をした。この時期、アルスター地方の農業地帯では、というよりも実質的にアイルランド全土にわたって、人々の生活が非常に困窮していた。そのため未知なる新天地を求めて、大西洋を横断してアメリカへ渡る決断を下すまでに至らない移民たちは、もう少し近距離の海洋越えに着目した。それはすなわち、スコットランド西部である。この地域の産業都市や町は、これを機に急成長を遂げて、働く場所を求めて集まる労働者たちの多種多様な需要に応えていた。そこで私の父と母は、グラスゴーへ移住することに決めたのである。両親は小さな家を売り払って、その他何千ものアイルランドの家族たちと同様にベルファーストを目指した。そしてそこからふたりは、かの名高きブルーミロー埠頭（グラスゴーで初めて一七世紀末に建設された波止場）に到着した。そこはスコットランド大都市の只中にあって、その数年後、私がその地で誕生することになったのである。

　私の父親であるトーマス・リプトンは、肩幅が広い大柄な男で、その澄んだ眼差しに潔い心意気を映して、あごひげをたくわえ、きさくな人柄であった。彼は人見知りをする引っ込み思案の恥ずかしがり屋であったが、身内には優しく、時に羽目を外す内弁慶で、親しい人の間ではその機知に富んだ人柄で人気者であった。父の情熱は、もっぱら私の母への愛と熱情に傾注されていた。もし両親がかつて愛した緑の島に別れを告げた試練を少しでも後悔していたなら、この第二の祖国でふたりがよい市民として暮らすことはなかったであろう。グラスゴーに移住してほどなく、父は、段ボール箱製造問屋に職を得た。その後、彼はマクニール通りにある製紙工場の計時係に転職して、そこで数年間働いていた。

（上）12歳のトーマス・リプトン
（下）その両親（訳注：1885年頃の油彩）

私は、父がグラスゴーで働いて得た賃金の最高額は一週間に一ポンドから二五シリングほどであったと聞いている。もちろん当時のこの額は、今の同じ金額とは価値が違う。今から四〇年、五〇年、六〇年も前のスコットランドでは、今では極貧の窮乏生活を意味する低賃金で、何万もの家族が立派に生計を立てて暮らしていかれたのである。その当時だけでなく、その後ややしばらくしてからも、スコットランドの町や村で大家族をきちんと養ってきた立派な父親たちの賃金は、私の父が得ていた金額と同程度で、しかもなかには息子のひとり（ひとりだけだが）をなんとか大学に通わせた者もいた。むろんのこと、まだ当時は今のようにカーネギー奨学金などなかった時代のことである。

こうして私の両親は、偉大なるグラスゴーで心地よく新たな生活を始めていたが、その中でもかつてアイルランドで生活した日々のことがしばしばふたりの脳裏をよぎった様子である。まだ私がとても幼い頃の記憶として、クラウン通りにあった自宅で、夕べに両親が揃って暖炉の前に座り、シャノック・グリーン・ミルで過ごしたふたりの幼少期はもちろん、若くして結婚した当初の思い出や出来事を懐かしそうに語り合って過ごしていた姿をよく覚えている。

私は両親が語ってくれる故郷の仲間たちの話が好きで、シャノック・グリーン・ミルやその近隣に住んでいたリプトン一族や他の心温かく陽気な人々の物語に熱心に耳を傾けた。私の父と母が属するリプトン家は、モナガン州ではよく知られて、敬意を表された一族であった。彼らが特に著名であったり、何かに傑出していた様子はなかったが、みんな活気に溢れ、幸せで、格別にぎやかで、いつでも冗談を飛ばし、アイルランド人の家族によくみられる口げんかや時には取っ組み合いまでするような人々であった。その中には、先祖が成し遂げた偉大な業績を誇らしげに吹聴することだけで自分の半生を費やす連中もいたように私には思われた。そういった類の人々は、自分たちの祖先はちょうどジャガイモと同じだということに気づいていないのである。その心は、どちらも最良の部分は地下に埋もれた存在であるという点である。もし先祖が現在に蘇って、自分たちの子孫を目にすることがあったなら、いったいどう思うだろうかと私は時々考える。きっと彼らは子孫たちをひと目見るやいなや、深いため息をつき、さっと踵を返して黄泉（よみ）に舞い戻ってしまうに違いない。大事なことは、自分の先祖が今でいうところのどんな偉人であったかでもなければ、まして父親がどんな人物であったかではない。意味があるのは、自分が自分の人生で何を成し遂げるかだけである。アメリカでは自分たちの祖先のことをさほど気にしない。彼らはいつも、これから自分の家系を形成することに忙しく、だから私は彼らが好きなのである。私がこんな話をして、実際そう信じているにもかかわらず、最近見つけて特に関心をもっているのは、『一八世紀におけるモナガン州』という題名の本である。

　この本の著者であるデニス・カロリン・ラス博士が直面した困苦の日々は、まさにリプトン一族が遭遇したものと同じである。博士の研究は二〇〇〇年もの年月を遡るもので、その遥か昔においても、彼の著書に曰く、リプトン一族はその地域の年譜の中に名を知られた一族として記録されていた。事実、彼らは男系一族の楽しげなお調子者で、笑いが絶えず、お祭り騒ぎが大好きで、その当時から政界に進出して策略を巡らすことに熱心であった。その頃の地元の呼び方で「リプトン連中」といえば、クローン周辺で勃発する大騒動に必ずやその名を連ねていたのである。このラス博士の著作には、彼らの勇猛果敢な冒険談や悪ふざけに関する面白い逸話が数多く収録されて、読者を大いに楽しませてくれる。

一例を挙げれば、一七七〇年のこと、この地域一帯で駆け落ちが大流行した時も、「リプトン連中」が大いに関与していた。この年、キルモア村に移住してきたスコットランド人農夫の娘であるエリザベス・グラハムは、その地域で名の知れた評判の美人であった。村の若き熱血漢たちは、こぞってエリザベスに熱を上げたのであるが、彼女の心を射止めた青年はニコルズという名の農夫であった。この真実なる愛は、グラハム家の両親のお眼鏡にはかなわず、すぐに成就することなく、ついにニコルズはその娘と駆け落ちしようと心に決めた。彼はこの計画を首尾よく成し遂げるためには、シャノック・グリーン・ミル村にいる威勢のよいリプトン家の従兄弟たちに加担してもらうのが一番ではないかと思いついた。この申し出とその展開は案の定、彼らにもってこいの話であった。さっそく作戦会議が招集されて、実施計画が練られた。そしてその翌日の晩のこと、グラハム家の「要塞」が襲撃され、娘が連れ去られて、めでたくも愛する人の元に送り届けられたのである。

この一件で村は前代未聞の大騒動となった。グラハムの父親は怒髪天を衝き、友人からその使用人までかき集め、武装して真っ向から反撃に出て、愛する娘を奪回したのである。この小競り合いの結果、どれほどの負傷者が出たかについて、『一八世紀におけるモナガン州』の著者は明言していないが、これには後日談があって、リプトン連中とその加担者たちはこの容疑で逮捕され、次に行われた巡回裁判（判事が各区を巡回して開いた法廷）にかけられて、「エリザベス・グラハム嬢を強引に連れ去った」罪で罰金を科せられたということである。この時に起訴された面々として、ジョージ・ニコルズ、ウィリアム・リプトン、ロバート・リプトン、ジョン・リプトン、ウィリアム・コイン、ウィリアム・マハフィー、ミカエル・マカフリー、ヒュー・マゲリーの名前が挙げられている。この当時、女性を連れ去ることは死刑に値する犯罪とされていたため、グラハム一家は、アイルランドで最も腕利きの法廷弁護士を雇って、この犯人たちをひとり残らず絞首刑に処そうと企てた。しかし、エリザベス・グラハムが法廷の証人席に立つと「私はジョージ・ニコルズを愛しています」とにこやかに証言して、今度は自分の自由意志によって彼と一緒にその場を去り、当のリプトン連中は彼女の幸運を祈るためにその場に列席していて、この目論見はあっけなく潰えることになったのである。この種の訴えではよくあることだが、その後、この訴訟は当事者の女性を抜きにして、遂行されたものと推測される。

だがこの書物によれば、私の祖先たちは、殊の外「困難」が好みであったようである。ラス博士の指摘によると、このグラハム家駆け落ち事件が起きる数年前、モナガン州の地主と小作人との間で非常に辛辣な論争が起きていた。農民側を果敢に擁護していたシャノック・グリーン・ミル村のリプトン三人組は、他にも悪事の限りを尽くしてきた連中で、ある晩のこと、代官とその補佐役を襲撃して拉致するという企てを二つ返事で引き受けた。歴史的にこの「代官」という言葉には、アイルランド人でもスコットランド人でも、赤い布で雄牛を怒らせるような挑発的な含みが感じられるため、今の時代の私から見ても、かつてのリプトン連中が起こした行動には何の呵責も感じられない。いずれにしても、彼らは逮捕され、一七六七年に裁判にかけられた。結局、「ファーマナ州の陪審員は誰ひとりとして、リプトン連中に対して有罪の評決を下すものはいなかった」という合点がいく正当な理由で無罪放免になったという記述を読むに至って私は嬉しく思った。文書記録として保管され、カロリン・ラス博士の研究によって再び日の目を見ることになったこの特別裁判の記載によると、この一件に関わった裁判官と陪審員たちは、昼ご飯を満腹たいらげたようである。当時の裁判所書記は、淡々と型通りの裁判記録を作成するだけでなかったことは、「この陪審員たちが昼食から戻ると、ある者はほろ酔い加減、またある者はかなり飲んだくれ、別の者は、すっかり泥酔状態であった」という驚くべき言及が付記されていることで明らかである。なんと「懐の広い時代」であったことか。

第二章　グラスゴーでの少年時代

　私が生まれて幼少時代を過ごしたグラスゴーのクラウン通りは、私の生家があった当時と変わらず、今でも整然と広々した大通りである。それはさほど長い通りではないが、スコットランドの都市部によくみられる大通りと同じく、きちんとした労働者階級の人々が住む共同住宅街であった。「共同住宅」とは何か説明する必要があると思うのだが、それは三階建て、もしくは四階建て以上の建物がいくつかの住居に分割されているものである。その各住居には二～三部屋もしくはそれ以上の個室があるが、私が知る限りもっと上流階級の人々が住む地域では、同一階に六～七部屋ある「フラット」と呼ばれる住居もあった。

　我がリプトン家は、四部屋ある最上階で、家賃は、私の記憶が正しければ、年間一二ポンド一〇シリングに都市税を加えた額であった。我が家は、お世辞にも華麗であるとか芸術的であったとはいえないが、こざっぱり清潔で居心地のよい家であった。私の母は、我が家をいつでも新築同然に行き届いた手入れをしていたので、もし床に座って食事をすれば、よく磨き上げ

トーマス・ジョンストン・リプトン生誕の家

られた暖炉や火格子に自分の顔が映るほどであった。おおかたのグラスゴーの主婦たち同様、母は慎ましい我が家を塵ひとつなくこぎれいに保つことに全精力を傾注していた。私は、外から帰って玄関マットで靴底を拭わず家の中に飛び込んで、よく母に叱られたことを覚えている。当時の私はまだ幼いながらも、我が家とクラウン通りを誇りに思っていた。とにかくそこは「高炉の近く」だったからである。この意味するところは、グラスゴーの住民なら誰でもすぐに分かるであろう。「ディクソン高炉（ウィリアム・ディクソンが一八三九年に設立した五箇所の溶鉱炉を擁する製鉄所）」といえば、過去数百年来、世界に名の知れた溶鉱炉のことで、現在もクラウン通りの取っ付きに鎮座して、今日でもグラスゴー中の子供たちにとって常に賞賛と憧れの的となっている。

私も後年知ったのであるが、クラウン通りは、「高炉の近く」以外にも、私たちがそこに住むずっと以前に、詩集『時の流れ』で有名な新進気鋭のスコットランド人詩人ロバート・ポラック（夭折の詩人、『時の流れ』は没年出版の代表作、一七九八―一八二七年）が、グラスゴー大学の学生時代に一時期住んだ家があったことでも知られていた。またほぼ同時期には、蒸気ハンマーの発明者であるジェームス・ナスミス（エディンバラ生まれの技術者、一八〇八―一八九〇年）が、ディクソン高炉の徒弟時代にこの煤けた舗道を行き来していたのではないかと私は推察している。私がこのような史実を知ったのは随分後になってからであるが、そのお陰で、私にとって自分が最初に住んで、数多くの幸せな思い出が刻み込まれた生家があるこの古い通りに対する愛着と敬意の念が一段と増すことになったのである。

そういえばふと思い出したのだが、私がこのクラウン通りで過ごした少年時代に我が家の隣に住んでいた労働者階級の物静かな男性ふたりは、その後、現代の産業発展期において非常に重要な役割を果たすことになった人物である。ほぼ毎晩のように、そして土曜日の午後には必ずといってよいほど、この兄弟は、共同住宅の裏手にある洗濯所にこもって内側から施錠して、なにやら怪しげな異臭を放つ何事かに専念していた。その扉や窓の隙間から煙やガスが漏れ出して、訝しげにそれを見つめる私の眼には、それぞれが違った色や濃さで噴き出しているように映った。当然のことながら近所の人々も、この得体が知れない咳き込むような悪臭を嗅ぎつけた。すると共同住宅の屋根のてっぺんから、ある年配のハイランド出身の主婦の叫び声が轟いた。この出来事は、もし識者が仲裁に入らなければ、クラウン通り中が魔術師の呪われた怒号で凍りついてしまうかと思われたほどで、今でも強烈な記憶として私の脳裏に焼き付いている。この若き日の実験者たちこそ、のちにグルタペルカ（アカマツ科の樹木）からつくるゴム様樹脂の創案者として、世界に名高き「R&J　ディック商会」を創業したロバート・ディック（一八二〇―一八九一年）とジェイムズ・ディック（一八二三―一九〇二年）兄弟なのである。

　クラウン通りの屋外にある小屋から漂うこの嫌な臭いと謎めいた雰囲気にもかかわらず、むしろそのお陰で、ますます私は、物静かな中に確固たる目的意識をもったこの兄弟に心ひかれるようになって、ある土曜日の午後のこと、ふたりが私を小屋の中に手招いて自分たちの仕事を手伝ってもらえないかと誘ってくれた時は本当に嬉しく思った。当然のことながら、彼らの実験装置は極めて原始的な仕組みで、グルタを煮るための古い銅製鍋がいくつかと、そうしてできた液体を長靴や靴に沁み込ませるのに必要な濃度になるまで絞るために使う旧式の印刷機が置いてあるだけであった。私の役目は、煮えた「ガッティ」（"gutty"とは、グルタ gutta を煮たものの愛称）の残りかすを外に出して鍋を空っぽにすることであった。私の報酬は、欲しかったその残りかすをもらえることだけだったが、私はこのゴム底製造業の仕事にすっかり夢中になって、この残りかすを次に煮る時に加えてみてはどうかと彼らに何度も提案していた。私が天然ゴム産業の黎明期に深く関与していた話をすると、いつでも世界中の人々がとても面白がって聞いてくれる。ロバート・ディックとジェイムズ・ディックは兄弟共に帰天して久しいが、彼らが成し遂げた偉大にも価値ある功績は、彼らの名前と共にスコットランドはもとより世界の産業史の中で末永く後世に語り伝えられることであろう。

当時のリプトン家の家族構成は、私の父と母、兄のジョン、姉のマーガレットと私の五人であった。この他にもふたりの兄弟がいたのだが、いずれもひ弱な体質で幼少の時分に夭折している。ジョンは、一九歳まで生きて、虚弱体質ながらも、不屈の精神と大きな野望に燃えていた。彼は医者になろうと決意して、学校を中途退学して、ヴァージニア通りにある薬局に勤務した。そして彼は、いつかグラスゴー大学で学ぶための学費をそのわずかばかりの給料からやりくりしている矢先に天に召された。彼ならきっとよい医者になったであろうと私は思う。両親が彼の死を嘆き悲しんだことはもちろんであるが、私も兄弟ながら頼もしい立派な兄貴として崇めていたジョンを失って悲嘆にくれた。マーガレットは、身内にはマギーの愛称で呼ばれて、ジョンの死後も数年間、家族と一緒に暮らしていたが、やはりまだほんの若い娘盛りに神に召された。私の両親にとって幸いなことに、私自身は他の兄弟たちに比べて、ずっと丈夫な体質に恵まれていた。ほんの一時期、視力にわずかな問題が見つかって、シャーロット通りの古めかしいグラスゴー眼科に恐る恐る通院した以外、私はほとんど病気らしい病気もせずに、びくともしない頑強な健康体に成長した。それがどのような理由によるものか、なぜ私だけが病気知らずの人生を生き抜くことができたのかについて、常々思い巡らせてはみるものの、いまだに納得がいかない。それは深遠なる神の摂理としてしか考えようがないのである。

私は後年、自社の本拠地をロンドンに移転するため、グラスゴーを後にするまでの間、折に触れてクラウン通りを訪れ、古びた窓辺を見上げながら、自分が貧しくも幸せな少年時代を過ごしたその同じ場所に立って、様々な出来事を回想したり、行きつけの場所を訪ねてみたりしたものである。

当時のことを思い返してみると、父のわずかな給料だけで、いったい母は、どのようにして家中を居心地よく保ち、家族全員の食事を準備し、きちんと洋服を着せて、上手にやりくりしてきたのかと私は不思議に思う。もちろんその給料の額は、今よりずっと値打ちがあったとしても、その実情は私には想像もつかない。いつでも私たち家族は、たっぷりよい食事を摂っていて、食卓には、ポリッジ（引き割りオーツ麦を煮た粥）、スコッチ・ブロス（身近な季節野菜、大麦、肉の切れ端などを煮込んだスープ）、ポテトスープ、自家製のスコーンやオートケーク（引き割りオーツ麦をクラッカーのように薄く焼いたもの）などが並んでいた。母は裁縫も得意で、私が着る洋服は、ほとんどすべて母のお手製のものであった。母は、昼も夜も、寝る間もなく働いていた。その上、私が思い出す限りいつでも、母はその顔に笑みを浮かべて、楽しい話題を口にしていた。

私は、しっかり高きを目指して、人生の理想像を思い描くようにと母から教えられた。正直、勇気、誠実は、彼女にとって人生哲学の大切な信条であり、まだ私が子供の時分から、母は事あるごとにそれを私に言って聞かせることに余念がなかった。リプトン家では、宗教も大切な位置を占めていた。母は、たとえ自分や自分の愛する者たちにいかなる事態が降りかかろうとも、自分たちが神様を畏敬している限りは、心配無用であるとの確固たる信念を抱いていた。

私たち家族は、安息日にはいつでも、クリランド通りにあるスコットランド・ハッチソンタウン国教会の礼拝に出かけていた。あるひとつの理由で、私は教会に行くことがとても好きだった。それというのも、司祭をはじめ教会関係者一同が私の両親に対して敬意をもって接してくれることが私には嬉しかったのである。その上、ヴィクトリア女王に仕えたかの有名なノーマン・マクレオド尊師（カナダのノバスコシア州への移民を率いた長老派教会の牧師、一七八〇―一八六六年）が来訪された時など、何か特別な説教が予定されている時には、私たち家族のために説教壇近くの特別席が用意され、しかも「よい説教」が予告されると必ずや殺到するスコットランド人群衆を回避できるように、我々には教会の横扉からの出入りが許可されていた。このような時に特別待遇に与（あずか）れるのは、自分がリプトン家の一員だからであるという誇りで私は胸が一杯になった。

私には決して忘れることができないある日曜日の朝のこと、その日、私はたったひとりで教会に行くことになっていた。母は、いよいよ出かける前の仕上げとして、私の服装を整えて、献金するための一ペニー硬貨を私の手にしっかり握らせて、「リプトン家の代表」としていってらっしゃいと送り出してくれた。当時、まだ私が六歳か七歳頃のことである。入口に立っていた教会役員は、説教壇の最前列の席に私を案内してくれた。その日の司祭は、善良ながらも厳格な面持ちのスコットランド旧派の古参で、雷鳴のように力強くもなめらかに響き渡る弁舌で、「我は我が兄弟の番人であろうか」（旧約聖書にあるカインとアベル兄弟の物語で、他者に対する姿勢を問う一節）という部分を聖書から引用して説教を始めた。ここで私が「力強くもなめらかに」と表現したのは、私がこの日の説教の中で印象に残ったのはその部分だけだったからである。この引用箇所以外で私が覚えていることは、説教者がずっと私のほうを睨みつけるように見つめ続けていたことで、しかもその眼差しは説教が進むにつれて、ますます自意識が強まり気難しそうになってきた。その抗しがたい激流のようにほとばしる説教の締めくくりとして、説教壇に立つ善良なる聖職者は、「我は我が兄弟の番人であろうか」という問いかけを三回繰り返して、まっすぐに私の方を見据えているように私には思われた。その重要な引用部分を三度目に繰り返した時、司祭の燃えるような眼差しが私を捉えた。恐れおののいた私は、これは何としても返答しなくてはいけないのだと思いこみ、甲高い子供の声を張り上げて「はい、そうです」と叫んだ。すると警察裁判所の実況描写風にいえば、説教者とその日の礼拝に集まった人々は、一瞬ものも言えない程驚いた様子で、次にこらえるような忍び笑いが教会中に湧きおこった。私にはそれが「リプトン家に対する侮辱」だと思われてひどく傷つき、家までずっと泣きながら走って帰ったことを今でも覚えている。

私の父と母が生計を立てるために新たな事業に乗り出す決心を固めた日は、我が家の歴史に残る重要な一日である。それはクラウン通り一三番地の路面から階段を三段下りた所にあるごく小さな店舗で、両親はそこを借りて食糧供給小売業を始めることにしたのである。ふたりには小売店主の経験はなかったが、人は誰でも食べて生きているのであるから、近所の人々に日々の食糧を提供する小さな店を始めてはどうかと思い当たった。この店舗開店の決断は急な思いつきではなく、父と母は、あれやこれやと思いあぐねて、祈りにも似た心境で長い時間をかけて、様々な方法や手段、問題点や見通しについて検討を重ねてきた。彼らの貯金はほんの数ポンドのみで、もし失敗すれば、それは身の破滅を意味した。それでも両親は、信念と活力と決意をもって臨んだ。ふたりの願いは、まずはなんとか生計を立てること、次に文字通りの「成功」を収めること、さらにはとてつもない大儲けをすることであった。

　こうして小さな店が開店した。そこはあまりにも狭くて、一度にお客が半ダース（一ダース一二個の半分、六名）も入れば、お互いに肘を突き合わせるほどであった。だが店舗自体は塵ひとつなく清潔で、陳列商品もまた同様であった。その主な取扱い商品は、ハム、バター、卵で、母は小作農のジェイムズ・マクエヴィニーをはじめ、クローン地方で昔馴染みの友人たちから毎週のようにハム、バター、卵を仕入れていた。毎週月曜日にアイルランドからの蒸気船が寄港すると、手押し車で一週間分の商品を店まで運搬するのが私の役割であった。この仕事の対価として、母は私に二ペンスを支払ってくれた。これが私にとって初めて商業で得た週給であった。

　私は両親が始めたこの事業に強い関心をもった。それは最初からほどよい成功を収めていた。顧客にとって、確かな品をほどよい値段で購入できることはもちろんであるが、それにも増して重要なことは、その品々を扱っている者が、店の近隣地区で何年来よく知られた表も裏もない正直者で顔馴染みの人物だということであった。それに加えて私は、とても若手の荷物運びとして店に仕えて、その週の荷をブルーミロー埠頭にあるアイルランド蒸気船倉庫からクラウン通りまで運搬し、店の隅々から窓まで汚れひとつないように磨き上げ、といっても汚れがあってもほんの少しばかりであったが、店をきれいに保つことで父親を助けて、母親に用件を伝えに使い走り、顧客には商品を配達して廻った。ある朝のこと、私は父がお客に半ダースの卵を販売している姿を見て、「ねえ、お父さん、卵を売るのはお母さんに任せたらどうかな。お母さんの手はお父さんより小さいから、お母さんの手で売ったほうが卵が大きく見えると思うんだ」と父に言ったことがあって、私の頭の中にはその当時から小売商人としての潜在的な資質があったのではないかと思われる。ずっと後年になってからも、しばしば私は、この自分の申し出を思い出して、我ながら小さな子供にしては賢くもませた物の見方であるとほくそ笑んだ。

私の学校時代については、あまり語ることがない。母は私の教育について非常に心配していた。我が家には学費が高い学校に私を通わせるゆとりはなかったが、その必要はなく、当時のグラスゴーには、今でもそうであるが、子供たちにとって、必要以上に冗長なものではないにしても、基本的な基礎学力をしっかり身につけられる立派な学校が多数あって、実際に役立つ教育を受けることが可能であった。スコットランドは、教育機関や学校教育に関して定評があり、この実情は、広く一般に認められているスコットランド人の卓越性にも大いに寄与しているものと思われる。

私が最初に通ったのは、グラスゴー緑地帯の向かい側にあったセント・アンドリュース教区学校である。その当時、学校長を務めていたロッホヘッド先生は、すでに少年時代から傑出した学業成果や才能を発揮した人物であるとの評判を母も常日頃から耳にしていた。私の学費は週三ペンスで、毎週月曜日の朝、校長に支払っていた。このロッホヘッド氏は、古めかしい類のスコットランド人教師で、賢明で近寄りがたい堅物ながらも、その身の振る舞い方には無意識にも情け深い性分が垣間見えていた。彼は生徒たちの大半から無条件の敬意を勝ち得ていた。やんちゃ者の中には、時として校長にちょっといたずらしてみたこともあったようであるが、せいぜい一度きりで退散したようである。私自身は、この学校の人気者でも、勉強家でもなかった。事実、母は、ロッホヘッド校長の下では、私に十分な教育成果が期待できないと判断して、一時期、私は別の学校に通わされたこともあった。だがそこでも私は、母が期待した通りの成果を上げられずに、結局、元のセント・アンドリュース教区学校に復学して、そこで義務教育を修了した。ロッホヘッド氏は、その後も久しく長寿を重ねられ、自分で言うのもおこがましいが、晩年に至るまで、かつての教え子トーマス・リプトンのことをたいそう誇りにしていたということである。

私は、一〇代になると、一人前にいたずらや悪さをする大柄で頑強な青二才に成長した。いつでも私は、何か面白いことやどんちゃん騒ぎが起こらないかと腕まくりして待ち構えていた。その当時のクラウン通りやその近辺には、私と同じ年頃の連中が数多くたむろしていて、その中で私は、ガキ大将としてそこで起きるあらゆる策略、悪ふざけ、冒険を仕切っていた。いつの間にやら自称「クラウン通り氏族（スコットランドの血族集団）」を名乗る悪ガキ集団が結成され、別の地区の同じような集団を襲撃する機会を鵜の目鷹の目で探し廻っていた。その勝負は一勝一敗というところであったが、我々は全力投球でそれを存分に楽しんでいた。

私は、このような街角で繰り広げられる戦争ごっこの統率者として、自分の握りこぶしをいかに生かして使うかを知り尽くしていた。私が若い頃、グラスゴーの少年たちの間では、勝負に臨む際、自分を守る手段を知らない者は仲間内で「無策者」と呼ばれていた。その術を体得することは、地元の遊び友達の仲間入りをするには避けて通れない関門であり、その自衛行為の実践や殴り合いの数々を経験して我々は自分の名声を高めたり損ねたりしていた。今でも私は、自分にとって初めての真剣勝負の有り様を鮮明に記憶している。その当時、肉屋の息子の「ウーリー」といえば、「クラウン通りのいじめっ子」としてその名を知られた憎まれっ子であった。彼はずうたいが大きな無骨者で、一緒にビー玉遊びをする時はいつでも、我々小柄な連中は彼に一目置いていた。ところが、ある日のこと私は、なにやら自分の若き血が騒いで、実際には私が勝っていた勝負を八百長で負けにするのをきっぱり断った。すると彼は私を脅し、私のほうが彼より年少であるにもかかわらず、私はすぐさま彼に決闘を申し入れた。私の同志たちの大半は、どう見ても私に勝ち目はなく、ウーリーに半殺しにされるだけだからとなんとか私を思い留まらせようとやっきになった。その一方で、もしうまくいけば、金輪際、憎きいじめっ子の支配を壊滅できるのではないかと私に味方する者もいた。「喧嘩だ、喧嘩だ」という叫び声が山火事のように通り中を駆け巡った。喧嘩の当事者とその見物人たちは、戦いの様子がよく見えて、しかも邪魔されない場所として、クラウン通りの裏手にある中庭に移動した。

その頃の拳闘界（素手で対決する格闘技でボクシングの原型）では、アメリカとイギリスのチャンピオン同士として有名なヒーナン（米国の拳闘王者John C Heenan、一八三四―一八七三年）対サイヤーズ（英国の拳闘王者Tom Sayers、一八二六―一八六五年）の決戦が、大西洋を挟んだ両国の子供たちにとって、もっぱらの話題となっていた。そこで私たちの対決も、万事規則に則って進行した。まず対戦者たちが、各々決められたコーナーに待機して、拳闘に向けて上着を脱いで準備を開始した。その間に介添人、審判員、計時係が任命された。計時係とはいっても、実際には観客の中で時計を提示して見せられる若者がひとり選ばれただけである。いずれにしても対戦準備は、ジャック・デンプシー（米国のボクシング世界ヘビー級王者、一八九五―一九八三年）の対戦や国立スポーツクラブ会長が執り行うような厳密なものではなかった。そして開始が正式に宣言されると、我々は相手に真っ向から取っ組み合って、決戦の火花が散った。各ラウンドが終了する度に私は傷の手当てに戻った。だが私はウーリーに対して、彼よりもずっと攻勢に出て攻めまくった。結局のところ、私はひどく殴られ、第六ラウンドか第七ラウンドあたりで、私の介添人が敗北を認めてタオルを投げ入れて、試合終了となった。私と仲間たちは、彼の勝利を見せつけられただけでなく、今後ともウーリーの右に出る者はいないことを認めざるを得なかった。だが私がいじめっ子相手に繰り広げたこの喧嘩のお陰で、地域の少年たちの間で私の株が急上昇することになった。母は私の喧嘩の一件を知って心を痛めたが、父は私が肉屋の息子ウーリー・ロスを相手に何ラウンドも戦い抜いた話を聞いて、その目がきらっと輝いたように私には思われた。

同じ頃にもうひとつ、私にとって今でもまるで昨日の出来事のように鮮やかに思い出される冒険談がある。我らがクラウン通り少年団は、自分たちが道路の真ん中で大騒ぎして遊ぶことをやかましく禁じるうるさい「おまわり」（少年たちの間で警察官のことを意味する呼び名）の存在に悩まされていた。彼はいつでも我々に対して、その中でも特に、いらずら小僧のトミー・リプトンに向かって怒鳴り散らした。ある時、我々のゲームの真っ最中に敵がどこからともなく突然その姿を現した。彼は制服の後ろ裾をはためかせ、山高帽子を片手に、もう一方の手には警棒を握り締めて、我々遊び仲間たちに退去命令を下した。最初から彼は、私の襟首を摑んで捕まえようと目論んでいたことは確かであった。私は可能な限りの俊足を飛ばして脱兎のごとく逃げ出した。罰として自分がカバの枝むちで打たれる光景が私の脳裡をよぎって、なんとかして時効になるまで法の力が及ばない「地の果てまで」逃げおおせようと私は二倍速の馬力で駆け抜けた。小路の行き止まりには「ケールさんの牛小屋」として知られる場所があり、私はおまわりの追跡から逃れたい一心で、その壁をよじ登って道の反対側に抜ければ安全だと思って、目の前にあるゴミ溜めの山めがけて跳び上がった。ところが哀しいかな、その小山は私が期待したような堅固な代物ではなく、なんと私は泥と牛糞の中に肘から沈み込んでしまった。ついに警官が追いついて私はますます狼狽したのだが、彼は私を逮捕する替わりに、いきなり噴き出して私の災難をあざ笑い、私がやっとの思いでその汚物の山から這い出すのを助けもせずに「まあ、起きなよ、お前さん」と言い残して立ち去った。

私は惨めな気持ちで通行人の笑い物になりながら、ゴヴァン通りにある公共給水所までとぼとぼ歩いていって、そこでなんとか全身を洗い清めた。この私の惨状は、靴屋の老婦人の同情を買うところとなり、彼女は私を自分の主人が営む靴屋の裏手にある台所に連れていき、洋服を脱がせて、毛布にくるんでベッドに寝かせてくれた。そして彼女は私の服を洗って乾かしてくれた。そのお陰で私はたった二時間後に、自分の身に起きた災難をみじんも感じさせずに無事帰宅することができたのである。

こうして当時を振り返ってみると、学童らしいいたずらの数々や「クラウン通り氏族」を統率した興奮の日々にも増して、私にとって何より幸せだったのは、川沿いで過ごした時間であった。両親が営む小さな店を手伝って、アイルランドからやって来た蒸気船のところまで、私が手押し車で出かけていく回数はますます増加していた。時として船の到着が遅れることもあって、そのような時には、巨大な船荷が岸壁に引き上げられて、その中からわずかばかりの自分の分け前を受け取るまで、私は随分長いこと待っている必要があった。こうした待ち時間の間に私は、波止場や船だまりの隅から隅まで歩き廻って、この素晴らしい人造のクライド川を利用して、ありとあらゆる種類の蒸気船や小船舶がやって来る様子を飽きずに眺めていた。そして私は、船乗りや船荷の積み下ろし人足、船だまり作業員、技師たちに話しかけてみた。「この船はどこから来たの」というのが、私のお気に入りの質問であった。私はこのやり方で、地理について学校で教わったことより遥かに多くを学ぶことができた。というのも、私はほんの安物の世界地図を買い求めて、この船は中国から、あれはカルカッタから、その後ろははるばるペルーからやって来た船だという具合に様々な船舶の海路を辿って、果てしない喜びに浸る方法を見出したのである。

アメリカの大型客船は、いつでも私にとって限りない賞賛の的であった。現在、私が年に数回ほどアメリカへと行き来する際に乗船している堂々たる定期船に比べれば、当時の船はほんの小舟にすぎなかったが、それでもまだ子供だった時分の私の目には、ちょうど近頃人々が興奮気味に語ってもっぱらの話題となっているスコットランドと西方のエルドラド（空想の黄金郷）を海路で結ぶとてつもなく大きなガリオン船（遠洋航海のためにスペインで開発された大型帆船）のように見えた。ある日の午後のこと、ニューヨークへと向かう蒸気船に移民の一団が乗り込む光景が私の目に留まった時、私はどれほど自分も彼らと一緒に行かれたらよいのにと切望したことであろう。まさにその時から、青雲の志を抱いた若き日の私にとって「ニューヨーク」という地名は、魔法がかかったように世界中でどこより魅惑的な響きをもつようになり、きっといつの日にかその偉大なる都市を自分の目で確かめ、さらに願わくば、金色に煌めく西方の神秘を見極めたいと私は密かに心に決めたのである。

こうして次第に私は、大海原を渡り来る偉大なる蒸気船から、古めかしいブルーミロー橋をくぐり抜けてクライド川を往来する小さなボートや小帆船に至るまで、船舶や海運業など海洋に関連するあらゆる事柄にすっかり夢中になった。この熱情は今も変わらず、むしろ今日、私の胸の内でますます熱く燃えたぎるようになっている。一一歳になる頃、私は、せっせと両手でオールを漕いだり、コブルと呼ばれる櫓の片方を操ることを覚えて、ほどなくクライド有数の船頭たちと一緒に縦帆のボートを走らせるようになった。実際のところ、私が船に乗る機会はそう多くはなかったが、それでも少しでも小銭が貯まると、結構しばしば一本マストの帆船を借り出して、この自分の趣味を存分に満喫していた。

ヨット所有者としての私のお披露目は、まだ弱冠一一歳頃のことであった。実に私は自分のヨットクラブを創設して、その提督に就任したのである。その経緯はこうである。私は船やヨットが好きなあまり、自らの手で模型を作ってみようと思い立った。そこで私は、古い木箱のずっしり厚い蓋の部分を利用して、それを古びて切れ味の悪いナイフを使って精魂傾けて刳り抜いて作った船体に、後から帆柱と帆を張る小円材を取り付けて、船の索具装置も整備した。船の帆は、丈夫な紙で作り上げた。こうして船らしい形が出来上がると、私はこの大切な手作りの宝物を「ハイ・グリーン」と呼ばれた野原に持ち出した。そこには、かつてのレンガ造り跡である巨大なくぼみがいくつもあって、泥水がいっぱいに溜まっていた。私は、その中でも一番大きな「池」に自分の最初のヨットを進水させたのである。私がこの我が船になんと命名したかお分かりであろうか。「シャムロック（アイルランドの国花である三つ葉のクローバー）」である。なんと歓喜の極みたるか、我がシャムロック号は、いくぶん転覆しそうになりながらも、きちんと浮かんだばかりでなく、ついに我が世を得たとばかりにその池を横切るように水面を走行したのである。その後のめまぐるしい人生の中でも私には、この進水時のうち震えるような感動、独創的な初めてのレースなど、すっかり夢中になったこの遊びのことがしばしば思い起こされた。近所の仲間たちも、すぐに私のやり方に倣って、自分たちのボートを建造して、ハイ・グリーンの水溜りでヨットレースをして遊ぶことが当時の子供たちの流行りになった。つまりそれはボート同士の競走である。そのために造船技術や装備の革新は、次々と塗り替えられていった。そこでは様々な挑戦がなされ、それは時に潰えて、時に受理された。勝負の賭け金としては、各人の「お宝」が供出されて、それらが競走の開始前にトミー・リプトン提督の旗の下に積み重ねられた。この新たな競技とクラブの創始者として、私の言葉は、レースのあらゆる局面において絶対的な権限をもっていた。当然のことながら、我がシャムロック号が対戦相手でない時は、すべての大事なレースにおいて私がその審判員を務めていた。私は大半のレースで勝利を収めて、敗北したのはごくわずかであった。私はここではっきりと明言できるのだが、このハイ・グリーンの泥だらけの土手のぬかるみにおいて、私は「いかにして楽しく勝利し、いかに笑みを浮かべて敗北するか」という人生で最も大切な教訓を習得したのである。

結局のところ、私の子供時代は、ありうる限り本当に恵まれた日々であった。それは下層階級の赤ん坊として生まれたか、それとも贅の限りを尽くした揺りかごに恵まれたのかということではない。まだ幼少の時分には、環境の良し悪しはほとんど何の影響もなく、それよりも子供たちがそれぞれに十分な幸せに与れるかどうかが大切なのである。さらに言えば、往々にして極貧の家に生まれた子供たちのほうが、お金持ちの子供に比べてずっと幸せであることが多い。私にとって古くからの友人であるアンドリュー・カーネギー（スコットランド生まれの実業家、米国ピッツバーグでカーネギー鉄鋼会社を創設し「鉄鋼王」と呼ばれ、慈善活動家としても知られる、一八三五―一九一九年）は、自身も庶民の出身であるのだが、かつて賢くも次のようにその真情を吐露していた。「私は家庭教師や召使いにかしずかれて育った良家の子女たちを気の毒に思う。彼らは自分たちが摑み損ねた事柄に気づいていない。彼らにも父親と母親があって、もちろんのこと、とても心優しい父親と母親であり、その子供たちは自分たちが両親の優しさや恩恵に十二分に与っていると思っているのだが、実際はそうではないのである。貧しい家の子供たちにとって、その父親は、揺るぎなく深い情感に溢れた家庭教師かつ理想像なのであり、その母親は、看護婦、教師、守護天使、聖人としての要素をすべて兼ね備えた神聖なる存在であり、それはお金持ちの子供たちが知りうる限りのいかなる高価な財宝に比べても、比較にならないほど貴重で得がたい賜物であり、それ以外の財産はすべて、ほとんど何の価値もないと言ってよいほどである」。私は、この彼の言葉の一字一句に心底同感している。

私は貧しい家の子供であったが、両親からはいつでも最上の感化を受けられる豊かな家庭環境に恵まれていた。家庭環境はいわば実験室のようなもので、良くも悪くも、幼い頃からその生涯にわたって、各々の人間形成に大きな影響を及ぼす場なのである。道路や波止場やレンガ製造跡の池は、私にとって遊び場であったことはもちろんであるが、そこで私は、一段と幅広い娯楽やお祭り騒ぎを満喫して、空想の冒険世界を探訪し、それは私の幼心にも鮮明な思い出として胸に深く刻まれている。それは私にとって、たとえスコットランドで最も巨大な城内で煌(きら)びやかな幼年時代を過ごしたとしても得られなかった類の経験である。そこで私は、持ちつ持たれつの対等なやりとり、山あり谷ありの波乱万丈な人生劇など、高等普通教育を修了する以上の幅広い人生経験を体得することができたのである。私は、他の子供たちと分け隔てなく自由に交流し合うことで、早い時期から人生の機微を会得し、独立独歩の必要性を看破していた。戦いは先手必勝、もしくは戦力増強が勝利の秘訣であるとよくいわれるが、何事にも例外は付き物である。私の場合、このごく早い段階で「たいていの勝負は、先手かつ増強の両雄兼備で勝利する」ことを悟ったのである。

第三章　九歳にして手に職を持つ

私は、向こう見ずな猪突猛進型なのかもしれない。なぜかといえば、私は両親の許可も得ずに学校を辞めて、自分の仕事を始めたからである。その頃、我が家の小さな店舗の商売は、数カ月にわたってひどく低迷していた。その売り上げでは、家族がなんとか食いつなぐ最低限の必需品を賄うのがやっとであった。やがて店の売り上げが好調だった頃のわずかな蓄えも底をつき、この先商売を続けられるかどうかの瀬戸際まできてしまった。当時、私はまだ九歳か一〇歳であったが、リプトン家の家計がのっぴきならない困窮状態にあることを理解していた。父は寂しげで心配そうな顔をして、母がうわべだけ気丈に振る舞っているのを目の当たりにして、私はひどく心を痛めていた。私は、なんとかして自分が両親を手助けしなくてはならないと自分自身に言い聞かせた。一八六〇年一一月のあるどんより曇った朝のこと、私は通学かばんを片手に家を出たものの、学校には行かなかった。足の向くまま街をさまよっていると、私はグラスフォード通りに行きついた。すると、ある店のガラス窓に貼られた「求む、少年。詳細は店内にて」という見慣れた求人広告が私の目に飛び込んできた。その店の入口上部に掲げられた看板には「A．＆ W．ケネディ文具店」と記されていた。私は少しもためらうことなく、まっすぐその店の中に入り、窓に貼られた求人広告を指さして、「この仕事はもう間に合っていますか」と尋ねた。店の経営者は、「まだだ」と答えて、素早く私の頭からつま先までちらっと見るなり、「君、今からすぐに働けるよ」とぶっきらぼうに言った。そして後から思いついたように彼は「君の賃金は一週間に半クラウン（クラウンは、図柄に王冠が描かれた五シリング相当の古い英国硬貨）だ」と付け加えた。そのたった五分後に、もう私はその店の窓を磨いていた。

私はその日の仕事を終えると、この吉報を父と母に一刻も早く知らせようと家路を走って帰った。父はおどけた笑顔を見せたが、母は私の英断と快挙にさぞ大喜びしてくれるだろうという私の期待に反して、なぜか急に泣き出してしまった。当初、母は私が仕事を辞めて学校に戻ることを願っていたが、私はこの一件では母の意見を聞く耳をもたなかった。この日私は、生まれて初めて自立と自由を勝ち得た自分に酔いしれていた。つまり私は意気揚々として自信に満ち溢れ、自分は今、富と名誉の王道をまっしぐらに突き進んでいるのだと確信したのである。もちろん私は、幸運にも獲得したこの職を手放す気持ちなどさらさらなかった。その上で私は、これから自分でお金を稼いで、自立するのだときっぱりと言い切った。するとついに両親のほうが折れて、その晩私は、幼くしてグラスゴーで一番の英雄気取りの鼻高々でベッドにもぐりこんだ。

その当時はまだ学校教育調査機構もなく、たとえ年端もいかずに働きたがっている子供や、稼ぎ手が必要で学業を放棄させられた子供がいても、うるさがたの教育専門家が口を挟む余地はなかった。そういうわけで私も、幼いながら好奇心旺盛で、大人でも子供でもない半人前な未就学時代を過ごす連中の仲間入りをしたのである。一〇歳の子供だった私にとって、その店での労働時間は長く、仕事内容は厳しいものであったが、私の雇用主は寛大な正直者のグラスゴー商人で、私は彼に喜び勇んで仕えた。そして私がそこで勤め始めた最初の週末になると、私は、現代の子供なら決して引き受けずに断ったであろう仕事を六日間勤めた報酬として、きらきら輝いた半クラウン硬貨を受け取った。その硬貨を右手にしっかり握りしめ、さらにその手を自分のズボンのポケットの奥まで突っ込んで、私はクラウン通りにある両親の小さな店に飛んで帰り、自分が得たこの賃金を誇らしげに母の膝がしらに乗せた。この私たち親子のなんとも名状しがたい複雑な心境を推察できるであろうか。

その後何年も経って、私は、今度はハイランド（スコットランド北部の山岳地方）第六軽歩兵隊（軽装備の歩兵隊）の名誉大佐として、背後に何千人もの世界中の名士たちを従えて、かつて自分が初めて職に着いたグラスフォード通りにあるこの店の前を行進しながら通過したことがあった。思わず私は、緊張のあまり唾を飲んで、顎を前に突き出した。その太鼓の大きな音が鳴り響く度、私の脳裏には、その昔、店内の店員が踵で床を踏み鳴らし、私も居ても立ってもいられなくなって、何か用事を見つけて地階から駆け上がった当時の思い出が鮮やかに蘇った。また同時に私には、その頃、このような軍の音楽隊がやって来る度に、幾度となく見つからないようにこっそり自分でその古い店から外へと飛び出して、軍隊が通過するのを眺め、そのバグパイプの音色に聴き惚れていた遥か昔が思い起こされた。そして今私は、自分自身が軍の大佐として、凛々しく赤い制服を身につけて跳ね馬に騎乗しているのである。たとえ私にとって若き日の果てしない夢想でも、いつか自分がこれほどの変容を成し遂げるとは思いもしなかったことであろう。

私はそれからの数年間、スコットランド内で「西部地区」として知られるグラスゴーおよびその近隣地域を舞台に転々としながら、不安定な産業労働者生活を送ることになった。まずは一週間の賃金が、半クラウンから四シリングに昇給するという誘惑に駆られた私は、ケネディ文具店から、当時も今もミラー通り三九番地で営業中のティリィ&ヘンダーソン商会に転職した。そのシャツ製造工場は、現在もグラスゴー中で最大規模を誇る工場で、シャツの製造枚数に関して世界一を目指していたのだと私は思う。そこでの私の仕事は、洋服の型紙を切り抜いて、提携先の担当者たちが持ち込む型見本帳に差し込むという著しく退屈でまったく気乗りがしない作業であった。だが私は、時としてその単調さを打ち破る幕間の余興にも遭遇した。たとえば、ある日のこと、私はその型紙部門で働くもうひとりの少年を相手に猛烈な喧嘩をしでかした。その当時、工場長を務めていたヘンダーソン氏は、年配で厳格な面持ちのスコットランド人で、自分の部下の業務配属にやかましいことで知られる人物であった。彼の執務室が私たちの作業場の階上にあって、そこから階下で働く労働者の様子を気づかれずに監視できるということを私は知らなかった。私にとって不幸なことに、私が圧倒的に勝利し、相手の少年は鼻血を出し、目の周りに黒あざを作って敗退したこの喧嘩の一部始終をこの工場長が目撃していた。あっという間に上長が私のところにやって来て、「就業時間中の不真面目な行為」があったとして、私の非をとがめた。「何か君の側の言い分でもあるかね」と彼は私に尋ねた。「僕は彼を殴りました」と私は答えて「だって彼は僕の縁なし帽の飾りふさを切ってしまったから」と付け加えた。怒った上司は「そんなことで同僚の鼻血を正当化することはできない」と突っぱねた。「それはもちろん、僕はまた新しい縁なし帽をもらえるとしても、彼は新しい鼻をもらえないことは分かっているよ」と私は応じた。

このティリィ&ヘンダーソン商会に勤務して数カ月が経った頃、私はそろそろ自分から昇給の要望を出してもよい頃だと考えて、一週間当たり数シリングの賃金上乗せを願い出る申請書をしたためた。そして、ある朝のこと、私はそれを商会宛に届いた郵便物の中に差し挟んだ。それから私は、今後の自分の人生のすべてをかけたこの要望に対して、いかなる返答がなされるか固唾をのんで待ち受けた。その数日後、私は、出納係から鉛筆書きの紙片を受け取った。そこには「現在、貴殿には身分相応の賃金が支給されており、この度の昇給の申し出は、あまりにも時期尚早に過ぎるものである」とだけ記されていた。

それにしても、時間の経過は、時として非常に興味深い変化を生み出すものである。次にこの商会から私宛に手紙が届くまでには、実に長い年月を要した。実際のところ、私が次の手紙を受け取ったのは、一九一五年のこと、我が蒸気船「エリン（アイルランドの雅称）号」で赤十字社の一団と共に、サロニカ（エーゲ海に臨むギリシャ北部の港町）経由でセルビア（バルカン半島中西部の共和国）へ向けて、英国を離れる間際のことであった。

商会の代表者として、D．A．シンクレア氏の署名があるその書簡の文面は、次のようなものであった。

「親愛なるトーマス卿閣下、

この度、小生にとって長年の友人である若い女性が、次回貴殿と共に航行する赤十字社の救急看護奉仕隊の看護婦として、セルビアへ向けて出発しております。つきましては、彼女が貴殿に拝眉の機会を賜りました際には、いかばかりかの御配慮をいただけましたら何よりの幸いと存じます。と申しますのも、その女性は、我が妻と娘にとって、大事な親友であるからなのでございます」。

私はこの書簡を受け取るとすぐさま秘書を呼んで、この手紙の差出人を電話口に呼びだすようにと指示した。そして受話器を手に取った私は、電話口の相手に自分が書簡で紹介された若い女性に対してできるだけのことをする旨を約したのである。

次いで私は、そのシンクレア氏に尋ねてみた。「貴方は、私がかつてティリィ＆ヘンダーソン商会で丁稚をしていた当時のシンクレア氏でいらっしゃいますか。それとも彼は貴方のお父様でしたのでしょうか」。「それは私です」と彼は答えた。

「なぜ私が貴方のことをよく覚えているかと言いますと、もちろん当時の貴方は私などよりずっと目上の方でありましたが、貴方がいつもフロックコートを身にまとっていらしたからなのです」。

私はさらに続けて言った。「今回いただいた書簡とその前に貴商会から受け取った書面とでは、その間に大きな違いがあります。その前にいただいた手紙というのは、私が週四シリングの給料で働いていた当時、もう一シリングの賃金上乗せ昇給を願い出た際の返答で、それは紙切れに鉛筆の走り書きで「現在、貴殿には身分相応の賃金が支給されており、この度の昇給の申し出は、あまりにも時期尚早に過ぎるものである」と書かれた出納係からの返事でした。そしてこの度、商会代表者の貴方が自らしたためた書簡では、我が戦時病院船エリン号で私と同行する医師、看護婦、病棟勤務員たちの一団として参加する自分の知人のために便宜を図ってもらいたいと私に依頼してきています。この二通の手紙の文面には、天と地ほどの隔たりがあると思いませんか」。

可哀そうにもシンクレア氏は、ひどく当惑して、すっかり恥じ入った様子であった。次に彼は、電話口の向こうで私が大笑いするのを耳にして、私がちょっと彼をからかってみただけなのだと気がついた。この一件の後、彼と私は無二の親友同士となったのである。

私は、自分が提出した昇給願に対するティリィ&ヘンダーソン商会からの無愛想な拒絶に不満を抱きつつ、その後もシャツの型紙を切り抜くという退屈極まりない職務にすっかり意欲を失うまでその職にとどまっていた。そして、その終盤の数カ月間、私は仕事を続けながら、ルーサーグレン通りにあった夜学の定時制学校に通い始めた。

　この学校で私のクラス担任となった教師は、神経質で怒りっぽい老齢の気難し屋で、大きな青い縁眼鏡をかけ、生徒の皆から「スペッキー爺」と呼ばれていた。彼は、教師として十分に信頼がおける人物であったので、私は、自分も彼の指導の下で立派な教育成果を上げるべきだと何の疑念もなく認めざるを得なかった。ところが、この男は、およそ人間性のかけらも見当たらない気質で、ディケンズ（『クリスマス・キャロル』で知られる一九世紀の英国の小説家チャールズ・ディケンズ、一八一二―一八七〇年）の小説に出てきそうな冷血なる暴君（『クリスマス・キャロル』の主人公スクルージのこと）であった。なんとスペッキーは、聖書にあるような「むちを惜しめば、子供がだめになる」方式の支持者で、それを本気で実践したのである。彼はどれほど我々生徒たちをかわいがってくれたことか。授業中に彼と目が合うだけで、生徒たちは震えあがって、その頻発する妥当なる処罰から逃れる術もなかった。

　このような状況にあって、その幼き被害者たちの中から、ちょっと彼に仕返ししてやろうと企てて、即刻退学処分になる者が現れても何の不思議もないであろう。ある日のこと、常日頃からクラス担任の「革のむち」を気の毒に思っていた他のベテラン教師二名の協力を得て、私は、今なら学校に「スペッキー」以外の誰もいないと分かっている時間帯にお忍びで登校した。まず私は、彼が外に出られないようにドアの取っ手をロープでしっかり縛ってから、クラウン通りの薬局で買ってきた「ディルのえじき」と呼ばれるひどい悪臭がする物質をカギ穴に詰め込んだ。そして我々は、このおぞましい物体に火を付け、パイプの柄を利用して、その煙を教室の中へと吹き込んだのである。スペッキーは激怒した。我々は、彼の屈辱的にも完璧に不愉快なる様子を窓のひとつからご満悦に見届けて、この惨めな教師が呼吸困難で窒息する寸前になって、ようやくドアを開けて、彼を外に逃がしてやったのである。

結局のところ、私は、ティリィ&ヘンダーソン商会を辞めることにした。その理由は、いつまでも昇給が実現しないことに失望したためか、それとも、ただ単に変化を求めただけだったのか、今となっては思い出せない。多分それは、私の心の片隅にいつかもっと広い世界を見てみたいという憧れがあったためではないかと思う。すでに話したように、私は、船舶、水兵、ボートといった海辺の雰囲気に浸っている時が何よりも幸せである。ある日のこと、幸いにも私は、ブルーミローとベルファーストを結んで航行する定期船バーンズ・ライナーの一隻が船上給仕の募集を開始するという知らせを耳にした。私は、後れを取っては大変だとばかりに蒸気船事務所に駆け込んで、この仕事に志願して、その職を得ることができたのである。その賃金は、週八シリングと船上での生活費を含むもので、これは私にとって億万長者並みの昇給を意味した。私は自分が急に六インチ（約一五㎝）背が伸びて、横幅は二倍になったような心地がして、家に帰って、この知らせを母に伝えた。

当然のことながら、まだ年端もいかない少年が家を離れることは、母のお気に召さなかったが、両親共に、この機会が私にとって大きな飛躍となることに気づいていた。

小さな海峡横断蒸気船の船上給仕として私の仕事は、際限なく厳しいものだった。格段に大しけの海上を夜間に航行するその客船上では、勤務開始や終業時刻の区別もなかった。昼が夜になり、夜が昼になり、それが情け容赦なく繰り返された。私は、四六時中、仕事、仕事、仕事で、瞼が下がって、足取りが重くなるまで働いた。正直なところ、私は、昼も夜もその仕事にすっかり夢中だった。船のエンジンが作動して前進し、甲板には水兵たちがいて、艦橋には船長がいるこの船に乗っているというだけで私は何より嬉しかった。船がグラスゴーの岸壁を離れて、ベルファーストに入港するまでの間、我々を乗せて海上を航行しているこの船、闇夜の中にも進路を示してくれる灯台の明かり、夜空の星や月はもちろん、そよぐ海風や海上の波がしらまで、そのすべてが私を魅了した。私には自分の眼前に広い世界が拓けてくるように思われた。私は、今こうして生きているだけでも幸せで、しかもその自分がクライドの造船所で建造されたこの雄々しい蒸気船の給仕であるということは、私にとってなお一層の幸せに思われたのである。

このまばゆいばかりの新たな経験に照らされて、私の目の前には、ベルファーストの波止場周辺地域にとどまらず、もっと広大なる世界への夢想が駆け巡るようになった。大西洋を横断してアメリカへ渡れたら、どんなに素晴らしいことだろうと私は何度となく自分自身につぶやいた。私はよく乗客たちが、ニューヨーク、フィラデルフィア、ボストン、シカゴ、あるいは大草原や木綿畑の話をしているのを耳にした。それは私にとってなんと魅惑的な地名であり、うっとりするような光景であったことか。その船員たちの何人かは、ちょうどアメリカから帰ってきたばかりで、この西の大海原を越えた先にある偉大なる新世界について、その広大さや巨万の富はもとより、そこにやってくるあらゆる人々に対して分け隔てなく、惜しみなく与えられる限りない機会について、飽きることなく話をしていた。そこでは誰でも手を伸ばせば、お金儲けができて、たった一日にして億万長者になれるのである。私はこうした話に熱心に耳を傾けて、遠からず自分もアメリカで運試しをしようと心に決めた。

その機会は、私の予想以上に早く訪れることになった。ある朝、私が乗務する蒸気船がブルーミロー埠頭に入港すると、陸上勤務の乗客担当代理人が船上にやって来た。その時の彼は見るからに不機嫌そうで、中でも、客室の照明器具が煙で煤けて、そのせいで天井の白いエナメル塗装が変色していることに文句をつけた。これはいったい誰の責任なのか。「それはリプトン少年の責任です」と乗客係長が答えた。すると私はその場で即刻一週間前の解雇予告を言い渡された。ところがこの一件についても、時間の経過と共に再びどんでん返しが起きることになった。というのも、現在、私はしばしば、二週間のクライド川ヨット航海を楽しんでいるのだが、その主催者であるインヴァークライド卿は、私がかつて船上給仕として勤務したこのバーンズ・ライナー蒸気船の会長なのである。今でも私たちは、私が彼の船に乗って食事を共にしたり、時には私が彼を我が家の晩餐に招待したりしながら、ふたりで事あるごとに、この遥か昔の思い出話に花を咲かせているのである。

第四章　三等船室でアメリカに渡る

私はただ悔やんで時間を無駄にするつもりはなかった。私には、その時までに自分の賃金と受け取ったチップから蓄えた数ポンドの貯金があった。その上で、その朝私は、仕事を終えて家に帰る前に三等船室の料金と、次にニューヨークへ向かう船の出航日程を調べてみた。まだほんの子供が海外に行きたいと言えば、きっとまたいつものように反対されるに違いないと恐れた私は、いっそのこと両親に告げずに出航してしまおうかと考えたこともあったが、そのやり方はどうしても実行できなかった。これは正々堂々と進めるべきだと考えて、私は家に帰ると、その日に職場で起きたことを正直に両親に話して、どうか自分を「約束の地」アメリカに行かせて欲しいと懇願した。そしてついに私の熱意が勝利した。むろん私にとって両親との別離は哀しかったが、きっと母は、私がほどなくお金持ちになって帰ってくると信じてくれたのではないかと思う。

私はその後も、リバイアサン、マジェスティック、ビレンガリア、アクイタニアといった一流の大西洋横断船に乗る機会がある時はいつでも、自分が遥か六〇年以上も前に旧式なアンカー・ライン商船会社（一八五五年にクライドで創業した船会社）のデヴォニア号の三等船室で行ったこの船旅のことを思い出している。それは当時としては上等な大型船であったが、今では私が合衆国へ渡る時に利用する海上ホテルとも呼ぶべき快速で堂々たる客船のための補給船とさほど違わない船であった。グラスゴーから出発したデヴォニア号は、目的地に到着するまであまりにも長い時間がかかったため、三等船室の乗客の中には、船長が行き先を間違えて迷走しているのではないかと確信する者まで現れた。だがついに我々の船は、キャッスル・ガーデン（一八二〇年、ニューヨーク港に創設されたアメリカ初の入国管理局）に横付けされた。その時、私のポケットには三〇シリングしかなく、他の乗客たちの多くはもっとわずかな懐具合だったに違いない。そこで下宿屋の経営者たちが、乗客の取りまとめ役を相手に、上陸後の宿泊料金を声高に叫びながら客引きしているのを見た途端、私にはある妙案が閃いた。それは最初ほんの思いつきにすぎなかったのだが、私はそれをすぐさま実行に移した。私は通路を駆け下り、下船する人々の先頭を追い越して、宿泊施設斡旋係の間をかき分けながら、その中できちんとした身なりで明らかなアイルランド訛りの男性に目をつけた。近寄って見ると、彼の名前は、マイク・マクカリガンで、住所はニューヨークのワシントン通り27½番地だと分かって、私は彼の耳元でささやいた。

「僕は、この船の乗客にたくさんの知り合いがいて、みんなにとても影響力があるんだ。もし僕が今晩の宿泊客を一ダース分ほど集めて、あなたのところに連れてきたら、僕にいくら払ってくれますか」。するとマイクはこう答えた。「君には一セントも払わないよ。その替わりに君を一週間ただで泊めてあげるから」。

私は大急ぎで船に戻って、すぐに知り合いの仲間たちをかき集めた。というのも、三等船室の乗客には、読み書きが不自由な人が多く、彼らが乗船中に故郷へ送る手紙を私がよく代筆した縁で、私には顔見知りが多かったのである。しかも私は、当初約束した人数である一ダース分一二人より多い、いわゆる「パン屋の一ダース分」（一三個のこと、かつてパン屋が量目不足の罰金を避けるため、一ダースにつき一個余分に追加した慣例による数量）の宿泊客を紹介してマイクを喜ばせた。

マクカリガンの下宿屋は、ビルトモア（ロサンゼルスの高級ホテル）やウォルドルフ・アストリア（ニューヨークの高級ホテル）とは似ても似つかない場所であった。

そこで私は、奇妙な光景を度々目の当たりにして、興奮するような事態をいくつか実際に目撃したこともある。そこには、いわゆる六〇年代のニューヨークの浮浪者たちが出入りしていた。私はアメリカ上陸直後に一五歳になったばかりの年頃であったが、雨風をしのげる屋根の下で過ごせることは、宿なしよりどれほど有難いことかを十分に理解できる年齢であった。我々は一部屋に八人一緒に寝泊まりすることも珍しくはなかった。下宿人の国籍は、この地球上の空の下、あらゆる場所からやって来た人種が入り混じって、何か騒動が勃発することも稀ではなく、そのような時には、良くも悪くもお互いに相手の言語がほとんど理解できず、何を言っているのかよく分からなかった。今では私が知るその当時のワシントン通りは、すでに取り壊されて、もうマイク・マクカリガンの下宿屋もそこにはない。いかにもニューヨークならではの世事に精通した海千山千のマイク自身も、とうの昔にこの世にはいないのである。

私は、職業紹介登録所に記名しておいたらどうかと勧められて、そこでヴァージニア州ディンウィディ郡にあるタバコ農園の仕事を紹介された。登録所の係員が、この職はどうかと私に尋ねた時、私には、その「ヴァージニア」という地名そのものがとても魅力的（実は私にとっていつでもそうなのであるが）に思えて、私は自分が現地に到着次第、すぐにでも仕事を始めたいと答えた。そして意気揚々と希望に燃えた私は、その晩のうちに南部のタバコ農園に向けて出発した。ウイルソン駅という目的地に着くと、私は、シティ・ポイント（ヴァージニア州の町）をセント・ジェイムズ川に沿って進んでピーターズバーグに辿りついた。私はポケットの中にたった数ダイム（一〇セント白銅貨）しか持っていなかったが、そんなことは少しも気にならないほど、この自分の旅に夢中になっていた。自分はついに新天地の素晴らしい町にやってきたのだというこの時の圧倒的な感慨は、今でもまるで昨日の出来事のように鮮明に覚えている。私が働くことになった農園の雇用主は、サム・クレイという人物で、私は最初に会った時から彼のことが気に入っていた。彼は私をマネージャーのところに連れて行き、私はただちにそのタバコ農園での仕事を開始した。

この新たな仕事は厳しいものであったが、周囲の人々はみんな親切で思いやりがあったので、私はこの仕事が気に入って、それを存分に楽しんだ。毎晩のように私は、仕事仲間と一緒に重い足取りで自分たちの寝床がある小屋へと帰った。皆ぐったり疲れてへとへとだったが、有難いことに私たちはたっぷりの食事で空腹を癒して、横になると疲れも忘れてあっという間に寝入った。私にとって、このヴァージニアの小屋で過ごした日々の中で、何度も寝がえりを打って眠れない夜は皆無であり、誰もが翌朝また「きつい仕事」にとんぼ返りで出かけるまで、私もまるで丸太が床に転がっているかのように熟睡した。私が両親に手紙を書く時はいつでも、自分は元気で、着実にお金を稼いでいると伝えて、実際、その通りであった。私が大柄で丈夫なことに目を付けた作業長は、私をさらにきつい仕事に推薦してくれて、そのお陰で賃金も上乗せされ、私にとっては願ったり叶ったりであった。こうして月日が過ぎるほどに、私の貯金額も増加した。私は稼げば稼ぐほど、その中からの貯蓄額も増やしていった。

ところが、少なくとも健康体の若い男として、私の合衆国での経歴はこれで終わりかと思われるような事件が起きた。ある灼熱の朝のこと、私が木を切っていると、手斧が飛んできて、私は右足に重傷を負った。この知らせがサム・クレイに伝えられると、この農園経営者は親切にも、私をいつもの小屋の藁のベッドではなく、自分が住んでいる快適な家に収容してくれた。それからの数週間、私は激痛にもがき苦しみ、このために足を失うことにはならないと告げてくれた医師の言葉だけが私にとって唯一の救いであった。この上司とその申し分のない妻が、私のことを自分の息子以上に手厚く看護してくれたお陰で、私は次第に快復に向かった。私が再びやっと足を引きずって歩けるようになってからも、夫妻は私をそのままゆっくり静養させて、日曜日になると自分たちと一緒に教会にも連れていってくれた。今こうして私は、このヴァージニア州ディンウィディ郡のサム・クレイとその妻に賛辞を呈する機会に恵まれたことを光栄に思っている。さらに付け加えれば、つい先頃のこと、ロンドン郊外のオシッジにある私の家に、私にとってアメリカでの最初の雇用主であるこのサム・クレイの孫娘を招きもてなすことができたのはこの上ない喜びであった。私にとって彼の名は、常に限りない賞賛の的であり続けているのである。

やがて私はすっかり快復すると、タバコ農園の仕事に復帰した。ところがなぜか私は、この足の事故によって、自分の仕事に対する情熱をすっかり失ってしまい、その数週間後には、雇用主のもとを訪れて、何か別の仕事に転職したいと申し出た。この件について彼はとても好意的で、世界に向けて飛躍したいという野望を抱く若者にとって、このタバコ農園ではそのような絶好の機会には恵まれないことを十分に理解してくれた。それでは実際どうしたいと思っているのかとクレイ氏に尋ねられて、私は、もう一度ニューヨークに戻ってみたいと考えているだけだと正直に答えた。ニューヨークというその巨大な都市は、他の何百万人もの人々と同様に、私にとって、いつも憧れの的であった。

私は、その時までにすでに数ドルという結構なお金を稼いでいたので、その後数週間は何の心配もなく過ごすことができた。現在とは違って、当時のニューヨークは「いにしえの小さなニューヨーク」（"Little Old New York"は、一九二三年にアメリカで制作された無声映画の題名）と称するほうが実情に合っていたが、そこへ戻る途上で私は、いつか通りがかりの町々に立ち寄ってみたいと長い間胸に秘めていた思いをついに実現する機会に恵まれた。たとえば、私はヴァージニアにも数日滞在して、ジェファーソン・デイヴィス（一八〇八―一八八九年、南北戦争時の大統領）の生家やハリウッド墓地（ジェファーソンも埋葬）を訪れた。若き日の私は、是非ともヴァージニア中の歴史的名所を巡ってみたいと熱望していた。そのかつての新天地で、そこに入植したばかりの人々の心意気が刻み込まれたまさに同じ場所を私も足下に踏みしめ、ついに自分も慎ましくもその一員として、今ここに在るのだと感じ入ったことを今でもはっきり覚えている。夜になると私は、見つけられる限り一番安い下宿屋に泊まった。この休暇は、当時の自分でも、あまりにもお金の無駄遣いに思われたのだが、私はその一分一秒までも存分に味わい尽くした。

　私はニューヨークに舞い戻れば、何か仕事のひとつやふたつは簡単にすぐ見つかると思っていた。ところがちょうど私は、この古い町で求人市場が静まり返った時期に遭遇した。日を経るごとにこれまで蓄えてきたわずかばかりのドル紙幣が次第に小銭ばかりになって、私はとても落胆した。それがもうすぐ底を尽きるという頃、以前私をサム・クレイの下に送り届けた同じ職業紹介登録所で、サウス・カロライナの米農園が屈強な若者を若干名募集中で、そこにはまだ空きがあることが分かった。そこで私は再び南に向かうことになった。

　今回の私の雇用主は、ウィリス＆クリスホルム商会で、場所はチャールストンから六〇マイル、サバンナ（ジョージア州南東部の港町）から四〇マイルの所にあって、そこはエディスト川のクーソウ島ではよく名の知れた農園であった。またしても意外にも新たな展開であったが、陽光に満ち溢れた南部に向かう私の旅の前途には、素晴らしい光景が拓けてきた。再び私の心には、アメリカ合衆国として知られるこの国の目が覚めるような広大な風景とそこでこれから繰り広げられる未来の光景が満ち溢れてすっかり元気づけられた。学校時代に地理の教科書で見た小さな地図や、その後、グラスゴーの港に世界中からやって来る船舶の海路を知るために自分で買ったもう少し大きな地図の上でも、我々が住む小さな島（グレートブリテン島）に比べると、「アメリカ合衆国」は非常に広大な領土を占めていた。だが私が本当にその広大さに気づいたのは、この新世界を自分で旅するようになってからのことであった。ふと気がつくと私は、かつて自分が定期船バーンズ・ライナーでグラスゴーからベルファーストまで往復した船旅と今回のニューヨークからチャールストンまでの旅路を比べていた。そして次に、たとえばカリフォルニアからサンフランシスコまでの距離は、いったいどのくらいあるのだろうかと自問してみた。それは単なる推測でも、目がくらむような距離に思えたことを私は今でもよく覚えている。

　私は、クーソウ島に着いたその日から仕事を始めた。そこの小屋の中で私は、スパニアード夫妻の隣に自分の居場所をこしらえた。この夫は好感がもてるきちんとした人物で、その妻はアイルランド人で私の好みのタイプであった。すぐに私たちは、お互いにすっかり仲良くなった。ある日のこと、スパニアードは自分の人生でほんの数年前に起きた出来事について、自信満々で誇らしげに私に話してくれた。それは南北戦争中のことで、彼はその時、兵士としてサムター要塞（一八六一年に南北戦争の端緒となった場所）に駐屯していた。彼が私に断言したところによると、当時の彼は常に誠実なる夫であって、それはこれから先も同様であるのだが、そこで恋のキューピッドに少しばかりいたずらを仕掛けられてしまった。それというのも彼は、あるひとりのかわいらしい少女にこれまでに感じたことがないほどの熱い恋心を抱いて、その少女もまたこの黒い瞳のスペイン人に恋してしまったのである。

家庭内情に関わるこの脚本の心穏やかでない点は、スパニアードが今でもその少女と連絡を取り合っていることにあった。そうだ、それならば、自分が彼の立場に立って、恋文を代筆してあげたらどうだろうかと私は思いついた。この取り持ち役に潜む危険も顧みずに、私は若気の至りで彼と合意した。その夜のこと、私たちふたりは、こっそり小屋の近くの森に出かけて、私が彼に代わって彼女への恋文をしたためた。その信書をチャールストン宛に投函するまでの間、私が預かっていることになり、私はそれを自分のポケットにしまったまま、そのことをすっかり忘れていた。

その翌日、スパニアードが私に「あの手紙はもう投函したか」と尋ねた時、私は自分のポケットの中に手紙がないことに初めて気づいて驚いた。私たちは、彼の妻がその手紙を盗み読んだのではないかと非常に危惧して、ふたりとも恐れおののきながら、引き割りトウモロコシと米の夕食を食べるために小屋に帰った。彼の妻は、自分の晩御飯を食べ終わるやいなや、夫のほうに向き直り、彼の嘘偽りを厳しく責めたと思うと、あっという間にぴしゃりと手も出した。

短気なスパニアードは、すっかり私が彼を裏切ったのだと思い込み、私のほうに向かってきて、私には何が起きているのかも分からないうちに、彼は自分のベルトからナイフを引き抜いて、私の顔の前でそれを振り廻し始めた。私は自らの機敏さと俊足のお陰で、かろうじて殺されずに済んだ。私は、まだ激怒しているその男からさっと身をかわして出口に走り、小屋の外へと逃げ出した。彼は、監督の家に向かって逃げる私の後を執拗に追ってきた。幸いにも監督のマシュー氏は、その時家に居て、私をかくまってくれたばかりでなく、弾丸を込めた拳銃を向けて、怒り心頭のスパニアードを追い払ってくれた。私は傷の手当てを受けて、その晩はそのままマシュー氏の家に泊めてもらった。翌朝、スパニアードがやって来て、言葉の限りを尽くして昨晩の出来事を詫びた。彼の妻は、てっきり自分の夫が私を殺してしまったのだと信じ込み、実は自分は、その前の日に私たちふたりが誘い合わせてインク壺とペンを持参して森に出かけたことを不審に思って、その晩私たちが寝入った後にふたりのポケットを探って手紙を見つけたのだと夫に打ち明けた。結局、この劇的な事件はめでたい結末に終わった。夫妻は過去の不和を水に流して和解した。その上、ふたりは私に元の小屋に戻ってきて欲しいと懇願して、以後、私がその米農園で働いている間中、私たちは三人共に無二の親友同士として過ごしたのである。

おそらくマシュー氏が、このスパニアードとの騒動の一件の解決策として、私に好意的に働きかけてくれた結果だと思うのであるが、いずれにしても私は、その後、農園事務所の会計簿記係に昇進することになった。私にとって、それまで何カ月間も屋外での厳しい肉体労働をしてきた後に恵まれたこの仕事はとても有難いものであった。このお陰で私の前には新たな方向性が拓けて、自らの人生行路の苦難からもいくぶん解放された。私には数字を扱ったり、文字を書くことに天賦の才能があることに我ながら気づかされて、この仕事で私はその資質を存分に生かすことができた。私はこの農園の簿記に関して、前任者に勝るとも劣らず誠心誠意務めた。私は自分の人生の中で、子供でも大人でも、他人よりたとえほんのわずかでも上手に何かをすることができる人は、遅かれ早かれその御褒美に恵まれるのだということを学んだ。これについては、私の顧客からも同様の意見を耳にしたことがあるので明らかである。それにもかかわらず、どれほど多くの人々が、人生や仕事におけるこの明白な事柄を知らずに過ごしていることであろうか。私は、この簿記係の仕事を一二カ月ほど続けた。

ところがまたしても私は、そわそわと落ち着かない気分になって、早いところ何かもっと大きくてよりよいものを見つけなければいけないと思い始めた。そして私は、この大変なだけで稼ぎが少なく将来性のないクーソウ島での今の仕事からどうしたら抜け出せるかについて知恵の限りを絞って考えるようになった。やがてその機会が到来した。ある日のこと、我々の農園からさほど遠くないその島の投錨地に大型縦帆船が停泊した。それがチャールストン行きの船であることを知った私は、すぐにその船長に会って、自分を本土の町まで乗せてもらえないか尋ねてみようと心に決めた。その途上で私は、もうひとり脱走希望の少年と出会って、私たちは一緒に船長のところへ相談に出かけた。その心優しい船長は、私たちに手を貸すことを拒まなかったが、「だが」と彼は付け加えて言った。「でも君たち、このことは誰にも一切口外してはいけないよ。さもなければ、この私が迷惑を被ることになるからね」。

この船長は、私たちに対してもう一点、船に乗り込むのは夜に日が暮れてからにするようにと念を押した。この点については、やや困難を感じたものの、私は、スパニアードが小さなカヌーを所有していて、私もそれによく乗せてもらって舟遊びを楽しんだことを思い出して、今回はそれをちょっと拝借できるのではないかと思いついた。それに、このスペイン人の男は、すでに語ったように、かつて私に対して不当にもナイフを振りかざした一件の貸しがあった。その晩の九時頃、私はもうひとりの少年と共に水辺まで忍び足で行って、そのカヌーに乗り込むと、すぐに私たちは縦帆船の甲板上まで辿りついて、船はそのわずか数分後に岸壁を離れて出帆した。私には、このようなクーソウ島の米農園との別れ方について、もっと一般的な紋切り型の状況で行われるべきであったと思われて、監督のマシュー氏にさよならも告げずに来てしまったことを申し訳なく思ったが、私はこの脱出の好機をみすみす逃すわけにはいかなかった。こうして私はまた大型帆船に乗り込んで、大いなる冒険に乗り出したのである。

チャールストンに向かう途中で、私たちの船は、まさに無人島に寄港した。人っ子一人住んでいないその島は、現代版ロビンソン・クルーソー（一七一九年に出版されたダニエル・デフォーの小説『漂流記』の主人公）にぴったりの場所であった。その島の海岸沿いには、きちんと切り揃えられた木材の山が多数積み重ねられていた。それは明らかに誰かがその場所に集めて積み上げたもので、またいつか戻ってきた時に船積みして本土に運ぼうと意図したことは一目瞭然であった。ところが我らが船長は、「拾い物はもらい物」のことわざ通りに行動して、ふたりの密航者も船員たちと一緒に手伝って、せっせと数時間がかりで、その木材を縦帆船の甲板に積み込んだ。それは我々がチャールストンの港に到着した時、価値ある「救出物品」となった。

我々の船が偉大なるカロライナ港に着いてみると、そこでは、ちょうど数日前から壊滅的な火災が起きて、いまだに延焼中だった。しかも町全体が全焼する危機が次第に迫ってきて、誰もが騒然としていた。それはチャールストンの何千人もの市民にとって不幸な出来事であったが、私にとっては幸運であった。というのも、私は時給五〇セントでただちに消防隊員としての職を得られたのである。私はこの儲かる報酬のお陰で、熱心な消防士となり、この大火は一カ月程度続くのではないかと思った。だが火災は一日か二日で終息して、再び、私と仲間の少年は、職を求めて町や港をとぼとぼと歩き廻ることになった。ほんの日雇いの奇妙な仕事はいくつかあったが、その火事の影響で、雇用の需要が逆効果に作用して、ほどなく私たちは、文無しになってしまった。

第五章　密　航

　ある日、私たちふたりは、浮かない顔で波止場あたりをぶらついていると、モネカ号という蒸気船がニューヨークに向けて運ぶ最後の船荷を積み込んでいるのを目にした。それを見た途端、私の胸にある思いが蘇ると同時によい考えを思いついた。ちょうどその時、綿を梱包した巨大な荷物が平らな通路から船上へと押し上げられているところであった。そうだ、あの荷物を押して積み込むのを手伝って、そのまま自分たちも一緒に乗船してしまったらどうだろうか。私は、この考えを自分の相棒に話した。すると彼は即座に同意した。そしてこの策略はものの見事に成功したのである。瞬く間に私たちはふたり共にこの素敵なモネカ号に乗り込んで、その未知なる三等船室内を垣間見ることになった。そして私たちは、船が出帆して途中のサムター要塞で操舵手を下船させるまでは、そのまま船室内にじっと隠れていることに決めた。

　その数時間後、私たちが大胆にも自ら名乗り出て、ニューヨークまでの自分たちの船旅の代償として、船上で何か仕事をさせてもらえないかと申し出た時の事務長の顔といったら本当に見ものであった。いわゆる「攻勢に転じて」船の上で正々堂々としていたいというのが私の考えだった。私たちはすぐに船長の前に連れ出されて、ここでもまた私の正直でまっすぐな告白が彼の心を動かした。いずれにしても、彼は私に甲板上での仕事を命じて、もうひとりには下に降りて汽船の機関員を手伝うようにと指示した。「処罰」として、私は割のよいほうの仕事を仰せつかったと思う。

こうしてついにまた私は、ニューヨークに戻ってきた。クーソウ島からずっと旅の道連れで苦難を共にしてすっかり気心が知れた間柄になった私の相棒は、実家の両親のもとへと帰っていった。そして私はこれで三度目にして、この大都会でたったひとりぼっちになった。私にとってニューヨークは、いつでも心安らぐ場所である。そこには、我が人生の中でとりわけ幸せな思い出がたくさんあって、数え切れないほどの親友たちがいる。私はニューヨークに飽きることがない。そこにはそこにしかない特有の魅力があるのである。だがこの時の私は、そこにほんのわずかな時間しか滞在しなかった。その時、私のポケットにはほとんど所持金がなく、ニューヨークは、それ以外の場所でも大概そうであるが、大人でも子供でも、持ち金の少ない人はあまり歓迎されないところなのである。その当時は商取引においても南北戦争後の復興が遅れていて、どこの町でも特に雇用が不安定な時期であった。私はモネカ号から上陸した後の数日間、何か割のよい仕事を探して歩いたが、どうしてもうまくいかなかった。そこで私は再び、ブロードウェイ大通りの「砂塵を足から振り払って」（聖書のたとえ話で、精一杯努力しても報われない場合は、別の道を目指すこと）、また長い旅路を転々とすることになった。

私は、それからの数カ月間、合衆国内をさまよいながら、ここでひと仕事、また別の場所でひと仕事といった具合で、仕事の区切りがついたり、もっとよい職があるのではないかと思ったりしながら、あれこれと転職して過ごした。理由はうまく説明できないのだが、私は転職する度に次第に南へと足を進めていった。多分私は、暖かい場所が好きなのだと思う。そのうちに私は、ニューオリンズから七マイルほどのところにあるカールトンに辿りついた。幸いにも私は、そこで地元のトロッコ会社にささやかな仕事を見つけると同時に、有難いことに駐車場作業長の妻が営むよい宿泊先にも恵まれたのである。私が下宿代として週五ドルを支払っていたこのご婦人は、とても親切で母親のような人物であった。いつも彼女は、私にとてもよくしてくれた。ある時、彼女が作ってくれたパンケーキが「僕のお母さんのパンケーキとそっくりだ」と私が言うと、彼女の顔が思わず喜びで明るく輝いたことがあった。このパンケーキの逸話には、ちょっとした面白い後日談がある。

それから四〇年後のこと、正確には一九一二年の秋、ちょうどその時、私はニューオリンズに滞在していた。この時の私は、自分の部下たちと共にセント・チャールストン・ホテルに泊まっていて、宿泊料からいえば、私が初めてこの町で下宿した時は週五ドルであったものが、この時はなんと一分当たり五ドル支払っていた計算になる。到着した翌日の朝、私が自分の部屋の窓から、自分にとって二度目の訪問となるこのミシシッピ川沿いの堂々たる町の景観が以前とはすっかり変わってしまったことを感慨深く眺めていると、ベルボーイがやって来て、私が幼い頃からの顔見知りだという年輩のご婦人が私に表敬訪問に来ていると告げた。私は、いったいそれは誰のことだろうかと思い巡らせながら階段を下りていくと、思いがけずそこには、カールトンからわざわざ訪ねてきてくれたかつての下宿の女主人その人が私を待っていた。彼女はその後も私の消息を追っていて、私がニューオリンズに来ていることを新聞で知り、それならば私に会いにいこうと思い立ったのである。ご想像の通り私は、彼女を大歓迎して、その日の午餐の主賓として迎えた。食事中に彼女は、テーブルの上に身を乗り出してこう言った。「リプトン卿、あなたは私が作ったパンケーキのことを自分の母親が作ってくれたものとそっくり同じだと言ってくれたことを覚えていますか」。私は笑いながら、かつて自分がそう言ったことを覚えているどころか、むしろあなたが作ってくれたパンケーキの味のほうをよく覚えていると答えた。この再会は、私にとって来し方を思い起こす最良の清涼剤となった。それに加えて、いかにアメリカ広しといえども、私にとって、この親愛なる老婦人以上に旧交を温めてくれた人物はいないと断言できるのである。

この他にも私には、合衆国内の別な場所での自分の若き日の経験があれこれ思い出されるが、ここでそろそろ私の生涯にわたる職業形成に大きな影響を及ぼした一連の出来事に話を進めたほうがよいと思う。やがて私は、ニューヨークに戻ることになり、そこで幸いなことに繁盛している食料品店を手伝う職を得た。ついに私はここで、天職に巡り合えたのである。私は始めた当初からこの仕事が好きで、そこに可能性を見出した。私は自分にこう言い聞かせた。「人は誰でも食べなければならない。それならば人々が買いたいと思うよい商品を扱っている店に客足が途絶えることはないはずである」。私が勤めたその店は確かに繁盛していて、常に最新の方法で経営していた。そこで働いている間中、私がいつも注意深く学んでいたのは、この点である。アメリカにおける店舗経営とグラスゴーの商人のやり方を比較すると、そこには何か微妙な差異があるように私には思われた。商品を提供して、食品を販売するという点では、大差がなかったが、アメリカでは品物のよさが十分に提示されて、店員も自分たちのお客に親身になって応対しているように私の目には映った。もっと分かりやすく言えば、ニューヨークの店舗には、その当時から何か特別な「雰囲気」があって、それが私を商取引の世界に招き入れ、すっかりその虜にしてしまったのである。

その店の仕事で、私は早い時期に昇進した。それは多分私がそこでがむしゃらに頑張って働いたお陰ではないかと思うのだが、私はその頃、また無性に父と母に会いたくてたまらなくなっていた。その思いが日ごとに募って、私は自分が得た賃金のすべてを貯金して、それが総額五〇〇〇ドルになった時、グラスゴーに帰る旅の予約をした。私の悲願は「故郷の顔馴染み」と再会することであった。だがいまさらながらその当時を振り返って思うには、私はこの時、アメリカ滞在中の経験や、そこでの直感を研ぎ澄まされる冒険の数々を反映させて、自分なりに何らかの決意を固めてから、故郷に帰るべきであった。当時の私は気づかなかったのであるが、その後時を経るにつれて、私は自分の未来を切り開くために帰国したのだと分かった。つまり私は、一般に移民たちが世界中からアメリカへと渡って、その地で一攫千金を目指すのとは正反対の道を辿ったのである。

私にとって、母のもとに帰るのに、手ぶらというわけにはいかなかった。私は、自分が海の向こう側でいかに成功したかの証として、お土産のひとつやふたつを母に持って帰る必要があった。いったいそれには、どのような品物がふさわしいであろうか。私は、あれやこれやと品選びに長い時間を費やした。その結果、私が選んだ手土産は、皆様には決して想像もつかない品物であった。つまり私は、樽一杯の小麦粉とアメリカ製の揺り椅子を母のために持ち帰ったのである。

私を乗せて再び大西洋を横断した汽船は、土曜日の朝早く、グラスゴーに到着した。もちろんのこと、私はその船が港に着き次第、一刻も早く上陸して、両親がいる家に飛んで帰るべきであった。ところがその替わりに私は、自分の帰還をより一層劇的に演出する計画を企てて、それを実行に移した。つまり私は、かつての仲間たちの大半が仕事から帰宅する時間まで、船上にとどまった後、馬車を手配した。そして私は、小麦粉の樽と揺り椅子を馬車の前方に載せてから、その御者に対して、クラウン通りの端から入って、その道路をゆっくり進んで欲しいと告げた。この私の計画はものの見事に成功した。私は、馬車の窓から身を乗り出して、嬉しそうに手を振りながら、大声で叫んで我が友達のすべてに挨拶した。そのお陰で、私の友達は私の帰還を知って大騒ぎになった。両親が私の帰宅に大喜びしたことは言うまでもない。その日は夜が更けるまで、そして翌日の日曜日も終日、私たち家族は、暖炉を囲んで座って、私が両親に自分のアメリカでの冒険談を語って聞かせた。そして母が「この揺り椅子は、私が今までに腰掛けた椅子の中で一番座り心地がよいわね」と言ってくれた時、そのひと言で私には、これまでの自分の苦難や辛い仕事の数々がすべて報われたように思われた。

第六章　ハムを商う

その翌日の月曜日から、私は、バターとハムを売る両親の小さな店を手伝って働き始めた。その時、私はすでに背が高く屈強な若者に成長していたので、その古びた店がとても小さく感じられた。私の帰還後、商売は上向き始めて、まもなく母の銀行通帳は、収支の帳尻が合って、かなりの収入超過に転じた。私自身にもまとまった額の蓄えがあったので、そのお陰で私は、次第にある夢を思い描くようになり、それはまもなく実現することになった。

私は、長い間、両親に事業拡大の話題を切り出すことを躊躇していたのだが、事業が好調で、次第に利益が上がってきたことから、一家の地位向上と繁栄のために思い切った試みを打ち出すまでに、もうこれ以上の時間を浪費するべきではないと思い始めた。それ以上に私自身が個人的にも事業に関して強い関心を抱くようになっていた。私は、自分たちと顧客の絆を強めるためのちょっとした方策を様々実行に移して、それを販売だけでなく、仕入れや陳列窓装飾にも適用した。忘れもしないある日のこと、私は、我が家の銀行通帳に一〇一ポンドの預金があることに気づいて、今こそ、この高額な貯金を十二分に生かして使うべきであることを恐れずに主張してみようと心に決めた。

私が両親をあっと驚かせたのは、その晩のことであった。私はこう切り出した。「見て下さい。これだけ貯まった銀行預金をいったい何に使うつもりですか。このお金をこのまま銀行に積んでおいても仕方がないよ。これで僕の店を開店させて、自分で商売をさせてもらえないかな。お金はお金を生んで、もし上手に使えれば、あっという間に何倍にもなるよ。今のところ我が家のクラウン通りの店は、自分たちでも思ってもみなかったほど順調だから、もし僕がもう一軒新しい店を開店させたら、その儲けを倍にできると思うんだ」。

両親は、この私の考えを聞いてうろたえた。ふたりは私が一瞬正気を失ったのではないかと思ったに違いない。「なんだって、何年もかかってようやく稼いだ貯金をすべてつぎ込んで、また別の店を開店させるとはあまりにも無謀な計画で、その新規事業にはいかなる心配や懸念が伴うかもしれず、言語道断だ」。こうして私が軽々しくも空中楼閣を築いた机上の空論計画は、差し当たってやむなく断念することになった。だが私は、また次の機会を狙ってもう一度挑戦してみようと決心した。その機会は思いのほか早く訪れることになった。

ある時、フィラデルフィアからの汽船が、並々ならぬ荒波航海の果てにようやくグラスゴーに到着した。この航海の遅れに伴って、その船荷の一部が、波止場で希望者にまとめて安値で取引される旨が告知された。たまたま私がこの知らせを目にしたのは運命のなせる技で、さらにちょうどそのたたき売り当日に私がこの古いブルーミロー埠頭を通りかかって、その船から最初に陸揚げされた荷物のハムとベーコンが自分の目に留まったのも、またしても運命のなせる技であった。

私はいざという時のために、銀行口座から数ポンドを引き出して自分のポケットの中に入れてあった。そこで私はそのお金を使って、結構な分量のハムとベーコンの所有者となった。次に私は、それをグラスゴーの路地にある小売店に売りさばいて、一八ポンドの売上金を得たのである。これが私にとって実業界における初めての投機となった。この完璧なる成功のお陰で私はすっかり自信をつけた。そして私は繰り返し自問自答した。ほんの少量のハムを売っただけで、一八ポンドも儲かるのならば、もし大量のハムを売ったら、数百ポンドも儲かるに違いない。商売のやり方が同じであれば、その取り扱う分量は問題ではない。問題は、目のつけ方、決意、兆候に気づく俊敏さ、そしてその好機をしっかり摑めるか否かにある。往々にして成功と幸運は、招かずして向こうからやって来るものではないと私は自分に言い聞かせた。つまり、それを摑むためには、自分から出向いて迎えにいかなければならないのである。

私は、この自分の問答を上手に織り込んで、あまりにも弱腰な父と母に対して、将来的な事業展望を少しでも和らげて欲しいと期待して話をしてみたが、父はいつも首を縦には振らなかった。

「我々は、ほんの慎ましい庶民なんだよ、トム」と父は言った。「私たちが今こんな風になんとかやっていかれるだけでも有難いと思わないといけないんだ。もしお前が言うような計画を実行したら、世間の人々からは、我々が身のほど知らずの高望みをして破滅するだけだと思われるに違いない。そろそろ地に足をつけて、もう絵空事を空想するのはおしまいにしてくれないかな」。

その一方で母は、時間が経過するにつれて、次第に私の話に耳を傾けてくれるようになった。私は母とふたりでいる時、これからもう一店舗増やすだけでなく、いずれはグラスゴー中に店舗を拡大したいという自分の大きな将来展望の輪郭を描いてみせた。

ある時私は、母にこんな風に言ってみたこともある。「いつかスコットランド中のすべての町にリプトン商店ができるかもしれないよ。でもそのためには、誰か他の人が同じようなことを思いつく前に、僕は今すぐ始めないといけないんだ。もし一店舗で一週間に三ポンドの儲けがあるとすれば、それが二店舗なら六ポンド、さらに一〇店舗なら三〇ポンドの儲けになるよ。そのために僕が今やるべきことは、まず次の一店舗を開店させることなんだ」。そして続けて私は、ほんの数週間前にストブクロス通りに空き店舗があるのを自分の目で確かめてきたばかりだと母に伝えた。この段階で私は、自分の店を出店することについて母を説得することは難しくないと思ったのだが、父については半信半疑であった。

自分が考える事業展開の刷新方法について、父にその具体例を示すために、私は大胆な方策に出た。それには私が貯金してきた一ポンド金貨が数枚必要であったが、実施前からこれは適切な事業計画ではないかと自分なりに確信できた。ある日の朝のこと、クラウン通りにある我が家の小さな店の角に新たに塗装したばかりのきれいな食料品運搬用の小型荷馬車がやって来た。その馬車の両側には大文字で「リプトン」とペンキで書かれてあり、その長柄には新品の馬具をはめたおしゃれな小馬が繋がれていた。この馬車が現れた時、父は店の扉のところに立っていた。私はその背後にいて、どうなることやらとドキドキしながら父の背中を見守った。

御者が馬車から飛び降りて父に敬礼すると、父がその御者に対して「これはいったいどういうことなんだ」と尋ねる声を私は耳にした。

「この新しい荷馬車は、旦那様のご子息様が注文された品でございます」と御者は答えた。

「これはご子息様が保証して下さった通り、実に上品で素敵な馬車でございます」。

「私には、こんなものはいらない」と父は即答した。「もと来たところへ連れて帰ってくれたまえ」。

父はそれ以上何も言わずに、店の中へ入ってしまった。その後、私はその日のうちに、この馬車一式を依頼先のストックウエル通りにある馬具製造者レッキー商会に返しにいって、自分の契約を解約するという不手際をしでかした。「でも僕は少しも怖気づいてはいないよ」と私は彼らに言った。「僕はまもなく、今度は自分自身のために馬車が必要になるから。というのも、僕はもうすぐストブクロス通りに自分の店を開く予定なんだ」。

この馬車の一件のお陰で、私が自営の店を開店することに関して、父の最後の砦が崩壊することになった。今度は母も公然と私の側に立って、ただあるがままに流されているよりも、独立独歩で意欲満々な進取の気質の息子に任せたほうがよいと自分の夫を説得してくれた。さらに母は、息子は三年間もアメリカで自力でやってきたのだし、クラウン通りの店の経営にも多大な貢献をしていると付け加えた。もちろん母自身が息子のトムを心底信頼して、きっとトムならうまくやれると信じてくれた。そして実際その通りであった。

こうして私は、自分の二一歳の誕生日に、グラスゴーのストブクロス通りで自営の小さな店を始めた。この場所で私は、商人としての新たな門出を迎えたのである。私がこの事業につぎ込んだ資本金は、きっかり一〇〇ポンドであった。だが私が実際に店の内装や商品調達などに使ったのは、そのうちの半分にも満たない額で、それ以外は臨時費と事業拡大費に充てて収支の均衡を保つようにした。

私は、店の開店に向けて店内をきれいに整えることに全精力を傾注して取り組んだ。店舗は内装も外装も新たに塗装改修して、家具や設備にも新しい試みを多数導入した。だが私が最も注意を払ったのは、取扱い商品である。その大半はアイルランドから直接買い付けた品で、しかも特別価格で仕入れたため、開店当日の表示価格は、あっという間にこの地域一帯の競争相手の間で話題になった。事実、私が質のよいハムを目方一ポンド当たり（約四五〇g）五ペンスもしくは六ペンス、さらに特上品は七ペンスで提供していることを知った商売敵たちは、こぞってストブクロス通りに駆けつけて、このような思い切った安値で販売しているのはどのような人

グラスゴー・ストブクロス通りにリプトンが初めて開いた店

物であるのかを自分の目で確かめに来たほどである。開店当日は、営業時間の数時間前から店の陳列窓のまわりに小さな人垣ができた。もちろん彼らは、外で見ていただけでなく、店内にも入ってきてくれた。私の開店初日の売り上げは、二ポンド六シリングで、これは一日当たりの売上額として、クラウン通りにある我が家の小さな店のこれまでの最高額を遥かに上回る金額であった。

当時のストブクロス通りは、それは今でも変わらないが、グラスゴー中心街の人口密集地帯に位置していた。その通りの両側には、きちんとした労働者階級の人々が住む高層の共同住宅が並んでいた。当時、その通りには小さな店が数多くあったが、私は自分の店をその通り中で最も光り輝いて魅力的な店にしたいと願っていた。私は自分の店を隅々まで清潔に保ち、自分自身も真っ白な上着と前掛けを身につけて、店内に接客する顧客が誰もいない時には、店の外に出て窓を磨いた。これは私とって、通りがかりの主婦たちに「こんにちは」や「こんばんは」とにこやかに挨拶する機会となった。時には、私が「特別お勧め品」として飾り窓に陳列した「ちょっとしたひとくち」などの商品が、彼らの目に留まることもあった。すると彼らは、思わず店内に入ってきて、何か商品を買ってくれることになった。夜暗くなってからも、私はガス代を節約することなく、リプトンの店は灯台のように明るく照らし出されて、その長い通り中で人々の関心や注目の的となった。

　私は毎日、朝早くから夜遅くまで働いた。経営者、買付人、レジ係、小間使いのすべてを私がひとりで兼務していた。アイルランドからの船荷が着けば、私は朝のうちに手押し車でそれを取りに行き、お客様から買い上げ商品を自宅まで届けて欲しいと頼まれれば、一時的に店舗を閉めて、自ら配達に出かけた。

　私の生涯の中でも忘れもしないある誇らしい日のこと、一九二三年のその日、私は自分の生まれ故郷のグラスゴーで名誉市民権を授与された。その途上、旧知の親友と車で移動中にグラスゴー大学の広大な建物を通り過ぎた時、私には自分の若き日の思い出が鮮やかに思い起こされた。

「まだ私が若造の時分、毎日この大学に通った日々が懐かしく思い出される」と私はため息交じりにつぶやいた。すると親友は、この私のつぶやきを聞いて青ざめた。「なに、大学教育だって」。それまで彼は私のことを「何の飾り気もない男」だと思っていた。その私が急にもったいぶることなどありえようか。彼が困惑している様子を見て、私は補足説明をした。「それはもちろん、私がグラスゴー大学に通っていたのは、忘れようにも忘れられないことなんだ。三年間にわたって、毎朝、まるで時計のように、私はいつもここを通って、その当時この建物の屋上階にあった食堂の調理場の入口のところに食料品を届けたものだ」。そして私たちはふたりで大笑いした。

言うまでもないことだが、私は自分にとって初めてのこの店に身も心も捧げて働いた。これは誓って言えることだが、当時の私は、毎朝きっかり六時に仕事を開始して、終業時間までわき目もふらずに仕事に打ち込んだ。それ以前に私は、これほど働いたことはなかった。ただ集中しさえすれば、人はどんなことでも自分が思うように成し遂げられるものだと私は自分の肝に銘じた。そして私は、日中はもちろんのこと、さらに遅く夜更けまで自分の仕事に精を出した。私は、朝六時から深夜まで働くことも稀ではなかった。実際、私は、翌朝すっきり早起きできるようにと小さな店の控室で夜を明かしたことも度々あった。このような時は、バター、卵、ベーコンなどが安値で取引される機会を利用できるという利点もあった。私にとって、仕事はスリルに満ちて喜びでもあった。こうして私は、自分の小さな事業にすっかり没頭して過ごした。

このような私の働きぶりは両親の信用を勝ち得て、私がストブクロス通りで仕事を始めた初日から、両親は私の仕事に関して、一切口をはさむことも何か忠告することもなかった。「トムはうまくやっているわね。でも働きすぎて体を壊さないように気をつけなさいね」と母はよく言っていた。

六週間ほど経って事業が好調だったことから、私は手伝いの少年をひとり雇うことにした。彼の仕事は、伝言を片手に走ったり、店内のちょっとした仕事を手伝うことだった。だが彼はとてもみすぼらしい身なりをしていた。実際、彼の衣服はすっかり着古して継ぎが当たったもので、その服装は私の営業方針にはかなわなかった。私のこぎれいな店には、ぼろ着をまとった少年はあまりにも不相応だったため、ある日私は、店のレジからぴかぴかの一ポンド金貨を取り出した。

「ほら、ジム」と私は言った。「これを持っていって、自分にぴったりの洋服を買って、それを今日から晩御飯の時間に着るようにしなさい」。

その少年は、喜びのあまり文字通り飛び跳ねた。彼は、確かに新しい洋服を身にまとってその日の二時に帰ってきて、その姿は私のお眼鏡にかなうものであった。ところが、その翌朝、彼は店に姿を現さなかった。それから三日後に私は彼の母親に問い合わせてみた。玄関の扉をノックすると中から出てきた母親に対して私は、「お宅の息子さんは、どこかお体の具合でもよくないのでしょうか」と尋ねてみた。「まさにその通りです」と彼女は答えた。「そうですが、息子は貴方様がご親切にも買い与えて下さった新しい洋服のお陰で、見違えるようになって、今ではもっとよい仕事が見つかったのです」。

私が雇用したふたり目の少年も、店には長く勤まらなかった。彼が店にやって来て四日目のこと、私は、初めての試みとして自分が印刷した広告用のちらしに貼る半ペニー切手を五シリング分買ってきて欲しいと彼に頼んだ。そして彼が帰ってくると、私は彼に預けた一ポンド金貨のおつりの五シリングはどこにあるのかと尋ねてみた。「おつりはないんだよ、リプトンさん」と彼は涼しい顔をして答えた。「切手代が値上がりしていたんだ」。

だがやがて私には、もっと信頼できる助手が見つかった。そのうちの何人かは、その後も長い間私の片腕として働いて、中には後年、私の事業の重役にまで上り詰めた者もいる。

このような優秀な片腕のひとりを私がどのように雇用したかについては、ここで話すに値する逸話がある。ある日私がいつものようにストックウエル橋を渡って歩いている時、私の頭の中は例によって空中楼閣になっていたのであるが、丈夫で屈強な一八歳ぐらいの若者が金物道具などの商品を山盛りに積んだ手押し車を押して橋を上ろうとしている姿がふと私の目に留まった。その手押し車の荷は十分に半トンを超える重量であるかと思われて、若者は、その身を震わせながら仕事に励み、自分の肩を車輪に押し当てて懸命に手押し車を押し上げていた。私は彼のその姿が気に入って、すぐに彼を手伝った。私たちは一緒に力を合わせて手押し車の車輪を回転させせながら橋を渡り切った。

自然の成り行きで、私たちふたりは話を始めた。彼は、クラウン通りにある店で働いていて、仕事は厳しいが、それを楽しんでいると私に話してくれた。その間中、彼はいつも顔に笑みを絶やさなかった。すると私には、ある考えが閃いた。「君はいくら賃金をもらっているんだい」と私は尋ねた。「週給七シリングです」と彼は答えた。私はもう一度、彼を頭のてっぺんからつま先まで一瞥した。「私のところで働いてみないかね。そうしたら君に週給一四シリング支払うよ」と私は言った。「もちろんですとも」と彼は即座に同意した。こうしてこの若者は、その後長い年月を経て、我が社の専務取締役のひとりになったのである。

ほどなくこうした優秀な片腕たちに恵まれたお陰で、私自身は、事業拡大の夢に専念できるようになった。私は、事業の基本的な細部には目もくれず、その替わりにストブクロス通り地域一帯にとどまらず、もっと広範に視野を広げてみることに自分の熱意と注意を傾注した。言い換えれば、最初の目標は、手堅い事業拡張であり、またそれと同時に、事業規模を拡大するほど、単価の儲けは少なくて済むことを私は認識するようになった。つまり世の中の基本的事実を単純化すれば、たとえば千ポンドの売上高に少しの儲けを得たほうが、その半分の売上高にやや高額の儲けを得るよりも望ましいことに私は気づいたのである。

私がこの視点で行った最初の重要な取引は、グラスゴー最大の衣類製造者との売買契約を締結している時に思いついたものである。私の助手は、私がこの契約を申し出ようとしていることを知ると、その先の見通しに仰天した。

「リプトンさん、先方は私たちのような小規模店舗とは決して取引しないと思いますよ」と彼は言った。「そんなことをしても、がっかりするだけです。順序をわきまえずに一足飛びすることはできませんから」。

「私がいかに迅速にこの契約を成し遂げるか、君は黙って見ていてくれないかね」と私は答えた。「私には、他の製造業者には関心がないのでね」。

そして私は、机に向かって、その最高級品の取引において、自分の手元にはごくわずかな利ざやしか残らない見積額を記入した。私は、他店より安値をつけることはしないと心に決めた。私は、この契約の申し出と共に、自分が店で販売するために仕入れた上質なハム、バター、卵などの試供品の美味なる詰め合わせも併せて送り届けた。先方の製造業者の重役は、このような私の事業経営方針を目の当たりにすると、ただちに私との売買契約を成立させた。もちろん私は、この快挙を包み隠しておくつもりはなかった。リプトンの店では、かの名高き製造業者の家庭用商品を取り扱っている旨、私は声を大にして宣伝した。やがて同様の売買契約が次々と成立して、その商品が、この小さなストブクロス通りの店で取り扱われるようになったのである。こうした事業成長を成し遂げるにあたって、私と助手がどれほど努力したかは想像もつかないことであろう。

第七章　豚とフランス語の授業

仕事に精を出したのはもちろんのこと、私はごく初期の時点から、自分の事業を構築するための大きな要因として、まだ当時はあまり認識されていなかった宣伝広告がもつ影響力の多大さを察知していた。七〇年代の問題点は、その宣伝効果をまだ誰も真剣に捉えていなかったことにある。英国と米国の事業において、今では最も専門化して重要な部分を占めている宣伝広告が、目覚ましい進展を遂げるに至った先駆けのひとりとして、私の名前が挙げられることがよくある。その真偽はともかく、私が、斬新で巧妙な宣伝効果の限りない可能性と利点に気づいて、その恩恵に与った最初の英国人であることは確かな事実である。

私は、創成期の頃から、自分の店や商品をいかに宣伝するかについて、常日頃からあれこれと思い巡らせていることを自覚していた。

すでにお話ししたように、私は自分の店の資本金一〇〇〇ポンドのうち、開店準備に使用したのは約半分だけで、残りの半分は、今後何か適切な使用目的が見つかるまで銀行預金として蓄えていた。そして私は十二分に熟慮した結果、その一部を宣伝に使うことに決めたのである。私は自らのアメリカ滞在中、売り上げが好調な店舗は、いずれも常時宣伝広告を出している店であることに気がついた。私はニューヨークで「商売を志すなら、宣伝するか、さもなければ倒産」という対句を見たことを覚えている。この簡潔にも印象的な文句は、その後も折に触れて私の脳裏に蘇っていた。

私が初めて宣伝の妙技を発揮させた簡素な手書きのちらしは、「特上の品を可能な限り安値で買い求めたい主婦の皆々様は、どうぞストブクロス通りのリプトンの店の常連になって下さい」と勧める趣旨のものであった。それから私は、他店と比較してもらえるように当店の販売価格を記載した広告用ちらしを作成して、店の近隣で特別に選んだ数百の住所宛に投函した。次に私は、グラスゴー新聞の夕刊紙上にちょっとした宣伝を試みて、「他の追随を許さない価格で提供する当店の極上ベーコン」という人目を引く一行広告を掲載した。私はこの宣伝に七シリング六ペンスを費やした。これこそ、その後リプトン商会が、新聞の今昔紙上に投資する何十万ポンドにものぼる宣伝広告費支出の先鞭となったのである。

だが、なるべく出費を控えてできる斬新な宣伝広告の形態はないであろうか。それが私の次の課題であった。広告ちらし、飾り窓に貼り出す巧妙な謳い文句、新聞掲載のひと言や少し大きめの広告は、いずれも非常に効果的ではあるが、それだけでは私にはどうしても満足ができなかった。何か人々の間で話題になって、願わくば笑って楽しんでもらえるような方法を見つ

「あれが本人だとしたら、リプトンは間違いなく独身だわ」

けられないだろうか。そうした方策が見つかれば、より効果的な宣伝手段の突破口になるに違いないと私には思われたのである。私は自分の店を開店した最初の一週間で、大概の顧客には、私の笑顔と冗談がうまく受け入れられていることに気づいていた。また同時に私は、むっつりした表情の人より、明朗快活な人のほうが気前よく支出するという人間の気質にも気がついた。そのため私は、上手な宣伝広告の手段を見つけるための最も望ましい着想は、人々の笑顔を導き出すことにあるのではないかと自分自身に言い聞かせた。私にとって、それにふさわしい端緒を見出すことはなかなか難しかったが、いったん始めてしまえば、次の手段は自ずと拓けてくることがよく分かった。

ある朝のこと、私には突如として、木製の大きなハムを制作して、できる限り本物そっくりに塗装したものを店の外にある柱に吊り下げてみたらよいのではないかという名案が閃いた。そうすれば、この店の主要な取扱い商品の看板とその目印が、通りを行き来する人々の目に留まることは確実であろう。私は、この考えをただちに実行に移した。その揺れ動くハムは、瞬く間に多くの人々の話題になった。そして事実それは、我ながら想像以上の成功を収めたのである。というのも、私が木製ハムを吊り下げた当日は、とても暑かったので、あっという間にその塗装が日光で溶けて、なんとしたことか、まさにたった今茹であがったばかりの大きくて美味しそうなハムの見本そっくりになったのである。それは無数の通行人たちの関心の的となり、ほどなくこの界隈に住む人々が「リプトンの店の脂したたるハム」を見物するためにやっ

「最先端を行くリプトンの商品」リプトンが採用した初めての挿絵入り宣伝広告

て来るようになった。

ハム一個から豚一匹に進化するのはたやすいことであった。実際に私は、グラスゴーの家畜市場で最も大きく丸々と太って見事な食用豚二匹を購入することができた。私は、その二匹の豚を自宅の庭に連れ帰って、これまでスミスフィールド見本市（一七九九年に創始され、ロンドンで開催された王立家畜見本市）に登場したどの豚よりも賞賛に値するような見栄えになるまで、豚たちをよくこすって磨き上げた。私は、その二匹の首のまわりにそれぞれピンクとブルーのリボンを結び、しっぽにはそれに似合う飾りふさを付けて、胴体には「リプトンの店の孤児たち」という文字を記した大きな垂れ幕を掲げて、通りを連れて歩いた。すると二匹の豚がストブクロス通りにある店の向かい側に到着する前から、かなりの数の見物客が集まって、そのあたり一帯に人だかりができて、私の計画はお陰様で大成功を収めた。人々はお互いに「これはいったい何の冗談だね」「これは誰の豚だろうか」などと口々にささやき合って、その「行進する豚」の滑稽なしぐさに対して、笑いのさざめきが絶え間なく湧きおこっていた。

この「由緒正しき豚が市場へ向かう行進」という新たな趣向は、一度きりで終わらせるにはもったいないほどの盛況であった。そこで私はその後も、同じ豚たちを何度も連れ歩いたが、その度に毎回違った経路を辿ってストブクロス通りに到着するように十分留意した。この妙技の変種としては、膝丈ズボンに、前裾を斜めに裁ったモーニングコートを羽織って、山高帽をかぶった典型的な服装のアイルランド人が、手にしたオーク製のこん棒を振るって巨大な食用豚を誘導しながら、町で一番混雑する大通りを通り抜けるという趣向のものもあった。その豚のわき腹には、「私はリプトンの店に行くところです。この町一番のアイルランド製ベーコンをお求めなら当店で」という文句がペンキで書かれていた。

このリプトンの豚に限らず、大きく丸々太った豚が、道路の真ん中でうずくまって少しも動こうとしない姿を私は何度も目にしてきた。ある時には、グラスゴー交差点で行進中の「リプトンの店の孤児たち」が、こともあろうに市街電車軌道の上で一斉に昼寝を決め込んでしまい、かなりの長時間にわたって道路が全面交通止めになったこともあった。

今でも当時のグラスゴーを知る人々の中には、あの孤児の豚たちが、私にとって財を築く基盤になったのだと語る人も少なくない。いずれにしても、生きた豚を起用して宣伝するという私の発案が、町中で最上級の大評判を勝ち得たことは確かであった。この手法の斬新さが人々の人気と笑いを獲得して、私の名前があらゆる人々の話題になった。それこそまさに私が望んでいたことであった。私の店にやって来る顧客の数はうなぎ上りに上昇して、それから半年も経たないうちに私は、店舗拡張の必要性から、ついに店のシャッターを撤去することになったのである。

私が宣伝のために打った次の手段は、ウィリー・ロックハートと専属契約を交わして、スコットランド随一の風刺漫画家のひとりを獲得したことである。ウィリーは温厚な人柄だが、商売には向かない自由奔放な芸術家肌の人物であった。その彼が私の事業に加わるということは、古くからの商売敵たちにとっては狂気の沙汰に思われて、私たちは何かと嘲笑の的になった。「いったい風刺漫画家がどうやって卵やベーコンの商売に関わるつもりなのか」と彼らは口々に言った。だが彼らは、まもなくそれを目の当たりにすることになったのである。

ロックハートが私のために最初に描いた漫画は、実際にその数日前に行われた通りを行進する「リプトンの店の孤児たち」と同じ趣向を紙上に投影させたものであった。それは滑稽な大判ポスター形式のもので、来店顧客向けに人目につきやすく飾り窓に貼り出された。この漫画には、ひとりぼっちの豚が目から涙をこぼしながら、アイルランド人の家畜商人に背負われて、その近くで年輩の女性がこの豚に対する深い憐れみの情を顔に浮かべて立っている光景が描か

「その豚をどうするつもりだね、パット」「旦那様、こ奴は孤児になってしまって気の毒なので、リプトンの店に連れていってやろうと思ったのでございます」。リプトンの店に掲示された初期の漫画の一例

れていた。その下には次のような挿絵説明文が書かれてあった。

老婦人「お前さん、あなたの豚はなぜそんなに哀しそうなんだね」。

アイルランド人「そりゃ、奥さん、こ奴以外の家族がみんなリプトンの店に連れていかれて、ついに孤児になってしまったからなんです」。

この単純明快な漫画は、数千人もの人々を私の店の窓に惹きつけることになり、それ以後毎週月曜日の朝、そこには新しい漫画が掲示されるようになった。すると町中の人々がこの漫画を見るためにやって来て、その誰もが皆、顔に笑みを浮かべて帰っていった。私が記憶する限り、その中で最も評判になった漫画は、グラッドストン内閣退陣（一八七四年一月に第一次内閣総辞職）に着想を得たものである。その画面半分には、悲嘆にくれた退陣内閣の惨状が描写され、反対側には、その同じ政治家たちが、似顔絵で描かれたウィリアム・ユワート・グラッドストン（一八〇九―一八九八年、自由党を率いて四回首相を務めた政治家）を先頭に、今度は嬉々として、ずっしり重いすね肉のハムを見せびらかしながら私の店から出てくるところが描かれていた。自分用の特別なハムを高く掲げて、それを見上げるグラッドストン氏の顔に浮かんだ笑みは、グラスゴー中の人々の大笑いを誘う的になった。それは人間の顔に浮かぶ表情として、これ以上滑稽な笑いはないと思える類のもので、私自身も、この漫画を見る度に今でも思わず含み笑いが出てしまうほどである。

この漫画が意味するところは、すなわちリプトン・マーケットがある限り、たとえ英国内閣の退陣騒動であろうと、いかなる失意のどん底にある状態でも解消されずにはいられないという暗黙の了解である。

こうしてロックハートの作品が大好評を博したため、私は彼に店の飾り窓に貼り出す商品価格表のイラストも依頼するようになった。そのいくつかは非常に滑稽な出来栄えで、中でも「卵の山に真っ逆さま」という題目のものは格別な傑作であった。そこには、逃走する家宅侵入窃盗犯を追跡して、壁をよじ登ろうとした太った警察官が誤って足を滑らせ、ものの見事に卵の箱の中に転落してしまう姿が描かれていた。この作品は、ウィリー・ロックハートが憎悪していたグラスゴーに実在する警察官がモデルになっているともっぱらの評判であった。私が知る限り多分そのお陰で、町中の警察官がこの作品を見るためにやって来て、実際、その警官たちの多くが我が店のお客になってくれたのである。

ロックハートは、漫画やイラストばかりでなく、私の指示と励ましのもと、類稀なる彫塑の才も発揮するようになって、その芸術的才能を存分に開花させた。そしてほどなく彼が制作した「リプトンのバターの彫像」が広く一般に知られるようになった。ロックハートは、小さな桶に詰められたバターを何十通りもの異なる形状に変換させて楽しい様相に仕立てることができた。この分野における彼の最高傑作は、頑強な警察官がかわいらしい乳搾りの娘と恋に落ちた劇的場面描写の作品であろう。ロックハートの作品にみられる警察官をはじめ男性の登場人物たちは、鉛筆や絵具で描かれても、はたまたバター、チーズ、卵で造形されたものであれ、そのいずれも間違いなく、楽しげな表情で、鋭い風刺の目が光って、限りなく陽気に表現されていた。彼も私も、痩せこけたみすぼらしい登場人物は決して採用しなかった。というのも、それはトーマス・リプトンの店の理念や取扱い商品とは似ても似つかず、そこにはまったくそぐわなかったからである。

こうして急激に店の顧客数が増えたことに伴って、その需要増加に見合う確実かつ適切で順調な商品供給の手段を確保することは、私が早急に直面した次なる課題であった。もちろんのこと、私が自分の店のカウンター越しに販売する商品については、事業に乗り出した当初から、卸売業者や仲買人に依存する部分が大きかった。だがすぐに私は、そのやり方に飽き足りなくなってきた。それならば自分が仲買人になって、生産者から直接商品を買い付けてみたらどうだろうか。店で働く店員数が増えた結果、私自身には、グラスゴーで取引される商品の搬出先であるアイルランドの農家や酪農場と直接交渉を試みるための時間があった。そこで私は、アイルランドの北方および東方に向けて定期的な訪問を開始した。私は単身、様々な町や村の市場に出かけていって、これはと思う品を見つけると、それをまとめて現金で購入してきた。私は、このやり方を採用すれば、最上品質の品を現金払いの最安値で獲得できると確信した。

ある時私は、エニスキレン（北アイルランドの都市）に近いリスナスクという町で、とても面白い経験をしたことがある。そこは上質なバターの産地として知られ、私もちょうどその時、ある程度まとまった分量のバターを購入したいと思っていた。そして事実私は、そこで自分が必要とする分量を遥かに超えるバターを獲得することになったのである。つまりそれは次のような出来事である。私はグラスゴーからベルファーストへ向かう旅の途上で、私と同じリスナスクに商用で行こうとしている英国人と知り合った。私たちはすぐに打ち解けて、彼は自分のことを私にあれこれ話してくれて、私も彼にグラスゴーでの自分の商売について語って、ちょうどこれからアイルランドの市場に自ら出向いて商品の買い付けに行くところだと話した。

「それなら、リプトンさん」と旅の道連れが言った。「明日の朝、リスナスクの市場で同じくバターを買い付けにやって来る商売敵たちをうまく出し抜く妙案をあなたに授けましょう。私はリスナスクの事情に通じているので、私が言う通りにすれば、あなたは市場を自分が思うように牛耳ることができますよ」。

私は、細心の注意を払って彼の計画を拝聴した。それは私にとって、うってつけの名案に思われた。翌朝、私は早くから起き出して、私の友人が指南してくれたその計画をさっそく実行に移した。まず私は、村の広場にある売店を一軒借りて、その市場を管理する貴族から天秤と重しを借り受けた。次に私は、機敏で賢そうな若者を探して、これはと思われる人物に声をかけ、彼を五シリングで雇った。そして私は彼に、「市外に出かけて、こちらに向かってくる農夫たちを呼び止め、彼らが市場に到着する前に、持ってきたバターや卵を買い付けて欲しい」と頼んだ。私が提示する価格は、バターはいくら、卵はいくら、という具合に別々の券に記載されていた。この券を手渡された農夫たちには、その金額で各々が持参した品のすべてが買い上げられ、それはグラスゴーのトーマス・リプトンによって支払われる旨が伝えられた。

一時間も経たないうちに私の小屋のまわりには、それ以外の売店には目もくれずに通り過ぎてきた農夫たちが群がり始めた。私は始終、バターを計量し、卵の数を数えて、すでに双方で合意した金額を支払うことに忙殺されていた。この好調な取引が続いて二時間も経過した頃、私は自分の持参金が底をつき始めたことに気がついて驚いた。ほどなく商売敵たちも私の窮状に気づき、グラスゴーからやって来たこの若造商人が痛い目に遭っている様子を嘲り始めた。だが私には、残りの農夫二人か三人分について、自分が申し出た売買契約を履行するには手持ち金があと三〇シリングほど不足することは事実であった。私はどうしても降参したくなかった。私は即金払いを約束したのであり、その通りに現金で支払うべきであった。そこで私は、村の広場を横切って、質屋に駆け込み、自分の銀時計をちょうど三〇シリングの値で質入れしたのである。

それから私は、自宅に金銭無心の電報を打った。そしてその金が無事私の手元に届き、ホテルの宿泊費を支払って、自分の鎖付き時計を質屋から請け出すまでの間、私はリスナスクに滞在しなければならない羽目に陥った。私が質屋に出入りしたのは、後にも先にも、この一度だけである。

ご想像に難くないであろうが、私には余暇の時間がほとんどなかった。朝から、というよりも往々にして日が昇る前から夜更けまで、私は、仕事、仕事、仕事の毎日であった。だが、それは私にとってなんと恵まれた幸せであったことであろう。私は仕事に没頭するよりも、娯楽や余興の時間が欲しいと思ったことはまったくなかった。開店から数カ月経った頃、そろそろ私は、店の控室に泊まり込むことを止めて、夜はクラウン通りの住みなれた我が家に帰宅するようになった。私の帰りが夜遅くなっても、いつでも両親は、その日、ストブクロス通りの店がどうであったか、何か新しい計画や発案に着手したか、そして全般的に物事が順調に推移したか否かを気にかけてくれた。夕食後には、私はよく古いフィドル（弦楽器の一種）を取り出して、しばし弦をこすってかき鳴らしながら過ごしたものである。もし私がこの時、楽器の練習をしていなかったら、ちょうどその頃、何か外国語のひとつやふたつを習得したいという思いが募っていたので、きっと私はフランス語でも独学していたのではないかと思う。

実際のところ、この自己研鑽の思いが日増しに強まっていたので、私は、一日の終わりに数時間ずつでも、そのための時間を確保したいと願ったが、それはどうしても叶わなかった。時を同じくして、私は同じ思いから、ハル・シュルツという名前のドイツ人紳士にストブクロス通りの店の裏手に来ていただいて、ゲルマン語の指導をしてもらう手筈を整えた。私は、彼に前払いでその授業料を支払った。これが間違いであった。その悪賢いドイツ人は、私たちが最初の授業を行う予定にしていた晩に姿を現さなかった。その後も毎晩、彼がやって来る気配はなかった。ついに私は堪忍袋の緒が切れて、怒りが込み上げてきた。ある晩のこと、私は、この詐欺教授を探しに出かけて、ついに彼がセント・ヴィンセント通りにある一軒の家に入っていくところを突きとめた。私がその家の呼び鈴を鳴らすと、彼自身が戸口に出てきて非常に仰天した。

「私は、あなたがドイツ語を教えに来て下さるのをずっと待っていました」と私は単刀直入に告げた。「そして今度は私があなたに教える番だ」。私の教えは、五分もかからなかったが、それは極めて効果的なものであった。

だが、この一件はそれだけでは済まされなかった。翌朝、偶然母が私の店にいる時、西部派出所のスワンソン巡査部長がやって来て、ドイツ人の語学教師が私に重傷害を負わされたとして訴状を提出していると警告して、母をひどく驚かせた。その巡査部長は私の親友であったため、この事態が収まるまでしばらくの間、どこかに姿を隠すように私を説得してはどうかと母に勧めた。母は私に是非そうするようにと全身全霊で懇願した。我が子トムが警察沙汰を引き起こしたことに母はひどく心を痛めた。私としては、詐欺師を懲らしめてやっただけで、「裁判を逃れて逃走する」のはまったく気が進まなかった。だが、結局のところ、私はしばらく姿をくらますことに決めて、列車でダンディに向かい、そこで数日間過ごすことにした。

第八章　身を隠す

私は、その歴史ある素晴らしいテイサイド（スコットランド東部の自治区、州都はダンディ）の町で強制的な休暇を楽しんでいる間、素敵なリプトンの店にするのにうってつけの空き店舗をムレイゲイトで見つけた。そこで私は、建物管理人から鍵を借りて、店舗内を視察し、事実上その店舗を長期契約で借りる手続きをした。実際にその店舗の賃貸契約を取り交わしたのは、その後しばらく経ってからであったが、この店舗は、私がグラスゴー以外に出店する最初の店舗となり、結果的に抜群の売上店となったのである。

私がダンディに滞在して四日目のこと、警察はシュルツ氏が第一級のペテン師であることを見抜いたので、もう戻ってきても大丈夫だと私に知らせる電報を母から受け取った。彼はトム・リプトンのみならず多数の人々を騙して、しかも自ら町から逃走したとのことであった。そのため私は、法の適用で厳しい咎めを受けるどころか、非道なシュルツ氏に身分相応のしっぺ返しを喰らわせた行為が賞賛されるところとなり、グラスゴーで著名な治安判事のひとりは、今回私が公共奉仕の役目を果たしたとまで言い及んだ。

私がこの逸話について詳細に語ったのは、この一件を巡る状況が、商人である私にとって、その後の生涯にわたって非常に重要な意味をもっているためである。もし私がダンディに行かなかったら、もし私がムレイゲイト店の思いつきを実行に移さなかったら、私はグラスゴー圏外に出店しようと考えたか否か定かではない。すでに私は、この時点に至る前に、準備金が整い次第、別の支店を開店させたいと何度も真剣に検討していたが、英国中のあらゆる大都市にリプトンの店を出店させる全国規模の店舗展開という構想は、私にとってこのダンディ訪問以後、初めて次第に具体化していったのである。

かつて私が思い描いて父と母に語った将来構想は、もし二店舗、六店舗、一〇店舗という具合に店舗数を増やせば、儲けもそれに応じて倍増するというものであった。利潤を上げつつ、それを首尾よく活かしながら、まったく同様の手法を用いて、さらに増益していくには、そのための知的指導者と組織が重要ではないかと私は自問自答した。

私は、ストブクロス通りの店を開店した三年後には、次にもっと大規模な店舗を一号店から一マイル（約一・六km）ほど東のグラスゴー大通りに展開するために必要十分な銀行預金を蓄えていた。その店は、清潔で明るく魅力的で、思わず通行人の目を惹く効果的な商品陳列など、多くの点で一号店とまったく同じ仕様であった。この店舗は、開店と同時に好評を博して大成功を収めた。その数カ月後に私は、今度は町で有数の商店街であるジャマイカ通りに堂々たる店舗を開店させて、こちらも瞬く間に画期的な大評判となった。

私が「リプトン・マーケット」と呼ぶこの事業は、グラスゴーで他に類を見ないもので、リプトンの宣伝広告の手法も、これまでいかなる商人や商会でも思いつかなかったものであることは確かであった。そのため通信社や世間の人々が、こぞって私の事業経営とその独創性をほめたたえ、三年前には誰も知らなかったリプトンという名前が、今では町中でごくありふれた言葉として通用するようになったのである。

新たに開店したこの二店舗の成功によって、私の野望にはずみがつき、それは私にとって抑えがたいほどであった。喜んでその繁栄に飛びつく人もいるであろうが、それは跳ね上がる時と同様にあっという間に凋落するものであり、私はそのまま時流に乗って深みにはまることをきっぱりと断った。私は万事入念な計画のもとに実行に移してきたので、たとえそうした急成長を見ても、息もつけない大混乱に陥ることはなかった。私がストブクロス通りで商売を始めた初日から、自分の事業における座右の銘は「現金払いのみ、信用貸しせず」であり、これは顧客に対してのみならず、当の私自身についても同様であった。つまり、その先に私が展開することになる何百もの店舗についても、私はすべて一ペニーたりとも借金せずにそのすべてを開店させてきたのである。

随分前のことであるが、私は「リプトンは、決して一ペニーたりとも、賭けごとに投じたり、請求書払いをしたことがない」と公の場で評されたことがあった。この前半部分は、確かに事実である。だが、その後半について私は、事業を始めた初期の頃、たった一度だけ、それも結構な金額の請求書に署名したことがある。事の詳細は覚えていないが、おそらくかなり大量な商品の購入に際して、私はその合計金額に見合う所持金がなく、しかもその取引を不意にするには余りあると判断したのではないかと思う。いずれにしても私は署名した直後から、この請求書のことが、自らの肩に挽き臼のごとく重くのしかかってきた。そして私は、夜も眠れず、食事ものどを通らず、仕事にも支障が生じ始めた。熱にうかされた私の頭の中には、次のような恐るべき言葉が浮かび上がった。「署名日の一カ月後」。それは、破滅の預言の「壁に書かれた文字（不吉な前兆を意味する旧約聖書の故事）」であった。そこで私は、請求書払いを行った三日後に、その支払いを履行することで、ようやく心の平穏を取り戻したのである。私は、自分がその恐るべき文書を破り捨てた時の心底安堵した気持ちを今でもまるで昨日のことのように鮮やかに覚えている。

私には、このように新たな店を開店させるにあたって、直面するであろう大きな課題があった。それは、従業員の問題で、すなわち信頼できる補佐役を見つけられるか否かであった。支店の管理全般、仕入れ、事業方針などについては、その適任者が見つかれば、容易に実行できることである。幸いにも私は、この点について生涯を通じて心配無用であった。つまり私は、いかに人を起用して自分の経営方針に心酔させるかを体得することで、いつでもどこでも数多くの優秀な人材に恵まれたのである。当時の私は、自分の同僚や助手たちの選定にあたって格別に幸運だったのだと思う。というのも、グラスゴーの雇い主たちの中で、私の身辺に形成されたこの上ない補佐集団を上回るような片腕を獲得できた者はまずいないと断言できるからである。自分でもこの点において十分に満足できたため、私はただちに事業範囲の拡張に着手した。それから五年も経たないうちに私は、グラスゴーおよびスコットランド西部地域一帯に二〇店舗を出店する唯一の経営者となって、いずれの店舗も大規模店で、売り上げも上々であった。こうして私は、グリーンノックの新店舗開店初日に、そこで一四時間働きながら、自分の二六歳の誕生日を祝ったのである。

すでにお話ししたように、私にとって、数年前の「強制的な」ダンディ訪問を契機として、その町に支店を開くことになり、この第一歩が目覚ましい成功を収めたことによって、自分の事業範囲を英国中に広げて、しかもそれをトーマス・リプトンによる単独経営で進める方針が確立することになった。もちろんのこと私は、この時すでにグラスゴーのランスフィールド通りに商品保管倉庫を所有していた。そこはかつて製粉所として使用されていた場所で、よく整備された大規模な建物であった。その後まさに雨後のマッシュルームのように増殖する自社の急成長は、このようなスコットランド中で他に類を見ない商品供給所という確かな基盤の上に築かれたものであった。

私はそれから何カ月もの長期間にわたって、この偉大なる本社の商品保管倉庫という組織に身も心もすっかり奪われて夢中になった。そこに私は、朝早くから夜遅くまで、一週間のほぼ毎日缶詰になっていた。もし私がそこに不在であれば、それは常に増加しつつある商品需要を満たすため急遽アイルランドに出張中であるか、もしくは国内のどこか遠方に新たな支店を出店する開店日に駆けつけているかのどちらかであった。私には、事業創始期から自分で自分に課して、長年順守してきた規則がある。それは、新たな支店を開店する当日には、必ずトーマス・リプトン自身が、その店の売り場に立っていなければならないというものである。そればかりでなく、私はその店の最初の顧客を自分で接待するように心がけてきた。有難くも報道のお陰で、私はこの頃までに、近代的な店舗経営法を実践しているという点において、それなりの確かな評判を勝ち得ていた。さらに私は、このような異例なる前評判のお陰で、未踏の新たな町にも次々と出店して守備範囲を拡大することができて、どこの店舗でも新規開店の扉が開く時には、そこに顧客が押し寄せる結果となったのである。私はその開店時にはいつも白い上着と前掛けを身につけて、店に最初に入ってくる主婦を待ち受けていた。

ちょうど数カ月前のこと、私は、ニューヨークで顔馴染みのスコットランド系アメリカ人と出会って、しばし会話を楽しむ機会に恵まれた。その時、彼は私に「まるで昨日のことのようによく覚えているのだが」と切り出して、もう四五年以上も前に私がアバディーンのユニオン通りに支店を開店した時の話をしてくれた。彼が語ったところによると、その日、彼の父と母は、「頭のてっぺんからつま先まで真っ白な洋服を着た人がいるぴかぴかに輝いた素敵な新しい店」を見るために彼と彼の弟を連れていってくれた。生協組合の北支部の会員として年四回の配当を楽しみにしていた彼の両親は、最初のうちそこで何か買い物をするつもりはなかった

27 歳のトーマス・リプトン。彼はこの時すでに富と名声を獲得しつつあった。

のだが、私の店の特価商品に購買意欲を示して、家族全員で店に入ってみることになり、ちょうど私自身が彼らの接客をすることになった。そればかりでなく、私は、そのふたりの子供たちに真新しいペニー硬貨を一枚ずつ手渡すという、これまでアバディーンの店主が一度もしたことがない行為をしたのである。そのお陰でその晩の出来事は、以来、家族全員にとって忘れられない思い出になったのだと彼は私に語ってくれた。

当時の自分を振り返って、よくそれだけのことをすべて自分でする時間があったものだと我ながら不思議に思う。自社の支店は、まるで時計が時を刻むような規則正しさで次々と開店し続けていた。英国中の不動産所有者が、私のところに貸店舗情報を連絡してきた。町の規模の大小にかかわらず、私はその場所を必ず自分自身で訪れた。いつも私は、物事を判断するのに時間を要しなかった。私は列車で現地に到着したかと思うと、要件を済ませた後、すぐ次の列車で帰宅することも稀ではなかった。私は自分のわずかな滞在時間で、新たな「リプトン・マーケット」を開くための必要事項を準備万端調えるか、時にはすべてを白紙撤回することもあった。私がこのようにあらゆる地域に事業拡張している只中、議会の主要な議員のひとりから、私の政治的信念は何かと問われたことがある。

「私の政策は、毎週、新規店舗を開店させることである」と私は答えた。そして現に私は、ちょうどその頃、この極めて健全な水準をほぼ達成していた。私は自分が三〇歳の誕生日を迎える前にすでに事業で大きな成功を収めていたことは確かであるが、宣伝広告が及ぼす効力に関して、私がいかに確固たる不屈の信念を抱いていたかについては、どれほど強調しても強調しすぎることはないと思う。前出のグラッドストン首相は、当時の政治家として傑出した人物であったと思うのだが、自分の事業と無関係なことには何の興味もない私としても、この偉大なる人物がグラスゴーで行った演説の次のような一節には非常に感銘を受けた。彼は「事業にとっての広告は、産業にとっての蒸気機関に相当する唯一の推進力である。宣伝広告なしには一銭も稼げない」と語ったのである。私は、この彼の言葉を思い出す度にまったくその通りだと同感している。その言葉は私の考えと通じるところがある。自分の店と商品に人々の注目を惹きつけるために私が実行した初期の発案が、極めて効果的であったことについては、すでに紹介してきた。だがそれは、その後、長期間にわたって私の頭を占有することになるもっと大規模な計画の中では、ごく準備段階にあたるほんの予兆にすぎなかったのである。

第九章　ぽっちゃりした女性たち

私の発案の中でも圧巻は、何十万枚もの「リプトン一ポンド紙幣」の配布であろう。それは、見た目にはスコットランド銀行が発行している「ほんの紙一枚でできている」一ポンド紙幣に大きさも紙質もそっくりに作られた模造品であった。それはあまりにも巧妙に製版印刷されていたため、何の疑心もなくそれを見た人にとっては、一見本物の紙幣と間違えてしまうような代物であった。もちろんそこに印刷された文字を読めば、それはこの私、すなわちトーマス・リプトンによる宣伝広告で「いずれの店舗でも、一五シリング以上のお支払い時にこれをご提示下さったお客様には、当店のハム、バター、卵をたった一ポンドでご提供いたします」と書かれてあることに気づくであろう。このリプトン紙幣の配布は、人々の大評判となって、また同時に幾多の予期せぬ滑稽な事態を巻き起こすことになった。つまりこの模造紙幣の多くが、本物の紙幣流通の中に紛れ込んでいることが発覚したのである。商売敵の店主たちは、夜の売り上げ計算でレジの中から模造紙幣を発見し、グラスゴー銀行支店の出納係ですら偽札を摑ま

実物の「リプトン１ポンド紙幣」の写し。これが数百万枚も印刷されて出廻ると、この「紙幣」が思いもよらない場所でありとあらゆる種類の騒動を巻き起こしながら、宣伝広告として大評判の成功を収めた。

された。当の私自身も、ある土曜日の夜のこと、自分のグラスゴー大通り店の売上金の中から、自らが模造した紙幣を五枚以上も発見するという自業自得に陥った。

ある月曜日の朝のこと、私はキャンバスラングからグラスゴーまで列車で旅をしていた時にリプトン紙幣がスコットランド人慈善家の手に渡った事例を少なくとも一件、自分で直接聞き及ぶことになった。その列車の仕切り客室に私と一緒に乗り合わせた他の三名は、私にとって見知らぬ人々であった。彼らは前夜に教会で行われた夜の礼拝について話を始めて、「未開の地、ロタマグガンダ（実在しない地名）に衣料を送る基金」というような名目で行われた説教の雄弁さについて口を極めてほめそやしていた。その三人組の中で最も気取って真面目くさった面持ちの人物（後で最古参の長老であることが判明したのであるが）が言うには、「あれは実に吟味された内容で、当教会で行われた最上の力強い説教といえるものであった。だが私は、それに対して昨晩得られた以上の財政的見返りが得られてしかるべきであったと誠に遺憾に思うのだ」。すると別の人物が口をはさんで曰く、「長老、それは変ではありませんか。つい今しがたジェイムズと話したのですが、昨晩、貴方様が寄付金の受け皿を持って人々の間を歩いて廻られた折、その中に教会始まって以来の多額な寄付が投じられているのを私は現にこの目で見ていたのですから」。「まさしくその通りなのだ」と長老はため息交じりに答えた。「その受け皿の中に七ポンドの紙幣が集まったのは実に幸いであったが、こともあろうにそのうちの六枚はリプトン紙幣だったのだ」。

このようなリプトンの一ポンド紙幣を巡るありとあらゆる風変わりな物語が、次第に新聞紙上を賑わすようになり、その多くは非常に楽しい逸話であった。たとえば、とあるご婦人が財布のひったくりの被害に遭って、自分で犯人を追跡して捕まえた英雄談がある。その翌朝、被害者の女性は、刑事裁判所で財布の中にいくら入っていたのかと尋問された。「リプトン紙幣が四枚と銅貨二ペンスです」と彼女は下級刑事に対して厳粛な面持ちで答えたのだが、その返答が大爆笑を買った理由を彼女は理解できなかったのである。

ある午後のこと、私は車に数人の友人たちを乗せてダンバートンを移動中に渋滞に巻き込まれて停車していると、浮浪者が近寄ってきた。私はほんの冗談で彼に自分の「リプトン一ポンド紙幣」を手渡した。すると彼はひったくるようにそれを掴んで、さらに私が銅貨を数枚渡す前に姿を消した。その翌日のこと、放浪者がパブでビール一杯の支払いにリプトン紙幣を使おうとした廉で下級判事の前に連れ出されたという新聞記事を目にするに及んで、私は、これは自分の評判に関わるゆゆしき事態であると自覚するに至った。それに加えて、その頃には多くの人々が一ポンド紙幣を使う時、いつも疑いの眼で見られるようになってきたのである。少なくとも誰でも、自分が差し出した紙幣をじっと見られて、おつりをもらう前にそれが本物の紙幣であるか注意深く調べられるということは、きちんとした市民にとって当惑する事態であったことに違いない。

だがこの一件に関する最上の逸話は、多分まだ公になったことはないが、私自身では私的に何度となく語ってきた次のようなものである。その当時、最も有名な音楽ホールといえば、「いにしえのスコシア（スコットランドの古い呼び名）」であった。そのため近くにある公衆酒場のシェリーズは、公演を終えた奏者たちが夜の部の終演後にこぞって立ち寄ることで知られていた。またその酒場には、演劇志望の血気盛んな若者たちも町中から集まってきていた。ある土曜日の晩のこと、このシェリーズで、当時大人気でいつもは上機嫌な喜劇役者が、その日はなぜか非常に険悪な雰囲気でたたずんでいた。彼はその溢れんばかりの悲壮さを一掃しようとするかのように、家庭内の不運、仕事契約の欠如など、この上なく悲劇的な自らの物語を次々とまくしたて始めた。その結末として、ついに彼は爆風であおられたように自分の役者人生がすっかり幕を閉じてしまったこと、しかもそれがたった数ポンドのためだったことを芝居じみた仰々しさで語った。これがグラスゴー中の気前のよい若者たちの心の琴線に響くと、ある若者が帽子を取って寄付を募り始めた。「この一ポンドで再出発しなよ」とある者が言った。その隣の若者が「これも追加するよ」と同調した。すると数分も経たないうちに三五ポンドとわずかばかりの銅貨が集まった。小銭はぴかぴか光った銅貨も含めて四ペンスあった。そしてこの喜劇役者は、事の真実をにわかには信じがたいといった表情を顔に浮かべることになったのである。

彼は喜びのあまり、「これこそ、我が役者人生で勝ち得た最も素晴らしい賞金だ」と声の限りに叫んだ。「この酒場にいるすべての諸君、私と一緒に乾杯しようじゃないか。ここに居合わせたすべての諸君の名の下に、そしてグラスゴーの未来のために、乾杯!」

この不運なる喜劇役者が、その三五ポンド紙幣のすべてがリプトン紙幣であったことに気づいたのは、翌朝になってからのことであった。彼は、ひどく落ち込んだ様子で私の本社を訪れた。私はすっかり同情して、彼を励まそうと本物の一ポンド紙幣を数枚手渡した。すると彼は、その紙幣を細心の注意を払ってよくよく確認した後、帰って行った。実際のところ、すでに私はこの頃までに、自分が引き起こしたこの「お騒がせ」に十分満足していたので、「リプトン紙幣」の流通を撤退させるために自分なりに最大限の努力を始めることにした。この回収の動きを促進するため、私は自社を相手取って「その売店においてリプトン紙幣を不注意にも一枚おつりとして手渡された結果として原告が被った損失」である一ポンドを巡って少額裁判所に訴訟を申し立てた。その判決は私にとって有利な結果となった。というのも、「教養ある人ならば、その紙幣がただの広告にすぎないことは、ほんのわずかな注意を払えば分かる筈である」との判断が下されたからである。

それが「ただの広告にすぎない」のは確かであるが、それこそ広告が広告たる所以である。私にとって、自分の事業を樹立し、その基盤を確固たるものに成し遂げるにあたって、広告がどれほどの役割を果たしてきたことか、その多大さは筆舌に尽くしがたいほどである。

その数カ月後のこと、この「リプトン紙幣」は、それに取って代わって世間をあっと言わせる方策が出現したことで、当初の役割を果たし終えた。当時の私は、新聞の朝刊、夕刊、週刊のいずれにも、そのかなり広い紙面を自社広告に利用していた。この形態による宣伝は、すでに五〇年以上も前に私が感じていた通り、そしてその状況は今も変わっていないのであるが、十分満足できる宣伝効果を発揮しているとは言いがたい。だが、もしその裏付けとして何か現実的な斬新さ、それも人々を思わず笑わせるような代物を付け加えることができれば、問題は解消されて、存分に効果がある宣伝広告が打ち出されるのである。

私の次なる不意打ちは、「リプトンの鏡」であった。その一枚は凸面鏡で、もう一枚は凹面鏡が一セットになって、私の数多い支店の出入口に取り付けられた。その鏡の一方には、「リプトンの店に行く時」と表示されて、そこでは店に入ってくる人の顔が細長く貧相に数ヤード（一ヤードは約九〇㎝）ほどの長さに引き伸ばされて見えた。もう一方の鏡は、「リプトンの店から帰る時」と題されて、みんながふっくら巨大な胴回りにふくよかな丸顔でのんびり嬉しそうに映し出された。この鏡のセットは、それからの数カ月にわたって大評判となった。何百万人もの人々がこの鏡をひと目見ようと押し掛けて、子供たちに至っては、近所はもとより遠方からもやって来て、無料でできるこの奇妙な体験に大喜びした。そのお陰で私の店の店内には、町のいかなる音楽堂や劇場にも勝る笑いの渦が自ずと湧きおこるようになったのである。この進取で独創的な企画は、あっという間にその効果を発揮して、私の店舗の売上高も抜群に上昇する結果となった。

私は、この「行く時」と「帰る時」の発案をさらに様々なやり方で活用した。たとえばその双方の様子を漫画やスケッチにして店の飾り窓に掲示したり、新聞広告として掲載した他にも、自分の支店があるすべての町の通りでこれを実演して見せた。つまり私は、まず見つけられる限りふくよかな女性を一度におよそ一ダース分（一二人）雇用して、彼女たちにお揃いの衣装を着せ、「私はリプトンの店の常連客です」と書かれた買い物かごを持たせた。そして私は、このふくよかな女性たちを歩道で縦一列に行進させた上で、彼女たちに周囲からの絶大な注目を惹きつけずにはいられないほど、今自分たちは楽しい仕事にいそしんでいると言わんばかりに最高の笑顔で微笑んでもらったのである。

「リプトンの店から帰るところ」（左）、「リプトンの店へ行くところ」（右）
リプトンの店の飾り窓に掲示された初期の宣伝広告の一例。そこには、このような大雑把ながらも滑稽な漫画が毎週のように貼り替えられ、それを一目見ようとグラスゴー中から人々が集まって人だかりができた。

この発案の変種としては、町やその近辺で見つけられる限り痩せ細ってやつれ果てた男性連中を雇用して、道の片側を歩かせるという趣向のものもあった。彼らには全員「リプトンの店に行くところです」という札が付けられた。そしてその道のちょうど反対側に、同じ人数の集められる限り太っ腹でよく肥えた朗らかな表情の別の男連中を行進させて、その札には「リプトンの店から帰るところです」と書いたのである。

一八八一年のこと、私がここで正確な年号を記すことができるのは、この年のことをその後も何度となく繰り返し語ることになったためであるが、私は英国商人として、いまだかつてない大成功と認識されるような賢明なる宣伝広告を打ち出した。当時の私は、まだ三店舗しか出店していなかったが、自分の顧客のためにまさしく大規模なクリスマスの催し物、それもグラスゴー中の人々が文字通りはっと驚いて注目してくれるような企画を実施したいものだと切望していた。この難問をなんとか解決しようと、私の頭は数週間にわたってはち切れそうであったのだが、私にはどうしてもよい案が思い浮かばなかった。やがてその期限は、のるかそるかの瀬戸際まで来てしまった。するとある日の午後のこと、私が店のお客に二ポンド分のチーズを切り分けて販売していた時、「これまで世界中で製造された最大級のチーズを輸入して、それを展示後に販売したらよいのではないか」という名案が忽然として閃いたのである。そのようなチーズを入手できる唯一の場所といえば、それはアメリカである。さらに私が知る限りアメリカ広しといえども、そのチーズを製造できるただひとりの人物は、ニューヨークのL．L．ライト博士であった。そこで、ただちに彼のもとに海外電報が打たれた。そしてこの企画は、それから数時間のうちに詳細部分まで決定されて、着々と実行に移され、クリスマスの六週間前には私の巨大なチーズがニューヨークからグラスゴーに到着することになったのである。

当然のことながら、この前宣伝のために私は多忙を極めることになった。私は、そのチーズを積み込んで大西洋を横断してやって来る船の名前を宣伝し、その船の到着予定日時を宣伝し、その記録的なチーズを製造するために八〇〇頭の牛が提供したすべての牛乳が使用され、それを搾乳するために二〇〇人の乳搾り娘たちが動員されて同期間中忙しく働き、世界一のチーズ専門家の監修のもとに製造されたものであることを宣伝し、つまりリプトンの店のお客様は、人類史上最大にして最上のチーズのお裾分けに与(あずか)れることになるであろうと宣伝したのである。このため実際に、その蒸気船がブルーミロー埠頭に着岸した時、そこには数百人もの見物客が押し寄せて、さらにそれを遥かに超える数の群衆が、その「ジャンボ」と命名された巨大なチーズが波止場からリプトンの本店まで蒸気牽引車で運び出されるところをひと目見ようと町の大通りに押し掛けることになった。それは王族のご訪問にも勝る歓迎ぶりであった。この「チーズの行進」は、それからしばらくの間、グラスゴー中の人々の間でもっぱらの話題となった。我々は、チーズを店の正面にある飾り窓に設置するのに四苦八苦したが、なんとかその堂々たる巨塊を首尾よく収納することに成功した。それからの数週間、このチーズは、人々の崇拝と畏敬の対象となって、その前には毎日のように人だかりができていた。

このようにして巨大なチーズの「ジャンボ」は、私が経営する最も大きな店舗の一番大きな飾り窓内に平穏無事に鎮座して、スコットランド西部地域一帯で大評判になった。私は、父と母が待つ自宅に帰る道すがら、まさに独自の発案を胸に秘めた進歩的な若き小売商人が何か破格の企てを成し遂げた気分であった。私は、このチーズに関するすべてを両親に話して、その宣伝が自分の事業にとって、望ましいものとなるよう願っていると語った。すると母は、いつもながら的確な判断の下に次のように寸評した。

「そのチーズが本当によい品物であれば、その宣伝効果もよりよいものになるでしょうね、トム」。

図らずもまさにこの言及の中で、我が愛すべき母親は、望ましい事業とその宣伝のあるべき姿に関する核心的な原則の一項目に触れているのである。世界中の広告は、粗悪品の販売を宣伝するものではない。広告は、顧客がその商品を思わず買いたくなるような絶妙な表現と紙面割りつけで構成されている。そのため、もし商品がそのお勧め文句に劣るものであれば、その広告は失策である。

この時すでに私は、自分の事業において、この極めて重要な事項を認識し始めていたが、この晩の母の卓見は、私の脳裏に焼き付いて、その後生涯忘れられないひと言となったのである。つまりそれは、もし確約する必要があればの話であるが、自分の店をひいきにして下さるお客様に対して、まず何よりも、自分の資金で購入できる限り最高品質の品物を調達して、その最上品を我が店の顧客に提供しようという私の決意を意味している。

幸いなことに私は、すでに自分でも「ジャンボ」を試食済みで、それはあらゆる点から存分に満足でき、疑う余地のない評価を獲得したチーズであることを母に請け合うことができた。そして私には、もう一歩進んだある考えが思い浮かんだ。この巨大なチーズを「さらに一段と効果的な宣伝」に仕立て上げたらどうだろうか。たとえば、その広大な面積の内部に一ポンド金貨や一〇シリング金貨を大量に埋め込むという単純な方法で、それを「黄金のチーズ」に変身させたらよいのではないか。私は、この思いつきを実行に移した結果、大盛況に恵まれた。実際それは、人々がこれほど熱狂的に大喜びするとは、私自身も思ってもみなかったほどであった。

いよいよクリスマス・イヴにこのチーズを切り分けて販売することになった時、私の期待通り、そこには非常に多くの人々が押しかけてきたため、私は警察の協力を要請することになり、このために十数人もの警察官が出動してきた。私にとって、警官を群衆整理に充てるというのは表向きの目的であり、実はこれ以上に巧妙な宣伝方法はないであろうというのが本心であった。店前の通りには、町中の人々が、ほんのひと口でもリプトンの黄金のチーズのお裾分けに与りたいと押し寄せて、すでに黒山の人だかりができていたので、この時たとえ警察官が一〇〇人出動しても多すぎることはなかったであろう。予告した時刻きっかりに私が「ジャンボ」を切り分け始めると、人々の興奮は最高潮に達した。四ポンド分、三ポンド分、二ポンド分、さらには半ポンド分という具合にチーズが分割されて、まるで溶け去るかのように、二時間もしないうちに「ジャンボ」は姿も形もなくかき消えてしまった。

購入者の多くは、自分が幸運にもチーズの当たりくじを引き当てたか否かを確認するのが待ち切れない様子であった。彼らは、私の店の売り子から自分の包みを受け取るや否や紙袋を破るように開け、自分の取り分の中味を確かめ始めて、店内ですぐさま確認する人もいた。中には順番を待つ間、やかましく騒ぎ立て、互いに押し合ったり肘で突いたりする者もあった。その周辺には、落胆したうめき声や当たりを引き当てた歓喜の声が入り乱れた。悲喜こもごもの両者共に、さらにもう一片を求めて、また売り場に戻ってくる者も多かった。こうしてそのあたり一帯に大混乱が引き起こされた。とはいってもそれは、間違いなく陽気な笑い声に溢れた楽しげな大混乱で、本来群衆の秩序維持のために派遣された警官たちでさえも、ついに誘惑に負けてその行列に並び、自分の所持金で買える限り大きな「ジャンボ」の一片を買い求めている姿が人々に目撃されるに至って、周囲から一段と大きな笑い声が湧きおこった。警察官の中には、まさに店から外へ出ようとする時、自分が獲得したチーズの中に金貨を発見して、喜びのあまり思わずファンタンゴ（カスタネット片手に男女で踊るダンスの一種）を踊り始めて、自分のヘルメットを紛失してしまった者もいた。店内に入りたくても、一歩も入ることすら叶わなかったお客様も数百人にのぼった。このクリスマス・イヴの「ジャンボ」は、平素私が一日に精一杯売りさばく分量の優に五倍の大きさがあった。さらにもちろんのこと、新聞記者も大挙して取材にやって来て、その翌朝、私は無料で新聞記事を掲載してもらえたのである。

第十章　五トンのチーズ

私は、この巨大なチーズの妙技のお陰で、とてもよい発想が自分に得られたことを確信した。また同時に私は、この催しは必要に応じて脚色を加えながら、その後長期間にわたって、国内の様々な場所で継続的に実施できるものである点にも満足した。我が巨大チーズは、時にその重量が五トンのものもあって、私はアメリカの企業と連携しながら、一段と大きなチーズが製造できるように特別あつらえの機械も導入した。なかには、最大級のチーズを製造するために三五トンの牛乳を使用したり、チーズひとつに牛四千頭分の牛乳を使ったこともある。

クリスマスにチーズを展示するという私の試みには、様々な状況が味方して助けになることも多かった。たとえばある朝のこと、私がノッティンガムに到着してみると、そこにある我が店舗の店長が三トンものチーズをいかにして駅から運び出すかに苦慮していた。そこで彼は、この難局について私に助言を求めてきた。

「確か今、この町にサーカスがやって来ているはずだが」と私は彼に言った（私はその日、駅から店に向かう途上でそれを目にしていた)。「それならば、そこから象を一頭借りて、商品保管庫から店まで、象にチーズを牽かせて、町の大通りを巡回しながら運んだらどうかね。これはきっとヤンキーが言うところの第一級の妙技になると思うのだが」。

それはまさにその通りになった。ノッティンガム中の人がひとり残らず、この行進を見ようと繰り出してきた。象の賃料は三〇シリングで、この宣伝広告を目的とした出費は、実際のところ、その支店の当該年会計帳簿に記載された最も安価な運搬費であった。

このチーズを切り分けるという行為は、今や一大事業となったため、私は、自分が主催するクリスマスの催し物にさらなる喜劇的要素を付け加えようと考えて、その行為がまるで工業技術的な芸当であるかのように見立てて、請負業者の入札制度を採用することにした。そしてエディンバラでは、「多数の入札申し入れの中から慎重に検討を重ねた結果、我が社では、クリスマス・イヴにジャンボ・チーズを切り分ける任務として大学生一〇〇名を採用することに決定した」という発表が行われた。これを聞いた一般庶民は、何かの競技に関する正式な告知だと思ったことであろう。

このような志高き熱血の若者たちをチーズの切り分け作業に従事させれば、何か騒ぎが起きることは不可避だと私には思われた。当然のことながら、学生たちはそわそわと落ち着きがなくなり、それは私にとっても同様であったので、この娯楽を学生の側だけに終わらせたくないと考えた。そこで、大勢の利発な若者たちの一群が、店の中央の飾り窓のところに集合した時、そのガラスの窓枠が外されることになり、こうして学生たちはついに自分たちの難攻不落の任務と対峙することになった。彼らは、針金を使ってそれを引きながら、巨大なチーズを切り分けることになっていたが、その針金だけではどうにもチーズに歯が立たなかった。彼らが何度挑戦してもチーズはびくともせず、やがて学生たちは、ジャンボを固定している太い鉄の棒が、自分たちの作業の障害になっていることに気づき始めた。そこで器用な店員が、こっそりその棒を引き抜くと、初めて針金がチーズにうまく食い込んだ。ところがそのはずみで学生たちは針金を握っていた手を取られて、その拍子に、叫んだり、笑ったり、喘いだりしながら、窓枠越しに大声援を送っていた観客たちのところに放り出される顚末となったのである。

サンダーランドでは、金貨を内蔵した化け物チーズの販売行為は、賭けごとの要素を含んでいるという理由で警察幹部から異議を申し立てられることになった。サンダーランドの法律を順守している町で賭けごとを行うことは禁止されていた。結局、法に抵触しない範囲内での販売は可能であることが判明したのであるが、私は、そのチーズの販売に先だって、「チーズの中から発見された金銭は各地域にある私の店の支店長宛に返却するように」と警告した。そのお陰で私は、この件について、その地域の地方紙に滑稽な宣伝広告を差し挟むことができた。さらにこの地域のチーズは、通常の二倍の速さで完売した上、その後、ほんの一〇シリング金貨一枚ですら私の各店舗宛に返却されることはなかったのである。

実際にはこれと同様の事態がニューカッスルでも発生した。ただここでは、警察からの異議申し立ては、不注意のため金貨を誤飲する恐れがあるという人的被害の危険性によるものであった。そこで私は、ニューカッスルの人々に対して、「リプトンの店のクリスマス市場にて巨大チーズをお買い上げの皆様は、そこには非常に大量の金貨が盛大に散りばめられているため、それによって窒息するという致死的危険性にさらされていることに十分ご留意下さい」との広告を人目につきやすい地方紙に掲載した。私は、この案内広告に「警察からの警告」という表題を付けたところ、何千人もの人々が是非とも窒息したいと押し寄せてきたのであるが、その結果、誰ひとりとしてその願望を成就したとは聞いていない。

広告の工夫や企画がいかに好評を博しても、何か目新しさを添加し続けなければ、その宣伝効果は、時間の経過と共に衰えるというのが、私にとって不変の経験則である。そこで私は後年、チーズの切り分け行事にその時々で人気のある著名人を起用するようになった。さすがの私でも、スコットランド市長を抜擢するには及ばなかったが、イングランドやアイルランドの市長たちには声をかけることもあった。有名な喜劇役者たちは、いつでも堂々とした演技ぶりで、中でも我が親友のハリー・ローダーは、当時その第一人者であったので、私は、彼に店の飾り窓でチーズと並んで出演して欲しいと高額で打診したいと思ったほどである。皆様方なら容易にお察しがつくであろうが、おそらく彼のことなら、無報酬で快く応じてくれたことであろう。

私は、空気を利用して宣伝広告を打ったのは自分が最初ではないかと思う。それはリンドバーグによる飛行（一九二七年に初めて成功した大西洋横断無着陸飛行のこと）を可能たらしめた驚くべき先駆者であるライト兄弟（動力飛行機の発明者、一九〇三年に有人動力飛行に成功した）が現れるよりもずっと以前のことで、まだ飛行機など想像もつかなかった時代のことである。気球は、その当時から存在していた。私は、ある著名な気球操縦者が地元の祝祭で開催される展示会に参加するため、グラスゴーにやって来ることを耳にして、ただちに彼と連絡を取って、我が社の販売代理人のひとりをその気球に搭乗させて、リプトンの店のベーコンやハムの長所やバターの純粋さをほめそやした何万枚もの宣伝広告を上空からまき散らす段取りを取りつけた。その景品は、「最寄りのリプトンの店にて、空から舞い降りた宣伝ちらしをご提示下されば、二〇ポンド以上即金でお買い上げのお客様先着二〇名様にわき腹肉のベーコンもしくはお茶一〇ポンド分を差し上げます」というもので、実際には、それは最寄り店舗でなくても、どこの支店でも通用した。すると大群衆がこの気球の打ち上げを見守って、先着競走のちらしが上空からまき散らされるのを今や遅しと待ち構えた。空からまかれた宣伝広告が、ひらひらとあちらこちらに舞いながら、風に吹かれて四方八方に散っていった様子は、容易に想像できるであろう。このグラスゴーでの気球作戦が殊の外好評であったため、私は、それに引き続いて、リバプール、レスター、バーミンガムなど、国内の異なる場所でも、同じ宣伝趣向を実施した。

ある手法がひとつの町に適しても、そこから五〇マイル（約八〇㎞）離れた別の場所では、必ずしもうまくいくとは限らないという非常に価値ある知識を私は自分の事業の創成期において発見していた。たとえば、ピーブルズ（スコットランド南部の州）で一〇〇ポンド投資した手法が、アバディーン（スコットランドの北東部の州）では、どぶにお金を捨てるようなものであることがある。とはいっても、むしろアバディーンのどぶにお金を投げ入れるというこの発想のほうが素晴らしいかもしれないが。つまり私は、進出した町ごとに違う方法を導入したのである。私は、自らの基本的な事業信念として、新規店舗進出の手始めには、常にその地域で可能な限り最上の場所に位置する最上の店舗を選択した。こうすれば、それに必要な金額は度外視するとしても、まず地の利がよいと、我が店舗は近隣の冴えない店の中にあってまるで宝石のように目立つ存在となり、さらに私も、そこの地方紙の広報部長たちの間で明らかによい待遇に恵まれることになった。私は、次の段取りとして「開店の呼び物」を探し求めた。ダブリンでは、その地の庶民たちの陽気な浮かれ気分にあやかって、私は新婚ほやほやの夫婦を起用して、数日間、ふたりに店の飾り窓のところに座って、顧客たちにお茶を淹れるというサービスを依頼した。エディンバラでは、医科大学生の一団による騒々しい支援という趣向を確保して、彼らに店のお客に対してはもちろんのこと、お互い同士、機知とからかいを盛大に入り混ぜて、ハムを切り分けたり、チーズを薄切りにしたりしてもらった。リバプールでは、その当時一流の大西洋横断定期船をバターで象(かたど)った堂々たる模型を店の飾り窓に展示した。このように私は、いずれの場所でも、その町の地域性、地場産業、好み、人々の性向などに基づいた個別の販促手段を採用したのである。

同じく当時の私が渾身で取り組んだ別の宣伝企画は、町中の行進であった。その中でもグラスゴーで実施して最も成功した行進は、私が大々的にお茶の取引を開始した直後に行ったものである。故郷の人々をあっと驚かせて、自分の新規事業に注目を集めたいと心に決めた私は、密かに二〇〇人ほどの男性から成る小規模軍団を組織して、ある朝のこと、ランスフィールド通りにある私の本社に集合するようにとその全員に伝達した。彼らは自分たちの任務を事前に知らされていたが、それに対して十分な報酬が支払われることも了解していた。ここで付言すれば、いつでも私は、自分の呼び物のすべてに対して、一段と高額な報酬を支払っており、もちろんのこと、こうして雇用したすべての人々から、それに応える最高水準の貢献に恵まれてきた。

リプトン本社に到着したその男性軍は、このために一時的に劇場の楽屋のように改装された大きな倉庫に案内された。そこには、シンハラ人（スリランカの多数民族）の民族衣装が細かな付属品も含めて数百着きちんと並べて置かれてあり、彼らに何が求められているかを十分把握した有能な着付け師が数名配属されていた。こうしてコロンボ（スリランカの都市）の通りを通行しているセイロンの現地人さながらの衣装を着込んだ一群が出来上がったのである。その各人が二種類の小さな広告板を両手に携えており、その一枚には「リプトンの店のお茶は世界中で最高品質」であるという物語が記されて、もう一枚には「ティーガーデンから直送便でティーポットまで」という事実が告知されていた。この「軍団」の中で最も大柄で見栄えのよいシンハラ人が行進の先頭に配置された。そして実際この趣向は、あっという間にグラスゴー中の人々を虜にしてしまったのである。

この奇妙な「黒軍」が行進しているという情報は、山火事のように町中を駆け巡った。通りは見物人で溢れて、そのあちらこちらから、今回のリプトンの宣伝手法はこれまで以上の出来栄えだという声が聞かれた。実際のところ、市民の多くは、私がセイロンに所有する茶園から現地の人々を招聘したと思い込んでしまったという事実が、いかに私の衣装方が行進隊員たちをうまく着付けたかの証である。折しもアーガイル通りとジャマイカ通りが交差する地点には、我が社が数年来起用している常連のサンドイッチマンの奥方が見物に来ていて、その黒軍は、よもや自分の夫が見せ場を作ろうと絶妙な演技を見せている仮装だとは思いもよらず、彼女は一頭の馬の馬具を摑んで、その騎手に向かって思う存分に毒づいた。「恥を知るがよい、この腹黒い悪魔。グラスゴーまでやって来て、我らが愛すべき正直者のスコットランド人の仕事を奪うなんて」と彼女は弁舌鋭く攻撃したのである。

「そこのご婦人、やめておきなさい」と親切な警官が彼女を馬から引き離しながらいさめた。「彼らは、今朝インドから到着したばかりで、あなたが言っている言葉は通じないのですから、やめておきなさい」。

この婦人が、自分が怒りをぶちまけた相手は、その卓越した演技力を買われてシンハラ人の統率者という誇らしい役目を仰せつかった自分の夫であることを知ったのは、その日の晩になってからのことであった。この仮装の真相が夕刊に掲載されるように私が手配しておいたのである。

事実上私は、少なくともこの二〇年来、自分の空き時間、といっても、私にとって空いている時間といえば、ベッドの中か、列車や船で移動中の時であったのだが、そのすべてを新たな独自の宣伝方法を考えることに費やしてきた。また同時に私はいつでも、それが行きすぎた過剰広告にならないように留意した。リプトンの事業が東西南北のあらゆる方向へと拡大していくように見えるということは、すなわち私にとって、それと同数のお楽しみを準備する必要があることを意味していた。新たな発案の構想とその開発が首尾よく進むと、私はそれによって精神的にも活気づけられた。そしてその案が達成されると、すぐさま次の案が必要となり、私もただちにそれに取りかかるという具合で、むしろ私のほうが先手に出ることもあった。

一例を挙げれば、私が東部に向けてオロタバ号（一八八九年にリバプールで建造された蒸気船）で紅海を航行していた時、濃霧で船が浅瀬に乗り上げてしまったことがあった。そのために船は身動きが取れず、船荷の一部が海に投棄されることになった。やがて梱包された大型荷物や木製枠箱などが甲板上に運び出されると、それを水兵たちがなんとか持ち上げて船外に放り投げ始めた。私はその様子を目の当たりにすると、大胆不敵にも完全に独自なる宣伝手法が文字通り自分の眼前に閃いたのである。私は、機関室に下りていき、船がこの苦難で動けずにいる様子を見守りながら暇そうにしている機関士のひとりにチップを手渡して、切り取った謄写版一片と赤いペンキとブラシを提供してもらった。その小道具を手にして甲板に戻った私は、乗客や船員たちから興味津津の目で見られながら、船を取り囲む浅瀬に向けて大型荷物、梱包物、枠箱などが投げ出される寸前にその外装に精一杯「リプトンのお茶を飲みましょう」という塗装を施したのである。その中でも軽い船荷は海岸沿いに数多く並んで浮かび、それから数カ月後になって、私は、このオロタバ号の漂流物がアラブやその他の種族たちによって発見されたことを知った。彼らがそこに記された忠告に素直に従って、私のお茶をたしなんだか否かは定かでない。

付言すれば、私が紅海に向けて我が社の宣伝を打ったこの愉快な試みは、オロタバ号が我々の予想以上に絶望的な状況に陥っていることが判明してただちに中断されることになった。結局我々は、ボートを使ってその船を離れることになり、何かと不便なその近くの海岸に上陸した。幸いにもさほど遠くない場所に電信所があったので、ロンドンに電報を打って今回の蒸気船の災難について連絡しようと最初に思い立ったのが私であった。その際に私は、この船の乗員および乗客が全員無事であることも併せて報告しておいた。この「リプトン」と署名された電報は、その翌朝、ロンドン中のすべての新聞と地方紙に掲載されて、またしても私は、しかも今回は図らずも「英国中で最も自己宣伝した人物」となったのである。

おそらく私がこの東部出張から帰国する途上のことだったと思うのだが、かつて私は、あるエジプト人の協力を得て、巨大なピラミッドの入口に積まれた石のひとつに「リプトン」という文字を彫ってもらったことがある。私は自分でも事の詳細を忘れていたのだが、キャンバスラング（グラスゴー南東部の町）にある長老派教会の牧師が休暇で出かけた小旅行から帰国した日曜日の晩に、教会員たちに対して次のように厳かに語ったことを知って思い出したところである。「我らと同郷でかの著名なるリプトン氏は、数千年前にファラオ（古代エジプト王の称号）の領土であった場所を密かに訪れたことがあるようである。というのも、今回の旅で私自身が、偉大なるスフィンクスの像のひとつにリプトンの名が刻まれているのを確かにこの目で見届けてきたからである」。

　これはいわば、この時点で私の商取引人生が、ピラミッド全部を雇用して国際的な宣伝広告を打つまでに進展していたということであろう。私は、グラスゴーの中心部にある使われなくなった大煙突を借り受け、世界に向けて我が社の取扱い商品の秀逸さを宣伝して、その煙突を何か美的な存在に変えてみたいと管理会社に提案したこともある。だが、その会社は、私の申し出に同意するよりも、その煙突を撤去するほうがお気に召したようである。また私は同様の趣旨で、グリーンノックからグラスゴーへの道しるべとしてクライド湾の水路に浮かんでいる浮標をすべて利用する考えも思いついた。この極めて独創的な私の発想は、かの名高きクライド信託のような革新的な組織体ならば、さぞ歓呼して迎えられるであろうという私の期待に反して、またしても受諾されずに終わった。

　だがもし私が、ストブクロス通りの最初の店で顧客に接待を開始する前から、自分で自分に対して定めた指針からほんのわずかでも逸脱すれば、このように私の事業経歴の初期段階から実現させてきた斬新かつ効果的な宣伝手法の数々は、すっかり灰燼に帰すものであり、その企画は完全な失敗に終わることになる。すなわちその経営指針とは、世界で最上の品をできる限り安い価格で提供することである。私はこの確固たる決意について、自分の右に出る者を許さない。もちろん私がほんの数年間でスコットランドおよびイングランドで実現させた商品供給取引におけるこの革新的な動きを商売敵たちが利用することは、私にとって一向に構わない。だがもし私が自分の事業の創成期から、一般には商人と顧客の間に介在している仲買人や卸売業者といった存在なしに進めなければ、これまで私が商品を提供してきたような低価格は実現できなかった。

もし私がハム、バター、卵などの商品を他店では買えない低価格で提供したいと思うなら、仲買人と私の双方が販売に関わる余地がないことは、私にとって明瞭であった。もし私が、自社とその支店に仕入れる商品に課せられる仲買人への手数料を支払っていれば、自ら専門とする商品販売の分野で、同様に生計を立てている他の人々から抜きんでた存在にはなり得ない。私は自分が取り扱う商品を自ら探し求めて、その販売利益を一者だけの占有にしたかったのである。その一者とは、すなわち私自身である。

第十一章　市場、市場で明け暮れる

絶え間ない我が社の取引拡大に伴って、その増加し続ける商品の需要に見合った供給を確保することは不可避となり、それは危機的ではなかったものの、私にとって差し迫った重要案件であった。そこで私は毎週のようにアイルランド北部を訪問して、地元の市場で農家からの直接買い付けを開始した。やがて私は、従来の訪問範囲を拡大して、その訪問先をアイルランドの別の地域にまで広げるようになり、農夫や小作人の住居を実地に視察に訪れて、そこで彼らが生産した産物のすべてを一定期間丸々買い上げる協約を取り付けた。そのうちに私は、アイルランドの生産者たちの間で定評を得て、毎週現地を訪問する必要がなくなり、さらに郵便事情のお陰で、はるばる何千マイルも船や列車や一頭立て軽二輪馬車を乗り継いで行く旅から解放されることになった。ほどなく私は、「緑の島のあらゆる地域から」取り寄せた商品を提供していると公言できるようになったのであるが、それはすなわち、私にとって、新鮮かつ豊富な商品供給をさらに開拓する必要があることを意味して、その必要性は時間の経過と共に一段と顕著になった。つまり私のアイルランドの友人たちは、まさに文字通り、私の顧客の需要に追い付かなくなってきたのである。

私はこの難局にあって、デンマーク、スウェーデン、ロシアなど、大陸の国々に自らの販売代理人を派遣するようになり、彼らは実用的な普通小切手帳を携えて現地に向かった。すぐに私は、これらの国々の生産者たちと膨大な取引をするようになった。なかでも傑出していたのがデンマークで、彼らは遥か昔から有能な農夫で、自分たちの農地からあらゆる種類の農産物を生産していた。いつでも私は、デンマークの人々に深い尊敬の念を抱いている。彼らは、その所有するわずかな面積の農地と少しばかりの牛たちを他の国々の農夫たちより遥かに効率的に利用している。もしそれを凌ぐ例外があるとしたら、オランダだけであろう。

ランスフィールド通りにある我が社の本部は、こうして到着した荷のすべてを取り扱って、もちろんそれを国内中に次々と流通させていた。私自身も本社内に自分の事務所を構えて、買い付けや新規店舗の開店に出かけている時以外は、朝早くから夜遅くまでそこで執務に励んだ。数週間前のこと、私がロンドンにある大規模な出版社の社長と話をした折、彼の父親が我が社の社員だった時分、二四時間倉庫の中で働くことも珍しくなかったという話を息子の彼が私に披露してくれた。毎晩のように帰宅が遅い夫に対して、それほどの長時間勤務を命じられることに妻が不服を申し立てると、彼はいつもこのように答えていた。「私のどこがいけないというのかね。超過勤務手当はきちんと支払われているよ。それはともかく、自分の雇い主の上司が朝からずっと忙しく働いているというのに、その上司を置き去りにして、同じ部署で働く他の者たちが皆帰宅してしまった後、私は男として、上司のためにも残業せずにはいられないだけなのさ」。

我が社の支店は四方八方のあらゆる方位に点在していたため、その中でランスフィールド通りの拠点は、一段と重要な位置を占めるようになってきた。そこでは膨大な件数の数量変更や追加発注が度々生じた。ほどなくその場所は、スコットランド随一の供給工場の様相を見せるようになり、朝から晩まで活気づいていた。従業員たちも次々補充され、毎日のように新顔が現れた。私は、その彼ら全員を笑顔で迎え入れて、励ましの言葉をかけた。また私は、ランスフィールド通りの事務所内で印刷業も開始して、自社の紙袋製作部門を立ちあげた。その数年後には、その印刷部門で二〇カ国語による張り紙と宣伝広告が作成され、世界中に送付されるようになった。この部門は、リプトン本社の訪問客にとって、最も興味深い場所であった。彼らは、私自身がすべての言語を操ることができて、その風変わりにも素晴らしい象形文字で書かれた請求書や張り紙を読み誤ることがないと聞いて驚くのが常であった。もちろんのこと私は、実際には、言語に堪能な専門家を多数雇用して、万全を期していた。だが私は、我が社の印刷業者や石版印刷者たちが、印刷機から彼らにはまったく理解できない印刷物が何百万枚も刷り上がってくるのを見て、それをなんだと思っているのだろうかといつも不思議に思っていた。

さてここで、懸案の商品供給の話題に戻ることにしよう。既述のように、大陸にその供給先を求めた後も、私は「適切な商品を適切な価格で」確保することに困難を感じていた。私の視線が、大西洋を横断して合衆国へと向けられたのはこの時であった。北米大陸は、世界最大のハム、ベーコン、豚肉、バター、チーズの拠点として、その供給量には際限がなかった。それならばと私は自分に問いかけた。その極東からの産物を大英帝国の消費者に直送することで中間収益を省いたらどうだろうか。さらにいえば、シカゴにある梱包専門地域に自社の貯蔵庫を確保して、屠殺から保存までの工程を自ら手掛けることも検討してみよう。私は、この当時、というよりそれ以前から常に、英国内で飼育される食用豚の数は、その国内需要の半分にも満たないことを知っていた。

このまま我が社の支店数が増加すれば、遅かれ早かれ、アメリカでの操業に着手せざるを得ないことは自分でも内心承知していたが、私が二度目のアメリカ渡航を決意したのは、ある試みを実行した後のことであった。その試みとは、我が社の若手従業員のひとりを大西洋を横断させて現地に派遣して、そこで実際にバターとチーズを調達してみるというものであった。このために私が抜擢したのは、進取の気質に溢れた聡明なアイルランド人で、彼の資質を見抜いた私の目に間違いはなかった。彼は、私がその施策に関して予測した通りの成果を達成してきた。この定点視察の派遣によって、私には、アメリカのバターやチーズを自社の顧客に対して有利な価格で提供できることが判明した。別の言葉でいえば、私はその商品を英国内でいまだかつてない販売価格で売ることが可能な立場になったのである。そこである晩七時のこと、私は自分の決意を固めた。

「お母さん」と私は、家族全員が夕餉の食卓を囲んで座った時に次のように切り出した。「僕は明日アメリカに旅立つことにしました。だから今晩中に旅行かばんに必要な荷物を詰めるのをお母さんに手伝ってもらいたいんだ」。この知らせは、ちょっとした爆弾宣言であったのだが、世界中で最も素晴らしい我が母親は、あっという間に私の着替え類（念のため言わせてもらえば、夜会服は場違いなため、除外された）を探し始めて、靴下、ワイシャツの襟、ネクタイ、襟巻などが並べられて、私が旅行中の健康、食事、習慣（なかでも私は湿っぽいベッドでは決して寝付けないことに十分配慮する必要があった）などに関する助言や心遣いに溢れた品々が揃えられた。

私にとって二度目となるこのアメリカ旅行は、我が事業経歴の中でも重要かつ画期的な出来事であった。私はつくづく思うのだが、この機会が私にとって自分の未来を切り開く目覚ましい収穫となったのである。それは私がその後、長年にわたって数え切れないほど渡米することになる前兆で、私がアメリカの人々に対して抱く純粋な親愛の情は、この時、私の心に深く刻み込まれることになった。私は自分のこの心情を包み隠すつもりはないばかりか、その気持ちは時間の経過と共に一段と強まった。私には、アメリカに対して好ましくない思いはみじんもなく、むしろこの五〇年来、合衆国は自分の故郷のように思われて、アメリカの人々の中にいると「人類みな兄弟」であることが心底実感できた。なぜか私にとってアメリカは、少年の時分に初めてニューヨークに一歩を踏み入れたその瞬間から、明らかに見知らぬ国ではなく、自分が「異国の地」にやって来たと感じたことは一度もなかった。多分それは、私がアメリカとの提携に着手した当初から、彼らの親切にも闘志に満ちたその精神に対して、強い敬意の念を抱いていたためであろう。それは平均的なアメリカ人の誰にでも見られる顕著な特徴であって、つまりアメリカ人精神とは、あらゆる意味で「実行あるのみ」の決意によって首尾一貫している。真偽のほどは別として、私の中にはこのアメリカ人気質の片鱗が宿っているのではないかと自認している。

当然のことながら、私がアメリカを再訪したこの時の状況は、前回と比べて雲泥の開きがあった。まず私のポケットには、金銭があった。そして私は自立した人間になっていた。つまり今回私は、自分がアメリカのためにささやかなりとも何ができるかを試しにきたのではなく、若き事業者として最大の利益を上げるべく自らの資金を投じるこの私に対して、アメリカが何を提供できるかを視察するために来たのである。さらに付言すれば、私は、最終的に六週間に延長されたこの旅を存分に満喫して楽しく過ごした。彼らにとって私はまだ、あらゆる目的や趣旨においてまったく未知数の人間であったにもかかわらず、私はどこへ行っても、彼らの真心こもった握手と温かな歓待を受けた。仕事関係で文書のやりとりをしただけの知人たちですら、私の目的や考えを実現させるために彼らの多大なる支援を惜しまなかった。

今回の旅の目的地はシカゴで、まず私は、風光明媚なミシガン湖（美しい砂浜で知られる北米五大湖のひとつ）に立ち寄ったため、その湖に臨む偉大な都市に到着するのがわずかばかり遅くなった。到着後すぐに私は、その当時から現在に至るまで、シカゴ市民の主要な勤務先となっている地元の卸売出荷産業について、そのすべてを見聞するべく手筈を整えた。それからの数日間というもの、私は自力であたりを偵察して廻り、慎重にあちこちへと調査に出向いて、そこで得られるあらゆる助言や提案に注意深く耳を傾けた。同時に私は、その地域の大規模な家畜飼育場を残らず訪れた。そこで私があまりにも事の詳細まで追求したので、案内人や従業員たちは、私のことを敷地内にやって来た訪問者の中で最も研究熱心な部外者だと思ったことであろう。事実、私はその通りであった。

そしてついに私は、一日に三〇〇頭から四〇〇頭の豚を屠殺解体可能な施設という自分が探し求めてきた場所を見つけたのである。私はやや勇み足気味に工場との交渉に乗り出して、その「コーク食品包装工場」との契約締結の糸口が見出された時、私には今回の事業企画が十分に報われた思いがした。ここで私は、我が人生の中で豚肉卸売販売の競争相手の間で自分が厳しい状況にあったこの時期に、私に対して礼を尽くして好意的に援助の手を差し伸べて下さった方々に感謝の意を表したいと思う。私がこの新たな事業展開の中で損失を被ることなく、よくある騙されやすい新参者に仕向けられた罠にも陥らずに済んだのは、この分野の重鎮であったP．D．アーマー氏、ルイス・スイフト氏、ネルソン・モリス氏、ジョン・ヘイトリー氏、そしてT．C．ボイド氏から長きにわたって多大なる恩恵と支援を賜ったお陰様である。

さらに加えて私は、かの名高きキンガム商会からも良心的な手助けの数々を賜ったことも申し述べたい。幸運にもこの会社で重要な地位を占める共同経営者たちはベルファーストの出身者であり、しかも彼らは、私にとって、ストブクロス通りに初めて自分の小さな店を出した時に店で取り扱うバター、卵、チーズを仕入れるために毎週アイルランドを訪れていた当時からの知り合いであった。彼らのように私が駆け出しの頃からの知己でも、私が今や三〇から四〇店舗もの支店を展開して、スコットランドでもイングランドでも、個人経営の商店として他に比肩ない分量の商品を販売していることは、にわかに信じがたい様子であった。さらに彼らは私に、その後我が社の初代シカゴ販売代理人となるジョン・マクニール氏を紹介してくれた上、食用豚の特殊な保存加工処理法で、ベーコンやハムが世界中のいかなる気候条件にも影響を受けない効果がある秘伝も伝授してくれた。この時、シカゴで私に対して明示されたこのような人々の親愛の情は、その後の私にとって久しく忘れがたい思い出となった。また同時に私という存在自体が、当時のシカゴの豚肉卸売販売業者の間では、何らかの好評を博したのではないかと我ながら思っている。というのも、それから長い年月が経過した後のこと、当時の仲間のひとりの娘さんが私に話してくれたところによると、彼女の父親は、私が家畜飼育場で彼らの前に初めて姿を現した時の様子をいつも次のように語っていたということである。

「あのチモシー・リプトンがシカゴで我々の豚肉卸売販売業に初めて参入した時のことを覚え

（右から順に）「ハム」のラベルが貼られた木馬にまたがるトーマス・リプトン卿、ジャック・デンプシー、トム・ミックス（訳注：西部劇で知られる米国の映画俳優、1880-1940 年）

ているかって。そりゃあ、もちろんさ。彼に会うまで、私にとって英国人といえば、皆いざという時には腰が重い連中ばかりだと思っていたのさ。ところが、このリプトンという奴は、びっくりするほど動きが素早いのさ。まるで特急列車のように動き廻って、我々には、彼が一カ所に一〇秒たりともじっとしていないように思えたほどなのさ」。

この私の個性と当時の常套手段に関する彼の描写は、私を大いに喜ばせるものであった。もちろん過分なお世辞ではあるが、これこそまさに、いかにもアメリカ的な「俺に任せろ」精神の賛辞をはるばる海の向こうからやって来た商売敵に対して呈した好例といえるであろう。

第十二章　アメリカでの初めての休暇

私がシカゴに到着して一〇日から二週間も経過した頃、私はコーク食品包装工場での自分の仕事に存分に満足して、しばらく休暇を楽しむことに決めた。それは私が生まれて初めて自分自身に許し与えた贅沢な休暇であった。少年の時分に私は、あちこちで働き口を探しながら合衆国の東部および南部地域を十分に見聞する機会に恵まれていたが、今回はもっと思いのままに過ごせて、自分が行きたいところへどこにでも行くことができた。私が最初の目的地として選んだ場所はワシントンであった。私がヘイズ大統領（第一九代アメリカ合衆国大統領、任期一八七七－一八八一年）その人と握手を交わしたのは、この世界に名だたる首都に足を踏み入れた直後のことであった。それ以前にもそれ以後にも、英国人として私以上にあっという間に、アメリカの大統領と肩を並べる機会に恵まれた者はいないと思う。

その経緯は次のようなものである。私は自分が宿泊していたホテルで、ヘイズ氏は誰に対しても分け隔てなく寛大な人柄でもっぱらの評判であることを耳にした。事の真偽は定かでないが、私にはこの点が非常に興味深く思われた。ちょうどその日は歓迎会が予定されている特別な日であったので、私はすぐさまタクシーを呼んで、官邸へと向かった。その建物は、まるでバッキンガム宮殿に次ぐ歴史的建造物のように私の目には映った。私が正面玄関に着いた時、その周辺には私以外に人っ子一人見当たらなかった。それにもかかわらず私は、果敢にも扉の呼び鈴を鳴らした。それに応じて従者が姿を現して、私は「大統領はご在宅でいらっしゃいますか」と静かに尋ねた。

「はい、おいでになります、旦那様。ではご案内いたしましょう」と従者は答えた。公式行事の歓迎会当日には、さぞ多くの人々が押し掛けていることだろうという私の予想に反して、周囲に人影はなく、私はやや緊張気味にも、あたかも正式な招待客のように二階の大広間に通された。そこには、一見してとても感じがよい紳士がたったひとりでたたずんでいた。私には、彼が大統領の私設秘書もしくは重要な秘書官のひとりに思われた。彼はすぐさま私に近寄ってきて、温かく私の手を取って握手を交わした。私はすぐに打ち解けて、ふたりで気楽に話を始めた。私は自分がスコットランドから来たことを告げると、その紳士は喜びの表情を浮かべて、かの遥かなる地パース（一五世紀まで首都であったスコットランド中部の都市）に住む彼の従兄弟たちの誰を知っていないかと私に尋ねた。彼が自分の従兄弟の名字を私に告げようとしたその瞬間、私は、自分にはパースに知り合いはいないと口をはさんで彼の言葉を遮った。だが実際のところ私は、今回のアメリカ旅行から帰国後ただちにパースに次の支店を開店するつもりで意気揚々としているところであった。こうして私たちは、様々な話題について二〇分ほどの会話を楽しんだ。私は彼のことがすっかり気に入って、その絶妙な話しぶりを存分に堪能していたので、彼を昼食に招待しようと決めて、次のような言葉で誘ってみた。

「もしよろしければ、これから私が大統領閣下とお目にかかった後、私のホテルで貴方様と午餐を共にしたいと思うのですが、いかがでしょうか。つきましては今日これからの歓迎会が何時から開催予定であるかをお教えいただけますか」。するとこの友人は、なにやら私のほうをからかうような眼差しで見つめた。「実は私が、そのヘイズ大統領です」と彼は物静かに名乗った。私は自分の大失策に度肝を抜いて平謝りに謝った。ところが、この心優しい合衆国の大統領は、心底おかしそうに笑い出した。その後ほどなく、私は自分があらかじめ公式に任命されていた「最初の市民」役の訪問者と間違われて、畏れ多くもその時点までその人物の同席なしに行事が進行していたことが判明した。この一件のお陰で、その後の我が生涯を通じて、この輝かしい官邸で執務に当たるヘイズ大統領閣下と後任に連なるすべての歴代大統領に対して、私が最大級の尊敬の念を抱き続けたことは想像に難くないであろう。

その二日後のこと、今度はまったく別種の珍事が私の身に降りかかった。ワシントンの町は、遥か昔の当時から美しく、現在も類稀なる美しさであるが、その景観を眺めながら私が散策していると、突然、きちんとした身なりで魅力的な話しぶりの若者が、私の肩を叩いて上機嫌で笑いながら、嬉しい奇遇だとばかりに挨拶して、「君がワシントンにやって来るなら、事前にそうと知らせてくれればよかったのに」と話しかけてきた。私は、自分が海外からやって来たまったくの異邦人で、それは何かの人違いではないかと説明した。さらに私は、このような思い違いはよくあることで、まったく問題ないと付け加えた。

「なんだって、君がもしインディアナポリスのヘンリー・エドワーズでないとすれば、双子の兄弟に違いない」とその若者は、まるで幽霊でも見るように私の顔をまじまじと見つめながら思わず叫んだ。「君が本当に別人だとすれば、これはまさに人知を超えた創造だな。君、本当に申し訳なかった。僕の人間違いだ。どうぞ許してくれたまえ」。

もちろんこと、それから私たちは話を始めて、その数分後には、まるで長年の親友同士のように一緒に町を散策していた。私たちは米国議会の下院を訪れ、私は、自分の道連れが生き字引のような物知りであることを知った。彼は、何でも誰のことでも、よく知っていた。彼の機知、知恵、魅力的な礼儀のすべてを私はすっかり気に入った。私たちが議会の建物から出てくる時、ちょうど向こうからやって来たひときわ目立った面持ちの人物とすれ違った。するとその彼が、私の連れに対して嬉しそうに会釈した。それから彼の眼差しが私のほうに向けられて、これには私も心底驚いたのであるが、彼も私のことをヘンリー・エドワーズだと思い込んで、いつインディアナポリスからやって来たのかと続けさまに私に尋ね始めた。また先刻同様に一連の釈明が始まって、この時、私の最初の連れは「カーネル」、次なる人物は「ジョージ」という名前だと名乗った。後からやって来た人物は、どうしても私がヘンリー・エドワーズではないことが信じがたく、あれこれと珍妙なやりとりが続いた。やがて我々はお互いに、スコットランドのグラスゴー出身のトーマス・リプトンとインディアナ州のインディアナポリスのヘンリー・エドワーズとは、人類の歴史が始まって以来、最もよく創られた生き写し同士に違いないということで決着した。

このようなことが本当にあると信じられるであろうか。実は私自身もまったく信じられなかったのであるが、少なくともこの時はすでに手遅れであった。

この話の続きは、よくあるお決まりの展開をみせた。「カーネル」と私は、このままずっと一緒にはいられないことになった。彼は、ワシントン郊外でポトマック川の向こう岸にある銅像の除幕式に出席する招待を受けていた。その催し物は一般向けの大規模な行事で、それに引き続いて「レッド・クラウド」と「スポテッド・テイル」という当時の人々にその偉業を讃えられたインディアンの酋長二名が臨席する祝典が予定されていた。彼はその特別招待券を二枚持っているので、自分が招待する客として一緒に来ないかと私を誘ってくれた。彼はなんと心優しいことか。だが私は、この親切な最初の友人に別れを告げる時だと考えた。彼は、本来彼と一緒にその催しに行くことになっている「チャーリー」というもうひとりの人物も、きっと私がこのまま残って一緒に来ることを喜んでくれるだろうと言ってくれた。だがついにカーネルのほうが折れて、「それなら、分かったよ。ここでお別れすることにしよう。今日の行事の後で、チャーリーと一緒にまた君に会えることを期待しよう。彼なら君と会って大喜びするよ。

それにもしチャーリーがグラスゴーに行くことがあって、そこで君を見かけたら、きっと君を呼び止めると思うよ」と言ってくれた。そして私たちは満面の笑顔で互いに友情を確かめあうと、カーネルは、爽やかに走り去っていったのである。

その一時間後のこと、再び彼が駆け戻ってきて、私たちふたりは、歓喜の再会を果たすことになった。彼が言うには、自分は今まである下院議員の指示で州の重要事項に関する職務に当たっていて多忙を極めており、ようやくこれから行事に間に合うように特別手配の船でポトマック川を渡っていくところだということであった。さらになんと幸運なことに、彼は除幕式の招待券をもう一枚入手できたので、もう何の心配もなく、チャーリーと私の両方を自分と一緒にそこへ連れていかれるというのである。もちろん私も大喜びした。私もまだ若かったので、その銅像にはあまり関心がなかったが、レッド・クラウドとスポテッド・テイルに謁見できるという機会に非常に興味があった。そこで私たちは、川辺に急ぎ、そこからボートに乗って川を渡った。ボートを漕ぐ役のがっしりした体格の黒人男性は、急いでオールを漕ぐようにと絶えずカーネルからせかされていた。すぐに私たちは人気のない岸辺に着き、まず漕ぎ手の黒人がボートから降りて、私たちもその後に続き、その岸からもう一マイルほど先にある場所を目指して歩調を早めた。ところが私たちが進んでいくほどに周囲の様子がさびれてきた。すると私たちは、向こうからやって来たむっつりした表情の男性と出会った。

「おい」とその男は、何の前置きもなく私たちに話しかけ始めた。「もしお前たちが銅像の除幕式に行くところなら、それは無駄骨だったね。その行事は開始直前に延期になって、俺のように集まってきていた何千人もの奴らは、もうすっかり帰ったところさ。お生憎様だね」。

私は、彼が言った「何千人もの奴ら」というせりふで、はっと我に返った。我々四人を除けば、そのあたり二マイルほどの周辺には、何の人影も見当たらなかった。私には、事態の全容が明確になった。だがこの時に私は、レッド・クラウドとスポテッド・テイルの名高き妙技が見られると私をぬか喜びさせたカーネルにも、チャーリーにも、もう一人のケンタッキー出身の家畜商だと名乗った見知らぬ男に対しても、自分の感情をみじんも勘付かせなかった。そのため事が順当に運んで、この共謀者たちはますます忙しくなった。明らかに彼らは、私が何の疑念も抱いていないと見取って喜び、さらに私がトランプ賭博に手を出す準備ができていることに一段と歓喜した。そしてまるで申し合わせたかのように、三人組のひとりで自称「カーネル」が、私のほうに心得顔に目配せして、初回はあまりすらないようにするからとささやいた。「もし僕が手持ち金を全部すったとしても、痛くもかゆくもないさ」と私は陽気に答えて、ズボンの両側のポケットをひっくり返して、一一ドル三三セントという大金を見せびらかした。それを見て唖然とした詐欺師たちの顔に浮かんだ当惑した落胆の表情を私は見逃さなかった。また同じく私は、もしかしたら彼らが私の身ぐるみを剝いで、私が密かに千ドルというとてつもない大金を自分の胴着の裏地に縫い付けた外側から見えない胸ポケットの中にぎっしり詰め込んであるのを見つけるのではないかと恐れていた。なんとしても私は、後者の事態は避けたいと考えて、自分が名うてのトランプ好きで、宿泊先のホテルには所持金が山ほどあって、もし私がその札束を取りにワシントンに戻れば、自分が誰よりも正々堂々とした人間であることを証明できると口を極めて強調した。この私の申し出は、その他の連中の興味をそそった。

「でも、もしお前が我々を後に残して立ち去って、もう二度とここへ戻ってこなかったらどうするんだい」とケンタッキー出身の家畜商が重苦しい雰囲気で尋ねた。これに対して私は、「そんなこと考えてもみなかったな。僕は今ここで本当に楽しんでいるところで、カーネルとチャーリーは、僕にとってアメリカ中で一番の親友同士で、これまで何の掛け値もなくやってきた間柄なんだから」と答えて、次のように付け加えた。「たとえば、カーネルが僕と一緒にホテルに戻って、そこにある旅行かばんの中に施錠してある一万ドルの現金を取りにいくという段取りはどうかな」。

この作戦がうまくいった。この自称「カーネル」は、上機嫌で私と一緒に現金を取りに戻ることに賛同して、それ以外のふたりは、彼ほど嬉しそうではなかったが、我々が「真剣勝負の熱い賭博」の資金を手にして再びここに戻ってくるまで待っていることになった。

事の顚末は明らかである。この我が米軍友だちと私は、ただちにワシントン郊外まで戻った。そこで私はタクシーを呼んでくるからと言い訳して、ほんの束の間、カーネルをその場に残して、タクシーの替わりに最初に私の目に留まった警察官のもとに足早に近づいていった。ところが、私が警官と一緒にその場に戻るよりも、カーネルの逃げ足は速く、すでに彼はあっという間に立ち去っていた。以後私は、カーネルはもとより、チャーリーも、もうひとりの家畜商も、金輪際その姿を見ることはなかったのである。だが、ワシントン警察は、この三人を追跡して、数日後に全員を逮捕した。彼らは、巧妙な手口でその名を知られた盗賊の常習犯で、長年指名手配中の要注意人物としてその名前を挙げられていた。彼らは有罪の懲役刑に処されて、その数日後に私は、自分とこの詐欺師たちを取り上げて事の全容を活写した新聞記事が日刊紙の囲み記事で三面にわたって掲載されているのを読んで悦に浸った。その記事には、「トランプ賭博三人組の策略と陰謀をものの見事にくじいたのは、ちょうど英国から休暇に来ていた若者のお手柄」という大見出しが全段抜きで掲げられていた。

　こうして私は、ワシントンを後にしてから、自分にとって興味ある数多くの場所やそれまで名前しか知らなかった様々な町を訪れる旅を楽しんだ。私はこの旅のお陰で、アメリカへの愛着心が一段と深まって、実際にこの偉大なる土地に秘められた果てしない可能性とその将来性を確信することになった。だが私は、その時すでに海の向こう側にある自分の大切な事業を随分長い間留守にしていたので、そろそろニューヨークに戻って、次に出発する最初の蒸気船を予約して帰国することにした。するとなんと興味深くも、我が愛すべき古き良きブロードウェイに一歩踏み入れた途端、私は、モントリオールでチーズを商う自分の知り合いにばったり出会ったのである。以前私は、彼とチーズの取引をしたことがあって、ちょうどその時、また彼からチーズをもう少し買い足したいと思った矢先のことであった。自分はこの度、特上級のチーズを大量に購入したいと考えて、はるばる合衆国までやって来たのだと私は彼に話した。「なんだい、リプトン氏、それは面白いね」と彼は言った。「モントリオールの私のところに、ちょうどあなたが欲しがっているチーズがあるよ。私と一緒に来て、それを見てみないか。それはまさにあなたが探している品質と価格のもので、あなたにうってつけの品だと思うよ」。

私は、その日が木曜日で、土曜日にはリバプールへ向けて出帆予定のため、自分がこれから北部へ向かうのは無理だと告げた。だが私の友人は、もし我々がその晩に出発すれば、事は簡単で、モントリオールで一日過ごして、私が金曜日に夜行列車で戻ってくれば、土曜日に出帆する船に乗るちょうどよい時間に到着できると指摘してくれた。そこで私は彼と一緒に行くことに決めた。

その当時、夜行列車には食堂車がなく、その替わりに乗客が下車して朝食を摂るため、私たちの列車はラウズ分岐点で一時停車する旨が乗客たちに伝えられた。その通り、私たちは、朝七時に乗務員に起こされて、急いでレストランに向かった。そこは、列車の停車位置から一〇〇ヤード（約一km）ほど離れた場所であった。その日にそこで朝食を頼んだのは私たちふたりだけで、我々は存分に食事を楽しんで、一五分ほど経った頃、急いで列車へと戻ることにした。ところが、その列車は、あっけにとられたことに、私たちふたりを残して、すでにモントリオールへ向けて出発した後であった。私の友人は、ひどく狼狽した。この駅に次の列車がやって来るのは、それから何時間も後のことだった。いずれにしても、もし次に来る夕刻の列車に乗っても、今や、私たちが予定通りにモントリオールに到着した上で、同日の晩に私がニューヨークに戻るという旅程は不可能になったことは明らかだった。私に残された唯一の選択肢は、このままラウズ分岐点で待っていて、次に来る最初の南部行きの列車でニューヨークに戻ることであった。

「そんなことは、とんでもない」と私は訴えた。「なんとしても私はモントリオールに行こうと思う。いつでも私は何か目的があって出発したら、その通りにそれを実行するだけさ。私に自分がしたいようにさせてくれたまえ」。我が友の顔に浮かんだ表情は、私にそれができると思っていないことは明瞭であったが、彼は私の申し出に同意した。そこで次に私は、駅員を探し始めたところ、幸いすぐに見つけることができた。彼は、私たちがほんの数分前に出発した列車に取り残されてしまったことに気づいていなかったので、私は、相手にその事実を告げないほうがよいと考えた。「ご用件はなんでしょうか」と彼は丁重に私たちに尋ねた。

「我々は、これからできるだけ早くモントリオールに行きたいのですが、次の列車は何時の予定ですか」と私は応答した。

「それなら、たった今、出発したばかりですが」と彼は答えた。「いつもならこの列車は、この駅で朝食のために二〇分ほど停車するのですが、今朝はどういうわけか分かりませんが、すぐに発車して次の連絡駅セント・ジョーンズで朝食休憩を取るようにとの指示が出されたのです」。

「我々のために、何か特別列車を手配することはできませんか」と私は尋ねた。

するとと駅員は、私たちふたりを頭のてっぺんからつま先まで不審そうに眺めた。彼の目には、我々がそのような特別扱いをする必要がある人物には見えなかったので、彼は、「なんとかできるかもしれませんが、そのためには一五〇〇ドルほど必要ではないかと思うのですが」とあまり気乗りがしない口調で答えた。

「それなら至極まっとうな料金だ」と私は即答しながら、連れが自分の邪魔をしないようにと彼を肘で抑えつけた。この私の返答を聞いて、駅員の表情が一変した。彼は機敏に行動を開始して、まず本社に打電して、モントリオール行きの特別列車を走らせる許可を取りつけた。次に彼は、セント・ジョーンズ連絡駅に連絡して、すぐに出発できる準備が整っている機関車を手配した。予備の客車はこの駅にあった。こうして半時間もしないうちに我々が乗る特別列車の準備ができた。私は機関士のところに近寄って、「もしこの列車が万事順調にモントリオールまで到着したら、あなたの腕前は素晴らしいと私は思う」と伝えた。

「それは、旦那」とそのベテラン機関士は微笑みながら答えた。「この古い蒸気機関がうまく走ってくれさえすれば、首尾よくモントリオールに着いた時、私は旦那にほめてもらうまでもありませんね」。

その後、私は自分の人生で初めて、だがこれが最後ではなかったのだが、自分で手配した特別列車に乗りこんだ。車掌がプラットフォームの後ろに椅子を出して、機関車のボイラー用氷水が入った水槽を始動させて、その送風機が正常に作動することを確認した。そして機関士が乗り込むと、その機関車は私たちを乗せて猛烈なスピードで走り出した。私はまるで自分が州知事になって、領地を視察に向かっているような心地がした。だが私の連れは、憂鬱そうで惨めな様子であった。彼にとって、一五〇ドルという支払額が非常に気にかかっていることは明らかで、我々が通過している場所の景観について車掌が弁舌なめらかに詳細な解説をしている内容には何の興味もないようであった。私にとってその解説は、この旅を一段と引き立てて、活気づけられるものであった。

私たちが無事モントリオールに到着すると、車掌は「乗客の皆様が、今回の旅を存分に満喫されたことと願っております」と穏やかな口調で言った。

「もちろんですとも」と私は答えた。

「万事ご満足いただけたでしょうか」と車掌は続けて言った。

「それはもうとびっきり」と私は応じた。

「それは何よりでございます」と車掌は言った。「さてそれでは、旦那様、料金の一五〇ドルのお支払いを願います」。

「我々が今到着したこの場所は、確かにモントリオールですよね」と私は尋ねた。

「おっしゃる通りです」と車掌が言った。

「それならば」と私は答えた。「我々が買った切符の最終目的地はモントリオールで、これがその切符です」と私は言って、ニューヨークで買い求めた普通乗車券を差し出した。

すると車掌の表情が一瞬こわばった。やがて彼は笑いだした。「それは見事な冗談ですね」と彼は言った。「ちっとも冗談ではないよ」と私は言った。「まさに今言った通りさ。もしあなたが私たちをモントリオール以外の別の場所に連れてきたとしたら、それこそあなたの冗談ということになるのだが」。

「ここはモントリオールですから、もしあなたがその料金を支払わないなら、私と一緒に駅長室に来て下さい」と車掌は伝えて、彼は自分が何か騒動に巻きこまれていることを確信し始めた。

こうして私たちは駅に到着した後、駅長室に出向くことになった。そこで車掌は、私がラウズ分岐点からの特別列車を手配しておきながら、いまさらその料金の支払いを拒否していると説明した。

「恐れ入りますが」と私は言った。「あの時私は、駅員に対して、一五〇ドルという料金なら特別列車の手配には順当な金額だと言っただけです。私はニューヨークでモントリオール行きの切符分の料金を支払い済みで、その切符はここにあります。私がこの切符を購入した時、駅係員のひとりが、この列車はラウズ分岐点で二〇分停車する予定だと伝えてくれたのですが、実際にはそうではなく、その列車は私たちを乗せずにそこから出発してしまったのです」。

駅長は、最初、私が冗談を言っているのだと思った。そこで私は、我々はラウズ分岐点で朝食を摂りに行く時間を二〇分与えられたが、それより早く一五分後に戻ってきたところ、すでに列車は出発した後だったと彼に説明した。このため、その寝台車の乗務員が呼び出されて、この私の話は事実だと証言した。つまり、その列車の車掌が乗務員に予定変更を伝え忘れて、しかも乗務員は私たちふたりが朝食に出かけたことを忘れていたのである。駅長は私たちに謝罪した。「だが」と彼は言った。「それでももちろん、私はあなたに特別列車の料金を請求させていただきます。ただしその全額が後日あなたに返金されるであろうことを申し添えます」。「できれば私もそれを支払いたいのは、やまやまですが」と私は言った。「ない袖は振れない場合、どうしたらよろしいでしょうか。私は今ここに三ドルしか所持金がありません。これでよろしければ、支払いますが。申し上げた通り、私の乗車券はここにあります。ここがモントリオールなら、どうして私は追加料金を支払う必要があるのでしょうか」。

結局、私たちは、問答無用でその駅長室からお払い箱になった。それから私は、友人の店を訪れて、彼のチーズを拝見した後、その日の午後には、ニューヨーク行きの列車に乗り込んだ。そこで私は、周囲の人々が興味深そうに私のほうを見ていることに気がついた。やがてひとりのヤンキーが近づいてきた。

「ちょっとお前さん」と彼は尋ねた。「もしかしたら、途方もなく格好よく特別列車を仕立てて、今朝、モントリオールに乗り込んできた背が高い奴というのは、お前さんのことかい」。

「ああ、そうだとも」と私はにこやかに答えた。

「それは気に入ったな」と彼は言うなり、自分の手を差し伸べた。「あのカナダ鉄道を打ち負かしたのは、世界広しといえども、お前さんが最初だよ。俺もこれからニューヨークへ行くところさ」と彼は続けた。「だから、この列車の中でお前さんが食べたいものは、なんでも俺がおごってやるよ」。私とこの新たな友達は、その旅の間中、列車が駅に停車する度に、さらには、ふたりで何か食べるために軽食を提供する車両へ向かった時にも、我々の両側に車掌と制動士兼車掌補佐がぴったり付き添って来ることに気がついた。そこで私は、空腹を感じる時間帯が我々と同じようだがと彼らに尋ねてみた。すると彼らが言うには「我々は、あの背が高い人物から片時も目を離さないようにと言い渡されております。ニューヨーク到着後にまた前回同様の事態が起きるといけませんので」とのことであった。

第十三章　再び故郷へ

アメリカで休暇を過ごしたお陰で、私は十分活気に満ちて、大いに奮い立たされた。そのため帰国後の私は、以前より一段と本腰を入れて、さらなる事業拡大に傾注できるようになった。私の留守中も、事業は万事順調に推移していた。この事実は、自分がこれまで目指してきた方向性が軌道に乗って、さらに自分の同僚、補佐役、従業員の採用がうまくいっていることを意味するもので、私を大いに喜ばせた。私はいつも思うのだが、たったひとりもしくはわずか数名の人物だけが、すべてを掌握している事業や組織は、きっと何か間違っているのではないかと考えている。概して事業の基盤は、ある特定の同一人物による決断、洞察力、英知によって築かれるべきものであるが、事業が首尾よく創始されて、営業方針が確立した後の運営に関しては、その後も順調に継続していくために、すべてをたったひとりの人物に依存するべきではない。世界中で大規模に繁栄している事業は、いずれも主要な経営幹部陣が、組織と共に成長して、その手法や理念を熟知して、もし必要とあれば、重要事項の判断を徹頭徹尾ゆだねられる人物によって占められている。

当時の私は、自分の新たな店舗を英国中に展開することに精力を注いでいた。すなわち一週間も経たずにリプトンの新たな店舗が次々と開店している状況であった。そのいずれの店舗も、私はほんの一ペニーも借金することなく開店させてきた。そしてその事業収益のすべてが、ただちに事業本体に還元されていた。私は、「ケーキを食べたら、ケーキはなくなる」ということわざの通り、矛盾するふたつのことを同時に行うことはできないことを十分に理解している。そこで私自身の個人的な出費は、極めて小額にとどめてきた。自分の事業が成功するに従って、両親がより快適でいくぶん贅沢な生活ができるようになったのを見るのは、私にとって誇りであり喜びでもあったが、自分自身に関する支出はごくわずかに抑えたままであった。十分な量の食事を摂ることができて、一日二四時間のうち六時間ほど心地よいベッドで眠ることができれば、私はそれで十分に満足していた。私にとって常に「事業」という勝負そのものが、結果としての事業収益よりも意味があった。だがもちろんのこと、自らの事業の急速な拡大と成功が、私にとって何よりの喜びであり、活力源であったことを否定するつもりはない。まさにそれこそが、私にとって、興奮、冒険、激励そのものであり、言うならば、それが私の精力的な人生を幸せなものにするために不可欠な何にも勝る報酬のすべてであった。

この時点までに、というのはすなわち一八八四年から一八八七年頃のことであるが、私の周囲には、理事、買付人、出納係、会計士など、あらゆる身分と職務の人材で構成される極めて有能な集団が組織されていた。私には、専属の建築技師と事務弁護士もいた。この二名は、私が購入もしくは賃貸する膨大な数の新店舗および多様な売買取引に関する多量の技術的および法律的細目を検討するためのいわゆる有能な「補佐官」であった。こうした分野の実務を私ひとりで執り行うことは不可能であった。そのため建築技師と事務弁護士と私は、三人揃って英国中を巡る特急列車の中で非常に多くの時間を共に過ごすことになった。そこでこの紳士ふたりを含む私たち三人の間では、「次の日の晩は、いったい英国内のどこの場所で寝ることになるか皆目見当もつかないね」というのが長年にわたって通用する立派な冗談であった。だが私ひとりに関していえば、さらに一段とめまぐるしく駆け廻っていた。たとえば私は、ある一週間の間に、アバディーン、グラスゴー、ベルファースト、ニューカッスル、マンチェスターという具合に互いに遠く離れた都市を駆け巡り、それぞれ各所できちんと終日仕事をした後、毎晩のように列車内もしくは海峡横断蒸気船の寝台で夜を明かしたこともあった。

今振り返ると、おそらく単独の商人では、世界一規模の大きな事業を展開する者として、私の事業経歴の中で特に重要な時期は、一八八八年から一八九八年にかけてであったと思われる。その理由は第一に、世間一般では、私がこの時期に自分のお茶取引を確立したと認識されているためで、第二には、この一〇年間にリプトンの組織が英国内だけでなく、世界中に急成長したためである。十中八九の人々にとって、私の名前が、茶葉の商品化計画と切っても切り離せない結びつきをもつようになったため、ここで私は、次の一点を明確にしておきたいと思う。

つまり私は、まず最初に一般的な食料品全般を取り扱う商売から出発した者であり、その事業が多少なりとも軌道に乗った後にお茶取引に着手したのである。この時点になって初めて私は、それまで自分が扱ってきた多様な商品項目に追加する取扱い品として、お茶に秘められた可能性の多大さに着目するようになったのである。

一八八〇年代の後半になると、英国内でお茶を飲む習慣がますます一般的になってきた。お茶が飲み物として認識されるようになる過程は、ちょうど私がリプトン・マーケットの事業を推進してきた時期と重なっている。お茶の卸売業者たちは、私が擁する多数の店舗に目ざとく注目し始めて、お茶の小売販売網としては、おそらく国内最大規模の中枢となる可能性が見込まれる我が社に対して、自分たちの製品を売り込むべく動き始めた。彼らにとって我が社は、すでに数千人もの顧客を抱えて定型化され、宣伝広告を要しない既存の組織体であった。この目算のもとに、卸売業者たちは、私に対して同様の趣旨説明を事あるごとに繰り返した。

そこで私も、この件について考え始め、それも面白いのではないかと思うようになった。卸売業者たちの申し出は、私には極めて妥当に思われた。私にとって、自社の取扱い食料品にお茶を追加することは、我が社の事業方針の変更にも修正にも当たらなかった。そこで時間の経過と共に、私も彼らの申し出を真剣に検討するようになった。私は仲買人からの情報で、彼らが小売業者に対してどれほどの利潤を上げているのかを知ることができた。その利益は、少なめに見積もっても、かなりの高額であることは私の目にも明らかであった。次に私は、ロンドンのミンシング・レーン（ロンドン中心部にある一方通行の小道で、一八世紀末以来、世界有数のお茶取引の中心地）に出向いて、実際に仲買人が茶葉を購入している金額について自分で確認してみた。すると、ここでもまた私は、たとえ大量に買い付けた場合でも、彼らが最初に茶葉を入手した価格と、私に彼らが提示した相場との間には、大きな隔たりがあることに驚かされた。私が自分のお茶の取引に関して、二面性をもった決断を下すまでに時間はかからなかった。すなわち、お茶という新たな品目について、私自身も興味がもてる対象として取引に参入するために、茶葉取引以外の工程も占有して、自分が自分の卸売業者になろうと決めたのである。つまり私は、お茶に関しても、自分とお客様の双方の利益のために仲買人を省くという、これまでハム、バター、卵などについて私が行ってきた同じ事業手段を採用することにしたのである。

その結果はまずまずで、そう悪くはなかった。そこで私は、ミンシング・レーンというお茶取引で世界に知られた通りで繰り広げられる事の全容を観察してみることにした。私はまず手始めに、ごく少量のお茶を購入してみた。すると一切の経常経費を差し引けば、一般の小売店では二シリング六ペンスで販売しているものとまったく同じ最高品質の茶葉を、私は自分の顧客に対して一シリング七ペンスの価格で提供できることが判明した。問題は茶葉のブレンドであった。この筋の専門家たちは、私のような新参者にとって、有能な茶葉ブレンドの専門家を確保することは至難の業だと私に警告した。あらゆる意味でその専門職の助けなしには、人に飲んでもらえるようなお茶を製品化することは不可能だというのである。

「どうやって君は、自力でやっていくつもりなんだね」とミンシング・レーンの仲介業者でのちに私の親友となった人物が私を攻め立てた。「君は、茶葉取引の困難と危険性について、その十分の一も理解していないよ。もし君が考えているような計画が予想通りにうまくいくなら、もうこれまでとっくの昔に、それで大儲けをする人がごまんと出てきたはずさ。実のところ、お茶というのは、ほんの初心者が手を出すにはあまりにも危険な勝負なのさ」。

「私が思うに、お茶は非常に興味深い取引品目で、これから一年か二年のうちに自分は、世界一のお茶商人になりたいと思っているのだ」と私は彼に断言した。すると彼は、これは明らかに正気の沙汰とは思えないという表情を顔に浮かべて立ち去った。

私は自分なりに最善を尽くした。つまり私は、ロンドンで茶葉審査員として定評がある複数名の専門家の協力を得て、彼らの支援のもとで、いわゆる茶葉ブレンドの専門家に頼らず、まして彼らを自分の傘下に抱え込むことなしに、ブレンドの問題を解決するべく動き始めた。その間、私はじっと静かに身をひそめて、一見何の動きも見せなかった。だが、私は決して何もせずに怠けていたわけではなかったのである。

そしてついにリプトン商会の歴史の中でも、画期的な日がやってきた。私は、ランスフィールド通りにある本社の食堂で、自分の部下の部局長たちと共に着席して、ロンドンにいる私の友人が、数え切れないほどの実験と数知れない失敗を重ねた末に準備完成させた特別ブレンド茶の試飲が開始された。我々は、そのお茶をまず試しにほんの少し舐めて、次に飲んでみて、その香りをかぎ、口蓋や舌先で味わい、お互いに見つめ合いながら、しばしの間、沈黙が続いた。同時に我々は、もっと高価な茶葉を使って淹れたお茶との比較も行った。その結果、リプトンの一シリング七ペンスの茶葉には、その価格以上の価値があることが判明した。そして実際、このお茶は、他のいかなるブレンドも比肩できない豊潤な芳香に溢れ、英国人の誰にでも好まれるものであるという点で、我々全員の意見が一致したのである。また我々は、他部門の従業員たちも招き入れて、試飲の意見を求めた。彼らもまた、これほど美味しい「一杯のお茶」は今まで飲んだことがないと言ってくれた。

こうして新たにリプトンの茶葉部門が、わずか数週間のうちに意気揚々と開設されることになった。このような私の参入によって、英国の茶葉市場に前代未聞なる大評判の嵐を巻き起こしたことになるのだが、ここで私は、ただ淡々とその事実を述べているだけである。人々は、我が社の一シリング七ペンスのお茶を求めて、大挙して押し寄せた。この商品はとりわけ彼らのお気に召して、それから数週間も経たないうちに私は、もう二種類のブレンドをいずれも重量一ポンド当たり一シリング一五ペンスというお茶の価格として世界でこれまでにない値段で追加販売することになった。このお陰で我が社の各店舗は、朝も昼も夜も、お客様によって包囲された。お茶だけが目当てで来店した顧客が、店内で別の自社商品も買い求めるようになり、国内あらゆる場所の支店で、その売上高が破竹の勢いで上昇し続けた。本社では、お茶だけの売り上げが一週間に一トンに満たない支店は、営業不振と見做された。

私はお茶の課題に取り組む以前から、商業取引の世界で精力的に活動してきたので、私が今やスコットランド中で最も商売熱心な存在となったことは想像に難くないであろう。この段階に至っても、私にとって事業で挑む勝負そのものが何にも勝る喜びであり、自分の仕事量が多くなるほどに、その喜びも一段と増した。困難とは克服されるべく出現するものであり、そのために相当な金額を伴う決断が、疾走する馬のような全速力で行われた。それに没頭して過ごすことは、私にとって何たる喜びであったことか。この時、幸いにも私は、少なくとも一時的には、それ以外の通常事業に関する心配事をすっかり忘れ去って、お茶に自分の全精力を傾注して、お茶について考えうる限り最も望ましく、しかも単純明解な販売形態によって、それを大量に売りさばくことができたのである。

第十四章　コロンボ、キャンディ、マテル

私が初めて採用した新考案の中で最も功を奏したものは、我が社取扱いの茶葉を一ポンド、半ポンド、四分の一ポンドの重量別に個包装する前に、あらかじめブレンドしておくという手法であった。従来の一般的な小売販売は、売り場の背後に設置された茶箱や引き出しを開いて茶葉を販売するという方法で、私の目から見ると、この手段には満足できない点が多々あった。まず第一に、顧客の立場からすると、このやり方では、自分が対価を支払う茶葉が正確に計量されているか、あるいはそれは確かに自分が注文した品質のものであるか否かが判別できないことになる。このため、価格と品質が明瞭に表示されているリプトンの個包装商品が、瞬く間に一般に好評を博す結果となったのである。またその個包装は、店舗の従業員にとっても、顧客にとっても、取扱いが容易な品であった。

お茶に関して、私が早い時点で気づいたことは、その味わいやこくが、お茶に使う水によって変化することであった。このため、ある町には非常にふさわしい茶葉のブレンドが、そこか

らわずか四〇マイル（約六・五km）離れた別の町では、何の味わいも風味もない飲み物になってしまうのである。もちろんこの理由は、給水所によって水道水に添加される化学薬品の種類が異なるためである。そこで私は、自分の各支店長に対して、それぞれの町や地域の住民が飲んでいる水の見本をロンドンにいる私の茶葉検査員のもとに定期的に送り届けるようにとの指示を出した。そしてその後、各支店には、それぞれ異なる地域ごとにその地に最も適したブレンドの指図が出されたのである。その結果、私は、「あなたが住む町にぴったりのお茶」という宣伝文句を掲げることが可能になった。これは前代未聞の着想であったため、リプトンのお茶は、一段と優位に立つことになった。これは単なるこじつけにすぎないという声があったことも私は承知しているが、人が何と言おうとそれは事実であった。たとえば、私がエディンバラで販売するお茶とグラスゴーの小売販売用のものとはまったく異なるブレンドであって、ロンドンのお茶もその水にぴったり合った特別ブレンドであり、我が社の本部からマンチェスターに送り届けられる硬水用の茶葉は、同じお茶とはいっても、まるで別個の品物に等しいといった具合である。

我が社がヨーロッパ大陸に支店を展開した際にも、水質試験はその例外ではなかった。私は、ハンブルグの支店長が、かなり大きな水の樽を持ち帰った際、その荷物が税関検査を通過するのに大変手間取ったことを覚えている。彼がその樽の中味は単なる水にすぎないと申告した時、それを聞いた審査官は不審に思って、上司の主任審査官の指示を仰いだ。

「こちらへ来なさい。その樽の中には、いったい何が入っているのですか」と主任は語気を強めて詰問した。

「飲み水です」と我が支店長は答えた。

この返答を聞いた主任は、彼をじっと凝視した。つまりその問答は、この主任の長い税関勤務歴の中でも初めての経験だったのである。

「ただの飲み水だって」と主任は当惑して問い返した。「あなたは、わざわざハンブルグから樽に詰めた水を持ち帰ったと我々に申告するつもりですか。あなたは、我々がそんな返答で通用する子供だと思っているのですか。ちょっとその樽を開けて、あなたが持ち帰ったその貴重な水を味見させて下さい」。

もちろんその中味は、正真正銘の水であった。だがそれから、その時ドーバーで勤務していたすべての税関審査官がその水を注意深く味見して、その匂いを嗅いだ後になって、ようやく我が支店長は、無事に税関を通過することが許可されたのである。そして審査官たちは、彼が撤退する後ろ姿を一瞥しながら、あれはただの人畜無害な変人に違いないと思ったことであろう。

こうして今や私は、ミンシング・レーンと極めて密接に関係するようになり、足繁くロンドンに通い詰めることになった。そして私が買い付ける品はすべて、たとえどれほどの大量買いをしても、たちどころに即金払いで決済したために、私は、それまでハト小屋のように穏やかであったその通りに波乱を巻き起こすことになった。仲介業者たちも、やはり人の子で、この新たな支払い方法をむしろ歓迎してくれた。これは私の側も、現金で当座勘定が得られて、自分のために少なからぬ利点があった。私が、ロンドンにもっと支店を開店させたいと思い始めたのも、ちょうどこの同じ時期のことであった。この時すでに私は、ロンドン市内で、ホワイトリーズ商店街近くのベイズウォーターおよびエンジェル近くのイズリントン（一六世紀以来、パブやホテルがあったロンドン北部の大通り）の二カ所に支店を持っていた。

このイズリントン支店というと、私には、今でも思い出す度に思わず笑ってしまう楽しい逸話がある。当時、私が雇用していた幹部のひとりに「ラヴ（Love）」という名字の者がいた。その時彼は、このイズリントンの店舗買収のためにロンドンに滞在中で、その建造物に必要な改修を行うために請負業者と連絡を取りたいと考えて、先方の自宅宛に次のような電信を送った。「今晩、エンジェルで八時に会いたい、ラヴより」

その晩、このラヴ氏は、指定場所で相手の請負業者を一時間以上待っていた。ところが、相手は一向に姿を現さず、我が幹部は、そのまま同日中にグラスゴーまで戻らなければならないことになった。その数日後に彼は、再びロンドンに出向く用件があり、今度はその請負業者の仕事先に電話をかけて、相手が不注意にも先日自分が電信で送った約束の日時を果たさなかったことをとがめた。

「電信だって。私はあなたからの電信は受け取っていませんよ、ラヴ氏」とその男は語気を強めて叫んだ。そして次に彼は突然、何か勘づいた様子を見せた。「なんてことだ」と彼は思わずつぶやいた。「それで分かった。この三日間というものの、妻がどうにもご立腹で、弱っていたところなんだ。確かにあの晩、妻は外出して、二時間ほどすると、恐ろしく激怒して戻ってきたのは、おそらく彼女が、その「ラヴより」の署名がある電信を開封して読んだためだったんだ。これから私はすぐに帰宅して、妻にこの事情を説明しなくては」と言うなり、その請負業者は出ていった。

気の毒にも、この男の推測は図星であった。その電信を開封したのは彼の妻だった。まだこの時点でも、彼女は夫の弁解をどうしても認めようとはしなかった。

「男性の「ラヴ氏」なる者が存在するなんていう話は信じられません。そんなまゆつばものの嘘っぱちを本当だと思う人がどこにいますか」と怒り心頭で収まらない女性はわめき散らした。「私はあの晩、エンジェルに出向いて、そこで待っている女性を自分の目で確かめてきたのです。あの扉のあたりには、他にも数人の女性が立っていましたが、その中の誰がお目当ての彼女なのか、私には一目瞭然で、その彼女に平手打ちを喰らわせないように我慢するのが、私には精一杯だったのですから。あなたの愛人の「ラヴ氏」にね」。

我が社の「ラヴ氏」は、その請負業者のたっての頼みで、彼と同行して、彼の妻に直接その事情を説明するに及んで、ようやくこの家庭内紛争が一件落着することになったのである。

私が茶葉取引を始めてまだほんの一年足らずの頃、初めて私は、自らセイロンに出向く機会に恵まれた。それは、その島でコーヒー栽培が失敗（一八六八年に発生したコーヒーさび病による不作）に終わった直後のことであった。あるロンドンの銀行家が、セイロンの土地所有者の代理人として、私に連絡してきて、私がその地所を購入して、そこで手広く茶葉栽培を始めてみたらどうかという話を持ちかけてきた。私はその時すでに驚くほど膨大な量の茶葉を買い付けていたので、それならば、その産物を自分で大量に栽培すればよいというのが、彼らの意見であった。私にとっても、この考えは悪くはなかった。それは、生産者と消費者の間に介在する仲買人や仲介利得者をできる限り撤廃するという私自身の事業方針にも完全に合致するやり方であった。だが私は、自分の目で確かめずに実体の分からないものを買わされることは望まなかった。そこで私は、銀行家からの提案に決断を下す替わりに、密かにオーストラリアへ向かう次の蒸気船を予約して、実際にはセイロン島のコロンボへ向けて旅立った。

私はコロンボに到着するとただちに、茶の栽培が行われているキャンディとマテルで、実際に土地が売りに出されている場所を訪れた。私は茶樹栽培については、ちょうどユークリッド（古代ギリシャの数学者）が自動車の運転について無知であるのと同じく、まったくの素人であったが、ひと目見るなり、その土地が気に入った。そこは、私にとってふさわしい場所に思われた。そのため私はそれ以上考えるまでもなく、ロンドンの銀行家宛に極めて少額の送金を行った。そして先方から「もう少し上乗せできませんか」という問い合わせが届いた時、私はその農園が事実上、自分の所有物になったことを知ったのである。それからわずかな金額を追加する送金が数回行われて、数時間のうちに、私はその土地すべての単独所有者となった。私は、自分がこのあまりにも性急な売買契約を取り交わしたことを悔やむには及ばないことが、その翌朝すぐに明らかになった。というのも、土地取引に経験豊富で植樹事業にも詳しい別の人物が私のところにやって来て、もう一万ポンドの上乗せ額でその土地を買いたいと申し出てきたからである。

私がセイロンで購入した最初の地所は、ハプタレ（ウバ山脈南東の標高が高い地区で、現在、ダージリン、キーマンと並ぶ世界三大銘茶と称されるウバの産地）のドウナン・グループとして知られ、彼らは、ダンバテン、レイモストット、モーネラカンデの各農園も所有していた。その地所は二千～三千エーカー（約八一〇～一二〇〇ha）に及ぶ広さがあったが、その時点では、そのうち約半分の面積に茶とコーヒーが植樹されているだけであった。そこで私が最初に着手したのは、その土地のすべてを開墾することであった。そのためには私にとって、このセイロンの荒れ地になんと多大なる出費が必要であったことか。今や現実に茶樹栽培者となった私は、その感動と喜びに浸って、ほんの数日後には、また別の地所を購入することになった。それはプッセラワのプープラッシ農園であった。さらに私は、島を離れる前にそれ以外の地所についても、確保できる状況になり次第、買い付ける手筈を整えてきた。この時、私が現地で購入した複数箇所の地所代金および代理人に預けてきたこの先急に必要になる可能性がある高額な金銭を合計すれば、その総額は、私がこの麗しくも魅力的な香料の芳香漂うそよ風が吹くセイロン島に降り立ってほんの一～二週間の間だけで、十分に一〇万ポンドを超える投資を行った計算になると思われる。

このような私にとって初期段階のセイロンにおける土地売買とそれに続く重要な出来事である東洋への関心と進出という一連の動きが、もしすべて向こうから私のほうにたやすく転がり込んできたように思われるとすれば、それは不本意なことである。事実はそれとは程遠い状況であった。実際のところ、それは私にとって、度重なる入念な熟考とさらにそれを上回る苦難の連続であった。私は、人間的にも経済的にも数多くの難題に直面することになった。そして何よりも私自身が、そのまったく新たな局面と新しい環境に精一杯適応していく必要があった。まさに「東は東、西は西」（ノーベル文学賞受賞の英国詩人ラドヤード・キップリング一八六五―一九三六年、「東と西のバラッド」中の詩句）であることに私はすぐに気づかされた。だが洋の東西を問わず、一般に何事でも常識的判断が先に立つもので、大規模な茶樹農園主となった私の主なる目的は、自分の所有地および私の現地雇用の従業員たちの生活環境を改善させ、無駄を省き、最新式の手法を導入し、近代的な機材を設置することであった。このようなことに着手することなくして、自分の投資が当初の見込み通りの利益を上げることがないのは、私にとって明らかであった。

最初から、少なくとも私が必要な機材を入手するとまもなく、私が所有する農園の茶葉は、摘み取られた後、機械による処理工程で取り扱われ、包装されていた。これによって、中国や日本で採用されている手段と比較すれば、私の茶葉には完璧に清潔で極めて均一な処理が保証されることになった。またこのセイロン茶は、小高い丘の斜面で摘み取られて、そこから数マイル（一マイルは約一・六km）下の谷間にある工場で処理されていた。このため、その場所まで現地の運搬人を雇用して茶葉を運び下ろす必要があり、彼らの任務は、茶葉が満杯に詰め込まれた袋を背負って狭く曲がりくねった危険な山道を下るという、誰もわざわざ好んでしない仕事であった。私はこの運搬手段にも改善を加え、いわゆる空中ケーブル式の金属線利用法を採用して、丘の上にある自分の茶園と麓にある工場を連携させた。これによって摘んだ茶葉は、上部に輪がついた丈夫な袋に詰められ、その袋が金属線に吊り下げられて、下方にある工場の入口まであっという間に運び降ろされた。地元の人々も、この簡単で効果的な装置が、それまで彼らが従事していた山道を上り下りする骨の折れる行程に取って代わったことを見て大いに喜んだ。私は、それ以外にも様々な方法を用いて、自分のセイロン茶園における茶葉生産を再編成したのである。

私は、「ティーガーデンから直送便でティーポットまで」という宣伝文句をセイロンからの帰国途上で思いつき、これをその後数年間にわたって自社の宣伝に精一杯利用してきた。実際、この標語には強力な宣伝効果があって、我が社の茶葉の売り上げがとんとん拍子で上昇することになった。私が所有するこのセイロン茶園の産物に加えて、私が引き続きミンシング・レーンで購入していた膨大な量の茶葉とその後取引を開始したコロンボ茶葉販売からの納品をすべて合わせても、まだ私の一〇〇万人にのぼるお客様に存分にご満足いただける分量の茶葉をかろうじて全支店に供給するのが精一杯という具合であった。この当時、私が取り扱った茶葉の総量に言及しても、一般の皆様方には、なんのことやらピンとこないと思うのだが、茶葉取引に参入して数カ月も経たないうちに私は、大英帝国の関税局に債券で茶葉を通関するために額面一万五千ポンド（£15,000）あまりの小切手を支払うようになった。その後も私は、二万ポンドから三万ポンドの額面の小切手を度々切るようになり、ついには五万五一三ポンド一一シリング六ペンス（£50,513 11s. 6d.）という莫大な額面の小切手に署名して英国の通関実績をすべて塗り替えることになった。これは茶葉の重量にして、実におよそ三〇〇万ポンド（約1360トン）もの通関量を意味する。だがこの巨額な額面ですら、後年さらに更新されることになったのである。

当然のことながら、新聞各紙は、このような話題を取り上げて報道するようになり、私も敢えてそれを阻止する手段には出なかった。また彼らは、私がセイロンで進めている事業についても、その進捗状況を紙面にあれこれと書き立てた。つい先頃、私は自分の切り抜き帳を眺めていたところ、（実はロンドンにある自宅の一部屋に設置した本棚には、このような切り抜き帳がぎっしり占拠しているのであるが）、ある有名なロンドンで発行されている新聞紙面の切り抜きで、次のような寸評が目に留まった。「リプトン氏が近年セイロンに購入した茶園は、我が英国の通商に新たな局面を拓くことになった。これまで茶園の所有者が、自らその産物の小売人の役割を兼任することはなかった。農園主と一般大衆とを直結させたこの大胆にも独創的な彼の商売手法は、必ずや多くの利潤をもたらすことになるであろう」。

まさにその通りの収益が上がって、私は、他の卸業者には真似ができない価格で自社の茶葉を販売し続けた。卸業者の中には、私が途方もない金額で売りさばいている茶葉は劣等の粗悪品であるという噂を広く一般に流して、私の評判を損ねようとする者もあった。実際、私が茶葉取引で巨額の損失を抱えながら、表向きだけ事業の好調を取りつくろっているのではないかという憶測がそこかしこに飛び交っていた。

ミンシング・レーンでも、私に対する反感が少なからず勃発していた。もちろんのこと、自ら農園を経営しながら「ティーガーデンから直送便でティーポットまで」その茶葉を販売する者が、仲介業者や仲買人に依存する茶葉取引の要所で大歓迎されないことは、当然予想されていた事態であった。それにもかかわらず、私の資金は出所が正しい金銭で、常に現金決済で支払われることは、彼らにとって自明の事実であったため、私はそこで自分が買いたいと思う分量の茶葉をいつでも購入することができた。特別に選りすぐった極上の茶葉に重さ一ポンド（約四五〇g）当たり五～一〇ギニー（英国の旧通貨単位、現在の約一ポンドに相当）の値を付けることで、「安値の茶葉」を見下そうとする動きも見られた。だが私の戦法は、その作戦のさらに上を行くことが証明された。ミンシング・レーンの関係者のみならず、一般大衆に対しても、私が所有するセイロンの茶園では、およそこの地球上に生育する限り最上品質の茶葉の生産が可能であることを立証するために、私は自分の島の支配人に電報を打って、本国宛に我が茶園で栽培された貴重な金色の芯芽（まだ開いていない茶葉の最先端の芽の部分）を含む最上品質の茶葉を一包届けて欲しいと依頼した。やがてその荷が到着して、ミンシング・レーンで行われた一般公開の競売にかけられると、それは重さ一ポンド当たり三六ギニーという驚くべき値で競り落とされたのである。この出来事の後、「リプトン紅茶」を公然と非難する風潮は影をひそめて、その高い評価は難攻不落とされるようになった。

その後私は、自社商品の供給先として、セイロン同様、インドにも手を広げ、また付随して、カルカッタとコロンボにも大規模な小売組織を立ち上げることになった。すなわち今や、グラスゴー出身のアイルランド人であるこの私が、茶葉が生育する地元の人々に対して、その茶葉を販売するようになったという珍妙な事実は、私自身の冗談の感覚を大いに満足させるものであった。

第十五章　オマハと豚肉

私は、インドおよびセイロンで「リプトン紅茶」を大量に販売することができたため、次はアメリカの茶葉市場に参入する決意を固めた。私にとって本国への商品供給は、その後も数箇所の茶園を購入したお陰で、今や不足なく安定供給できる状況になっていた。そこで私は、自分にとって有望なアメリカの顧客に向けて、かつて私自身が彼らの生産するハム、ベーコン、チーズの品質を確信したのと同じように、今度は彼らに私のお茶の熱心な信者になってもらうべく、そのための商品を調達する十分な金銭的ゆとりもあった。

いまさら言うまでもなく、その時すでに私は、アメリカの人々と長年にわたって互いに誠実なる強い絆で結ばれていたので、自分自身がその合衆国における茶葉商人になろうと決心をした瞬間は、私の人生の中でも非常に幸せな決断の時であった。もちろん私は、この重要な一歩を踏みだす以前に、個人的な人間関係でも、仕事上の関係においても、すでにアメリカとの確固たる関係を樹立していた。なかでも一八八三年に私が初めてシカゴで豚肉卸売業を創始した直後から一八九〇年に至るまでの期間、私は非常に頻繁に大西洋を横断する機会に恵まれていた。私は、かの地の人々に深い敬愛の念を抱いているため、彼らが心温かく歓迎してくれるその対岸から、自分が長らく離れていることが困難な状況になっていた。もしアメリカとその人々を心底知り尽くしている人物を誰かひとり挙げるとすれば、それはこの私をおいて他にないと常々思っている。なぜなら私は、アメリカ中をあたかも王子のように旅したことも、まるで一文なしのごとく旅した経験も兼ね備えているからである。私が彼らとの関係で唯一失敗した点は何かといえば、自分がすっかり彼らに釘付けになってしまい、そこから抜け出せなくなったことである。

シカゴの「コーク食品包装工場」は、その後も三年間稼働していたが、次第に生産能力に対して需要のほうが過大になってきたことは私の目にも明らかであった。その工場が昼夜を問わずフル稼働しても、まだ私の本国内での需要に追い付けないという状態であった。そのため私は、新たにシカゴで一段と大規模な施設を探し始めた。するとある日、私が宿泊先のホテルで昼食を摂っていた時のこと、ネブラスカのオマハ南部にある条件が揃った物件が、豚肉卸業に乗り出すため、その事業を推進する買い手を探しているという情報を耳にした。そこで私は、その情報源の信憑性を十分に確認した上で、その翌日、現地に向かって旅立った。私はまだこの時点では、その地域について何の予備知識ももっていなかった。現在、オマハ南部といえば、有数の豚肉卸産業が盛んな中心地であるが、当時の八〇年代に遡れば、そこはまだごく小さな場所にすぎず、鉄道設備すら十分に整っていなかった。私も正直なところ、自らのシカゴでの経験もあって、初めからオマハ南部に将来的な可能性を見出していたわけではなく、実はその時私は、到着してすぐに次の列車で帰ろうかと考えていたほどであった。

ところが、私がこの半ば決めかけた自らの結論を実行に移す前に、すでに私が連絡を取っていたふたりの人物が、この状況について自分たちとじっくり腰を落ち着けて話し合うべきだと私を説き伏せたのである。その二名とは、パクストン・ホテル（オマハで一八八二年に創業）のパクストン氏と地元商人のガラシャー氏である。彼らは共同でオマハ郊外に細長い地所を所有していて、私が思い描いている工場を設立するには、その場所がいかに適しているかについて私を納得させようとやっきになっていた。そればかりでなく、ふたりは私に対して、もし私が彼らの町のその場所で大規模な食品包装工場を操業することに同意さえすれば、工場設立に必要な費用はすべて免除するという申し出までしてくれたのである。私は、このような無類の寛大な申し出を受けて、即座に彼らの申し入れを受諾した。ただちに我々の間で同意書が作成されて、我が友のパクストン氏およびガラシャー氏が付記した唯一の条件は、「毎年、明記された数の豚を毎日屠殺処理すること」という一文であったのだが、我々は皆、その肝心な一日に屠殺する豚の数を明記することを忘れていた。つまり法律的には、その契約書の記載によれば、私は「一日当たり一匹の食用豚を屠殺調整処理しなければならない」ことになっていたのである。

私の新しい工場は、予定通り立派に建造されて操業を開始した。私は自分がオマハ南部の町を発展させた先駆者のひとりであることを自負している。だが我が社の新たな食品包装工場の稼働を推進していく中で、我々はいくぶんただならぬ状況に遭遇することになった。というのも、工場が設立されたその場所は、アメリカの町として必然的に、あらゆる類の多様な境遇にある人々を惹きつけることになり、しかもオマハのように活気に溢れて粗野な地域では、そこで繰り広げられた状況は当時よく見られた常套手段であった。つまり私は、「リプトン食品包装会社」が設立され、本格的に稼働した後、初めてその建物を訪問した際、そこに警備員が配置され、その他にもライフル銃で武装した係員が配属されていることを知って非常に驚くことになったのである。そこには日中頻繁に浮浪者や荒くれ者の顧客たちがやって来て、「何か仕事はあるか」と穏やかに尋ねた。たいていの場合、何かしらの仕事はあったのであるが、もし何も求人がなければ、このような連中は銃を取り出して、事実上、「仕事か、さもなければ、命を」という原則が遂行されることになった。私はオマハ南部の我が社で、手荷物預かり所に一歩踏み入れた瞬間の光景を今でも忘れることができない。そこには、あたり一面、銃が並べられて、衣服掛けに吊り下げられた外套や上着からも銃が突き出していた。そこは私には、まるで兵器庫のように思われたのである。

何百人ものこのような無法者たちを監督する義務は、並大抵のことでないと思われるかもしれないが、その当時、経営者と雇用者たちとの間には、実に好意的な関係が築かれていたことを私はここで強調しておきたい。そこには何の軋轢も感じられず、そのお陰で、我が社の新設された食品包装工場は目覚ましい成功を収めた。その生産高は非常に多大であったため、私が英国内で必要とする需要を十分に満たしたばかりでなく、アメリカ大陸内の別の地域からやって来た買い手との取引を始めるにも十分な分量があった。私が取りつけた数多くの取引の中には、サンフランシスコに本社を構えるアラスカ貿易会社との間で締結した五〇〇トンの燻製ベーコンの契約もあり、それはクロンダイク（カナダ・ユーコン準州にある地域）の金鉱採掘者（一八九六年にそこで金鉱が発見された）が採鉱現場視察に持参できるように縄の持ち手を付けた定型の枠箱に梱包するという契約条件が付けられていた。この膨大な分量のベーコンは、まず特別仕立てのリプトン列車によって米国太平洋沿岸まで運搬された後、そこで待機する蒸気船に積み込まれてドーソン・シティ（クロンダイク地方の都市）の最寄りの港まで運ばれた。これは私にとって絶好の宣伝の機会となり、その他にも素晴らしい大物取引が相次いだお陰で、我が社のアメリカにおける取引が毎月のように増大する結果となった。このオマハ南部は、シカゴに比べて四〇〇マイル（約六四三㎞）ほど合衆国西海岸の中心部に近いため、我が社が負担する普通貨物便料金を比較的低額に抑えることができた。そのため我が社は、この西海岸一帯の地域向けにシカゴの食品包装業者には太刀打ちできない価格で商品を提供することが可能となったのである。

このように増加する我が社のアメリカ部門における取引要請は、私の英国内の顧客向けの商品とはかなり異なる品質のものであったため、その後私は、自分がオマハで生産する商品を二種類の商標に分割して販売することに決めた。その一方は「リプトン食品包装会社」で、もう一方は「ジョンストン食品包装工場」と名付けられた。ここで説明が必要だと思うのだが、「ジョンストン」というのは、私自身の中間名である。私は、我が社のアメリカ向け銘柄の品質のお陰で、有力業者の「アーマー社」に対して、一日当たり千頭の調整済み食用豚を提供する契約を取りつけたこともある。実際のところ、このP．D．アーマー氏の共同経営者であるミカエル・カダヒー氏は、私が西海岸中心部を訪れた際、私との面会を申し入れて、私が関心をもって進めているこの新規工場の事業をアーマー社傘下に分離する心づもりはないかと私に尋ねてきた。その当初、私は、工場を売却する意向は毛頭なかったのであるが、カダヒー氏の類い稀なる正直で高潔な人柄には深い感銘を受けて、その後も彼と友好的な関係を保っていた。するとその数カ月後のこと、今度私は、もう一方の共同経営者であるアーマー氏自身と会うことになり、彼は彼なりにその申し出を一段と寛大で好意的な基準に変更して提言してきたため、私はそれを受諾することに決めた。正直なところ、私のオマハの食品包装工場には、不都合な点がひとつあった。すなわち英国人は、アメリカ人の好みに比べると、明らかに脂肪分が少ない赤身のベーコンやハムを好む傾向があるのだが、ネブラスカの穀倉地帯で飼育される食用豚は、英国向け商品としては、やや脂肪分が多すぎるのである。そこで私は、あれこれ考えた末、アーマー氏に自社工場を売却することに決めたことは、極めて適切な判断であったと思っている。

この「P．D．」なる人物は実に素晴らしい男で、彼の商取引はいつでも寛大かつ率直で実に好意的なものであった。彼は心温かな笑みを浮かべながら見事な力強い握手をして、それはあたかもルーズベルト大統領が得意とした「さあ君と握手をしよう」という雰囲気を彷彿とさせた。そして我々が、この工場の売買契約を締結したのは、まさにアメリカ合衆国の独立記念日（一七七六年七月四日にアメリカ独立宣言が公布されたことを記念する祝日）のことであった。

私は、オマハ南部の食品包装工場を売却した後、シカゴへ戻ることになった。このため、私は以後、我が社の商品需要に見合った別の大規模工場を設立するまでの間、シカゴで一時的に土地の賃貸契約をする必要が生じた。だが私には、そのわずか数週間後に絶好の機会が巡ってくることになった。というのも「ミヤー食品包装工場」という広大な建物が売りに出されていることを私は知ったのである。すぐに自分の目でその物件を確認しにいった私は、これこそまさに自分が求めていた設備であると確信した。ただそこにはひとつ難点があった。もし私がこの物件を買い取りたいと思っていることが事前に知れると、必ずや商売敵たちが競売に割り込んできて、私より高い競り値を付けることは必至である。当然のことながら、私は、自分が支払い可能な額以上を出費するつもりはなく、また同様に、その適正価格について個人的に精通しているわけでもなかった。そこで私は、これまで私がシカゴで行った全取引について助言を求めてきた腹心の友であるジョン・クレイグ・ヘイトリー氏に頼ることにした。今回、ヘイトリー氏自身がその売買契約を成立させる協議の仲介者になるという策略は、とても独創的なものであった。我々の課題は、私のような物件の適正価格について全くの素人が、いかにして自分の無知を晒さずに、その重要な仕事上の面談を無事に切り抜けられるかという点であった。だがヘイトリー氏はその難題を見事に解決させた。つまり売主が高すぎる値をつける度にヘイトリー氏は荒い鼻息をたて、この合図によって、私はその鼻息と同じ勢いで相手に対してもっと安値をつけるように要求したのである。このため、売主は、私がその地所の実質的価値について知り尽くしていることに仰天することになった。そして、ヘイトリー氏の頭に生じたその熱っぽい風邪の症状がようやく治まると、私は相手が提示した価格が適正であると知って、ついに取引が決着したのである。そして、私がその物件を入手したのは、相手が準備していた最低価格であったことを私は後で知ることになった。

　ヘイトリー氏もこの一件をすっかり堪能した。その後私たちは、しばしば当時を振り返って、ふたりで笑ったものである。この助っ人のジョン・クレイグ・ヘイトリー氏は、敏腕の事業者かつ無類の仕事好きで、いつでも誠実でしかも信頼のおける人物である。

　私が購入したミヤー食品包装工場は、実に申し分のない施設であった。その敷地面積は、四・五エーカー（約五五〇〇坪）あって、ほどなく私はそこで一日に四千頭の食用豚を屠殺処理するようになった。そこで私は、冷蔵の急送運搬車部隊を導入して、その一台ずつに端から端まで「リプトン」という文字だけを塗装させた。そしてこの運搬車がアメリカ大陸中をくまなく走って我が社の製品を運び届けると同時に、その行く先々で我が社の社名を宣伝して廻ったのである。

ここでそろそろ私は、自分がアメリカの茶葉市場に参入した時の話に戻ろうと思う。本題から逸れていたのは、言うならば、私がこの頃までに合衆国内でそれなりに名の知れた存在になっていたことを示そうとしたためである。実際のところ、私はすでにその時、本国内と同等の時間をアメリカで過ごすようになっていた。私にとって、ニューヨークは故郷のグラスゴーと同じようにお馴染みの場所であり、シカゴはいわば第三の故郷であった。私はそこで、個人的にも仕事の上でも、多くの緊密な強い絆で結ばれていた。その固い友情の絆は、長い年月が経過しても決して変化することなく、もし引き裂かれることがあるとすれば、それは極めて多くの場合、手に大鎌を携えた死神の到来によるものだけであった。だが喜ばしいことに私には今でも、アメリカに数え切れないほどの事業仲間と競技好きの仲間たちがいるのである。

この時点で私は、すでに自分が英国内およびその他の取引諸国向けの茶葉に関して、その必要量を十分に上回る分量を手掛けることができる状況にあることに気がついた。そのため私の次なる目標が、大西洋を越えて海の向こう側へと向けられたのはごく自然な成り行きであった。そのアメリカという広大な土地の新規顧客に向けて、我が社のお茶を紹介してみたらどうだろうかと私は自問自答してみた。私にとって、そこは挑戦するに値する地域であり、自社製品の品質を自負する進取の商人として、現実的にも無限の可能性を秘めた市場であった。その当時、お茶を飲む習慣もしくは性癖とも呼べる状況は、英国内で飛躍的に普及しているところで、それは我が支店の週間売上高を見ても疑う余地がない事実であった。それならば、いずれ合衆国内にもその習慣が広まっても何の不思議もないことだと私には思われた。そこで私は、西に向かって大西洋を横断する旅の途上でこの問題について熟考を重ねた末、次の渡米時にアメリカの茶葉市場を席巻してみようと決心したのである。それからの数日間、あれこれ損得勘定を試みた結果、私は自分自身にこう言い聞かせた。「いずれにしても損はしない」。

そのための調査に乗り出した途端、私は殊の外驚くことになった。それというのも、どの点からどう見ても、アメリカには茶葉市場というものが存在していなかったのである。私は、アメリカに到着した最初の朝に宿泊先のホテルで、ますお茶を一杯注文してみることから始めた。すると給仕は唖然とした表情で私の顔を見つめた。その表情はまるで彼が生まれてこのかた一度も「お茶」なる言葉を聞いたことがないように見えた。「旦那様、お茶ですか。貴方様は、お茶とおっしゃったのでございますね」と給仕はこう繰り返して、頭をかきながら立ち去った。食後に彼は、私にコーヒーを運んできて、「当ホテルには、お客様が注文された品は、常備していないのでございます」と付け加えた。その後私は、別のホテルやレストランでも同じような経験を重ねることになった。確かにお茶なる名称の代物は、ニューヨークやシカゴのいくつかの店では購入することができた。そこで私は、その包みの中にいったいいかなる種類の飲み物が「隠ぺい」されているかを調べるための見本としてそれを買ってみた。するとそのすべてが例外なく、少なくとも私の嗜好にはまったく合わないものであった。一般に売られている茶葉の大半は、「ウーロン茶」か「日本茶」と呼ばれるいわゆる緑茶であり、なかには「中国工夫茶」という劣悪品もあった。商店経営者の多くにとって、お茶とは、大麦、米、トウモロコシなどと同等の品物であり、蓋のない容器に入れて店頭に晒しておく品であった。私は、シカゴの目抜き通りにある最新鋭の食料品店で、店の出入口近くに陳列された茶葉が、完全に風雨に晒されて、品位失墜のすさまじい処遇を受けているのを目にしたことがある。その上、かなり劣等の茶葉でも、それには結構な値段が付けられていた。私は店に入って「セイロン茶を一ポンド下さい」と頼んでみたことが何度もあるのだが、その答えはいつも決まって、「アメリカでは、その産地の茶葉については、いまだかつて聞いたことがありません」というものであった。それに加えて、茶葉の注文があると、彼らはそれを安物の紙袋に入れて差し出したのである。それは魅力的な包装で商品を引きたてて恭しく提供されるに値する上質な茶葉に対する本来あるべき扱いのまさに対極をいくやり方であった。

そこで私は、ただちに茶葉取引に取り組む決意を固めた。アメリカにおける小売商品取引を開始するにあたって、私はまず手始めに、これまで自国で行ってきた同じ手法を採用することにした。この発想はしばらくの間は自分なりに納得できて、ニューヨークおよびシカゴ在住の友人たちからも大いに助けられた。その一方で私は、多方面にわたって十分に検討を重ねた末、アメリカに関する自分の茶葉事業は卸売部門に限定するという決断を下すことになった。その利点と欠点を慎重に斟酌した結果、私は、アメリカについては卸売に限るほうが事業を推進していくための賢明な手法であるとの結論に達したのである。

その準備段階の試みとして、まず主に「リプトン紅茶」を販売する状況を視察するという目的で、私は、多数の代理店を指名した。そしてその代理店の担当者たちが、我が社のお茶をホテル、レストラン、一般家庭に普及させるために最善の方法を採用して動き始めた。すると私は判断能力に優れた人材を雇用していたため、私の熱意が彼らにうまく伝わった様子で、すぐに何千もの注文が我が社のシカゴ支社に舞い込むことになった。その後私は、幸いにもセイロンからかなり大量な商品を供給できる見通しが立っていた。だがそれにもかかわらず私は、それからわずか数週間も経たないうちにロンドンとセイロンの両支社宛にさらに追加の商品発注をする電信を送らなければならなくなった。我がよき友であるP．D．アーマー氏は、この時、真っ先に我が社の私的な顧客になってくれた。私がアメリカでの茶葉事業という冒険に乗り出してまもなく、彼から私宛に届いた書簡は、今でも私の宝物である。その手紙には、次のように記されていた。

「私の自宅はもとより、親戚一同の家庭においても、今やリプトン紅茶はなくてはならない必需品となっている。我が国でこれを凌ぐ満足感を与えてくれる品は皆無と言ってよい」。

この文面は私にとって何にも勝る素晴らしい宣伝であり、もちろんのこと、私はそれをこれまで最大限に活用してきたのである。

凄腕の小売商人たちはもちろん、その他にも繁盛店を切り盛りしている合衆国中の数多くの商店主たちが、我が社の茶葉を快く大量に買い付けてくれて、次にその各店の顧客たちも、我が社銘柄の目新しくも安価な飲み物を大いに喜んでくれた。そのお陰で、私は、アメリカの茶葉市場を確立したのはこの自分であるという自覚をもつに至った。実際のところ、私が初めてセイロンにその一歩を踏み入れて、最初の茶園を買い取ってから、わずか一八カ月の後に、私はその当初は予想もしなかった分量の茶葉をアメリカとカナダで販売するようになっていた。だが私は、自らのこの進捗状況に飽き足らず、ニューヨークやサンフランシスコでも、またトロントからニューオリンズに至るまで、アメリカ大陸中を対象とした宣伝広告に着手する準備を始めて、それを実行に移した。私はこのアメリカにおける初めての宣伝企画にどれほどの資金をつぎ込んだか正確には記憶していないのであるが、おそらく総額にして数十万ドルほどになったのではないかと思う。その額が私にとって妥当だと思うかと問われれば、私はもちろんだと答えたい。それはもう今から四〇年も前の出来事であり、私は、このホーボーケン（ニューヨーク都市圏に属するニュージャージー州の都市）に本社を置く「トーマス・J・リプトン有限会社」とその高所に設置された巨大な点灯広告がニューヨークの人々のみならずそこを訪れるすべてのアメリカ人たちにとってお馴染みの建造物となり、我がアメリカ支社はその長い歴史の中で現在ますます発展中であることを誇りに思っている。

これは、アメリカにおけるリプトン社の茶葉事業の設立をごく簡略に紹介したものにすぎない。私は、もっと紙数を割いてその詳細を事細かに語ることも可能であり、合衆国とカナダの両国を紅茶をたしなむ国に変革した私の努力の途上において、そこで繰り広げられた数多くの興味深くも滑稽な出来事を紹介することもできるのだが、もうそろそろこのあたりで、我が人生における別の話題に話を進めたほうがよいと思う。

第十六章　ロンドンに本社を移す

幸いにも我が社の海外部門拡張のため、私が合衆国とカナダの事業に傾注している間も、本国内の事業は、その収益を指標とする限り成長を続けていた。一八九〇年の秋のこと（その後明記された年号と矛盾するため、実際にはもう少し早い時期のことと思われる）、ニューヨークから帰国した折、私は意気揚々とした凱旋気分と同時に胸中にある種の不安がよぎる二面性をもった奇妙な思いを経験していた。私は自分の事業が英国内で依然として素晴らしい躍進ぶりであることに大いなる喜びを感じる一方で、残念ながらも近年両親の健康状態が思わしくない状況にあって、自分の満足感がいくぶん損なわれることになった。その時、両親は共に八〇歳を越える年齢になっていた。私は両親のために居心地のよい住まいを完備して、自分自身はカンバスラング（グラスゴー南東部の町）に居を構えていた。両親は、ふたりが望むすべてのものを手に入れて、母親には、二頭立て馬車も用意されていた。それは私が幼少の頃、母親に「きっといつか乗せてあげるからね」と固く約束したものであった。もちろん母は、素晴らしい駿足の二頭の馬が引くこの馬車に乗ることを存分に楽しんでいたが、私が思うには、むしろ母はそれよりも、時々私が彼女を喜ばせようと「私にこの馬車をほんの数時間使わせていただけませんか」と丁重に申し出る時にふたりの間で交わされるちょっとした冗談を楽しんでいたのではないかと推測している。

私は、朝になると母にこんな風に申し出ることがよくあった。「お母さん、今日は私がお母さんの馬車を借りて、仕事場まで乗って行ってもいいでしょうか」。

「それならトム、ひとつだけ約束してね」と母はいつでも嬉しそうに微笑んで答えた。「今日は貴方が一日中この馬車を乗りまわして、夕方にはこれに乗ってここへ帰って来てね」。

私には、その当時のことを振り返る度に思い出す出来事がある。ほんの二年ほど前のこと、私がニューヨークの常宿に泊まっていた時、ある年輩の男性が私を見かけて声をかけてきた。その時彼が、スコットランドでの私と両親のことを覚えていると話してくれたお陰で、私は自分ではそれまですっかり忘れていた出来事を思い出したのである。ある朝のこと、私は、その日の仕事に出かける直前に母とちょっとした口喧嘩をしてしまった。そのために私たちは、いつもお決まりの愛情がこもった挨拶を交わすことができなかった。すると私は、それから自分の事務所へ向かう六マイル（約一〇km）の通勤途上で、この一件についてとても悲しい気持ちがしてきて、ついには、その日の仕事を始める気になれなくなってしまったのである。

最初は、自分のお詫びの気持ちを伝えるために母に電信を送ろうと考えてみたのであるが、その直後に私は、それよりも、このままますぐ家に帰って、ふたりの心のわだかまりを解消しようと決めた。

私は帰宅した当初、まだ自分が腹を立てているように振る舞って見せたのだが、それは何の役にも立たなかった。母は私の演技には騙されず、「私は貴方が何のために戻ってきたのか分かっているわ、トム」と言って、私にそれ以上何も言わせなかった。このお陰で私は、母がその日もいつも通りに気持ちよく留守番をしていてくれることが確認できて、私自身はもちろんのこと、周囲の皆さんにとっても、再び心穏やかに仕事に戻ることができたのである。

母が一八八九年二月一日に亡くなった時、私は、自分にとって無二の親友であり、誰よりも厚い信頼を寄せてきた相談相手を失ってしまった。私にとって、母からの不動の愛情、絶え間ない激励、その驚異的な洞察力と先見の明なしには、自分がこれまでくぐり抜けてきた熾烈な事業戦略を勝ち抜いて、ここまで成し遂げてきたような成功を収めることは到底叶わなかったことであろう。その数カ月後のこと、今度は父が、寂しく孤独な息子の私を後に残して、自分の愛する妻のもとへと静かに旅立って行った。そしてついに私は、この世に親戚がひとりもいない天涯孤独の身となってしまったのである。

さらに私は、両親を亡くした直後に極めて重大な問題と直面することになった。私の茶葉事業は国内外を問わず着実に成長を続けていたため、その頃の私は、ますますロンドンに出向く用件が多くなっていた。また同時に我が社のイングランド内の支店数が非常に増加してきて、私の関心もスコットランドから境界を越えた向こう側へと引きつけられるようになった。そこで必然的に私には本社組織をグラスゴーから移転する必要性が生じてきた。すなわち別な言葉でいえば、次第にロンドンが、企業としてのリプトンの実質的な本拠地となってきたのである。ふと気がつくと私は、自分の一日の時間の半分以上をグラスゴーと大都市ロンドンを往復する列車の車内で過ごすようになり、それは我が社の重役たちも同じ状況であった。列車の交通費に充てる我が社の支出は、いつの間にか「リプトン特別列車」の蒸気機関を度々準備できるほどに増大していた。

だが私にとって感傷的な理由のために、それを実行に移すまでには数カ月の時間を要した。つまりグラスゴーは、私の生まれ故郷であり、私が商人としての経歴を歩み始めた場所である。我が社の事務所と工場組織をそこからすっかり移転させることは、私にとって一大事業を意味した。それに伴って数百人もの従業員たちも新たな場所に転居することになり、そこは彼らにとって多方面でまったく未知なる新天地であった。私は、この問題についてかなり長い時間をかけて検討を重ね続けた。そして私は、ついに心を決めた。ロンドンこそ、我が社の拠点となるべき場所である。そこで私は、ランスフィールド通りにあった本社の私室からロンドン支店長宛に長距離電話をかけた。その時すでに私は、ロンドンに事務所と小規模な工場および実質的なロンドン中心部にあたるシティ・ロードのバース通りに少なからぬ面積の地所を所有していた。だが私は、その場所が本社の従業員すべてを収容する建物を建造するために十分な敷地面積を有しているか否か確信がもてなかった。そこで私は、この点について自分自身で確認してみることにしたのである。その長距離電話の回線がつながると私は、ロンドン支店長に次のように尋ねた。

「ランスフィールド本社の設備をすべてロンドンに移転するとしたら、そのために必要な準備を整えるには、我々にとって、どれほどの期間が必要であろうか。またそのためには、現在のバース通りの地所面積だけで大丈夫であろうか」。すると我がロンドン支店長は、数分の沈黙の後、きっぱりと断言した。「それには、六週間かかります。そして我々はこのバース通りで十分やっていかれると思います」。「それには結構なことだ」と私は手短に答えた。「それでは、今日から六週間後の朝九時から、我々は全員ロンドンで仕事を開始することにしよう」。

そして実際我々は、予定時刻を数分と違えず、まさにその通りに実行したのである。

こうしてリプトンの一団がロンドンに移転してきたことは、ちょっとした侵略を意味した。スコットランド人は、しばしばニューヨークに足を踏み入れるのと同様に、ロンドンにやって来ることも珍しくはないが、今回の「リプトン氏族」のように何千人もの人々が一度に大挙して押し寄せることは稀であった。ところが、彼らは皆、あっという間に喜び勇んでロンドンに移住適応して、ここでもまたスコットランド人の驚くべき適応能力を実証することになった。スコットランド人は、十分な仕事とそれに見合う賃金を与えられて、時々「グラスゴー新聞」をちらっと垣間見ることさえ叶えば、たとえその地が漢口（現在の中国湖北省武漢市内の旧地名）であろうと、トンブクトゥ（西アフリカのマリ共和国の都市）でも、スピッツベルゲン島（ノルウェー領スヴァールバル諸島の北極圏にある有人島）であっても、喜んでその場所で甘んじて過ごすことであろう。今回のようにその地がロンドンとなれば、それは彼らにとってこの上ない幸せであった。彼らは必ずや、その生存競争は自国内よりも過酷ではなかったと打ち明けることであろう。

ここで私は、我が社の本社従業員をロンドンに移住させたこの急展開について記述して、ある日の朝のこと、かつて私の母の御者を務めた男性と交わした愉快な会話を思い出した。尊敬に値するこの人物は、私の私的な従者として、私と一緒にロンドンに移住したいと申し出てきてくれた。そして私がロンドンのマスウェル・ヒルに快適にも気取りがない邸宅を構えた後、彼は、そこで私の召使いのひとりとして仕えながら、ロンドンの人々の暮らしぶりを非常に興味深く眺めて過ごしていた。当初彼は、私の住まいがある心地よい郊外周辺から滅多に遠出することはなかったのであるが、ある日のこと、ロンドン中心部を散策する機会があったとみえて、その光景に感銘を受けることになった。なかでも彼の目には、光沢ある絹製の帽子をかぶったロンドンの勤め人にお決まりの服装が印象的に映ったようである。その晩、私が帰宅すると、彼は、「もしこのようなことを旦那様にお尋ねしてもよろしければ、この度はいったいどちらのお偉い方が亡くなられたのでしょうか」と尋ねた。私には、この彼の奇妙な質問の意味が理解できず返答に窮した。そこで私は、「どうして偉い人物が亡くなったと分かるのかね」と彼に問い返した。

「それは、旦那様」と彼は答えた。「私にとってこれまでの人生で見たことがないほど盛大な葬儀が、今日、ロンドン市内で執り行われていたからでございます。お亡くなりになられたお方は、きっと王室のどなたか、英国首相か、大臣か、きっと誰かとても有名な人物に違いありません」。

「それは変だな」と私は言った。「私は、そのような話は耳にしなかったし、今日の夕刊にも偉人逝去の報道は載っていなかった。あなたが言っていることは、事実だろうか」。

「もちろん、それは本当でございます、旦那様」とこの善良なる人物は請け合った。そして彼は次のように付け加えたのである。「なぜかといえば、今日私はそこで、シルクハットをかぶった黒ずくめの服装の人々を何千人も見かけたからでございます」。

リプトン本社のグラスゴーからの移転が意味するところについて、都市の通商面に及ぼした影響の一端を挙げれば、私がロンドンに寝返ることによって、スコットランドの郵便当局は、週当たり千ポンドの郵便料金と電信電話料金を即座に失うことになった。私は自分でその総額を計算したわけではなく、これはグラスゴーの新聞記者が試算した数字である。これに関連して付言すれば、グラスゴーの新聞各紙は、我が社の転出を遺憾に思いながらも、私がイングランドに移転後のさらなる活躍を祈ってくれた。さらにその中の一紙は、次のような驚くべき「追悼記事」まで掲載してくれたのである。

「リプトン氏は、長らく我らが地域の食糧供給部門として、この地で共に暮らしてきた仲であり、彼が去った後のグラスゴーは、以前とはまったく別の場所になってしまったと言っても過言ではない。彼は、アルプス山脈を幾重にも重ねたほどのチーズの山を積み重ね、この地球規模のグリドル（円形の鉄板で出来たスコットランドの伝統的調理器具）でソーセージを焼いてきた。そしてまた彼は、まるで近所のソーチエホール通りの裏庭で丹精込めて栽培したかのような確かな品質のお茶をはるばる東洋から、そして香辛料をアラビアから各々調達してきた。実際、彼の使節団大使たちは、ありとあらゆる場所に派遣されていた。その彼らによって、アメリカの大草原に棲む雄牛たちも、コネマラ山地（アイルランド西部の山地）の湿地を駆ける豚たちも、悲運の最期を遂げることになった。時にリプトン氏が市内に帰還すると、我々市民の誰もが彼の姿を目に留めた。彼の名前は、いつでも我々の話題に挙げられていた。彼は次々と支店を開店させて、数々の物語を創り出してきた。彼が雇用する店員たちは、まるで飢餓という名の巨人をあちこち探し回る軍隊の様相を呈していた。ところが、なんと残念なことにも、今やリプトン氏は、我らが町から撤退してしまったのである」。

　この賛辞が過分なお世辞であることは言うまでもないが、ほどなくグラスゴー市民は、ある種の非常に進取の気性に富んだ事業が、彼らが住むこの当地で創始されたということを自認するようになった。この意味するところは、それによって、数千人の雇用が確保され、またさらに重要な点は、安価で良質な食糧が広く一般に供給されるようになったということである。我々が最新式の労働環境で仕事をしていたことの一例として、我が社が英国内でいち早くタイプライターを導入した企業の一社であることを私はここで思い起こした。ある時、我が社の本部にイングランド人の旅行者が訪問した時のこと、たまたま彼は、そこでふたりの女性がタイプライターに向かって仕事をしている姿を目にした。すると彼は訝しげに私のほうを振り向いて、次のように尋ねた。

「リプトン氏、私は、あなたがバター、チーズ、ハム、卵を商っていることは存じておりましたが、シャツ製造にも着手していたとは知りませんでした」。実のところ、彼は、タイプライターを裁縫用ミシンだと勘違いしたのである。

我がリプトン社は、本社をロンドンに移転した直後から、我が社の歴史の中でも類稀なる急成長を記録することになった。その頃の私は、まだ両親の死という喪失感から立ち直れず、圧倒的な孤独感にさいなまれていたため、敢えてこれまで以上に事業の激動の中に自ら邁進して過ごしていた。やがて本社組織は一段と増大して、ついにシティ・ロードの大半を占拠するまでになった。新たな店舗は、あたかも英国中のあらゆる街角に出店するかと思われる勢いを見せていた。我が社の工場は、大都会にも地方都市にも設立された。我が社の取扱い品目として新たにジャムが加わると、その安定した商品供給を確保する目的で、私には果樹園を買収する必要が生じた。我々は皆、経営陣から使い走りの少年たちまで、朝早くから夜遅くまで働いた。我々の発注品は常に前倒しで完売した。新たな事業が次々採用され、新しい手法が試行された。その当時、私が採用していた多数の工務店の店主のひとりが、ある朝私に向かっていくぶん語

多数の杯に囲まれたトーマス。世界中で獲得した数百個もの優勝杯の横にトーマス卿が立っている珍しい写真。この所蔵品は、様々な点で非常に貴重なものであったため、長年にわたって刑事が昼も夜もその警備に当たっていた。

気を強めて語った次の言葉に、当時のリプトン社の状況が端的に表現されている。

「貴社の問題点は、まるで育ち盛りの少年が毎週新しい洋服に着替える必要があるのと同じようなものだ」。

依然として私は、イングランド最大の広告主のひとりという地位を保持して、日刊、週刊を問わずあらゆる種類の新聞の広告欄を活用していた。私は、大規模な「見本市」や(時に人々が称するところのいわゆる)「博覧会」には、いつでも出展していた。一八九三年に開催されたシカゴ博覧会では、お茶、コーヒー、コーヒーエキスの各部門で我が社は高い評価を勝ち得た。実際私は、世界中で開催された数多くの行事で賞を獲得したため、次第に出展することに飽きてしまったほどである。

正直なところ、この頃の私は、自分の事業経歴の中でも、事あるごとに自らの名前が公衆の面前に提示される状況になっていた。たとえば、もし火事が起きてロンドンにある本社ビルの大部分が焼失するような事態にでもなれば、それは新聞記事として報道されて、実際の出来事以上の注目を集めることになった。というのも、事件を取り上げる新聞各紙の紙面には、その火事現場の焼け跡に、成功を収めた会社名を記した巨大な鉄製看板が見るも無残に荒涼とした有り様で、くっきりと際立って残されている様子が掲載されて、その光景が実際に消失した箇所以上に強調されることになったからである。

我が社の本社組織をロンドンに確立して以来、長年にわたって私は、よく言われるように、仕事一筋で暮らしてきた。私にとって、自分の事業が絶え間なく発展を遂げる状況に浸って、自らの周囲に形成された偉大なる人材組織に対して、あたかも父親のごとく優しい関心を寄せることは、大いなる喜びであった。私は、来る日も来る日も、朝早くから机に向かい、夜になると帰宅して床に入るというお決まりの生活を繰り返していた。私には、個人的な友達は数少なかったが、我が社の従業員という膨大な家族集団は、すでに一万人にも達していて、彼らは世界中の農園、工場、店舗、倉庫に配属されていた。いつでも私は、彼らのひとりひとりと親密に連絡を取り合うように努めていた。もし私が彼らを自宅に招待するなら、その機会はごく簡素な夕食の席であり、パーティを開催するとしても一度に招待するのは三人か四人に限定していた。私は、観劇に出かけたり、一般の行事に参加することはごく稀であった。時折、自分の視野を広めたり、精神面での滋養を満たす目的で自ら強制的に休暇を取得する以外、私にとって唯一の贅沢といえば、駿足のケンタッキー純血種の馬の一群を所有していることで、私自身が彼らの背後で手綱を引いて、事務所と自宅を往復するのが常であった。その後私は、英国初の自動車狂のひとりになったが、これはまた別の話である。

ここまで記述してきた通り、私が個人事業の業務に専心してきたことは確かであるが、私は、自分の人生が過酷な生存競争に翻弄されてきただけだと思われるのは心外である。もちろん私は、懸命に働いた。だがひとたび休暇を取ろうと心に決めたならば、私はその機会もまた仕事と同じように懸命に満喫した。時として、私の海外遠征には、仕事と娯楽の両側面が共存することもあったが、それ以外の場合、私は、世界の四方八方へと向かう呑気な旅を楽しんでいた。今ここで振り返って、自ら異国の地を旅した経験のいくつかを思い出してみることは、私にとって無類の喜びである。

第十七章　海外での休暇

つい先日のこと、我が友カーネル・ダンカン・ニールと私は、昔懐かしい話を交わす機会に恵まれて、かつて私たちふたりがマンダレー（一八八五年に大英帝国に併合されるまでビルマ最後のエコバウン王朝の首都があった都市）で遭遇したなんとも楽しい冒険を巡って大いに笑い合ったところである。その時私たちは、東洋の各地を旅行中で、ビルマの町で名高い仏教寺院を訪れる機会があった。私たちが寺院の内部に入った時、そこでは現地の僧侶たちの集会が行われていた。その日の儀式は、高僧が臨席する堂々たる行列祈禱式で、カーネルと私は、その絵画のような趣がある荘重な「僧侶たちの行進」を眺めていた。するとその行列の中のひとりで非常に頑強な体格と特別鋭い眼光の人物が、私のほうを振り向いて睨みつけるように凝視していることに気づいた私は、暗がりの中で自分がその相手と一対一で向き合うことになる事態を避けたい一心で、自分の連れのほうを見た。だが私が何か一言でも言葉を発する間もなく、その恐ろしい形相のインド人僧侶は行列から離れて、心底狼狽している私のほうへ向かってやって来たのである。

「やあ、こんにちは、リプトンさん、貴方はなんだって地球のこんなところまでやって来たのですか」と彼は、強いアイルランド訛りの英語で私に尋ねた。「見物客の中に貴方の姿を見つけた時、私は一瞬自分の目が信じられない気持ちでした。でも私はよく新聞で貴方の写真を見ていましたから、すぐにそれが貴方だと分かったのです」。

私はあまりにもあっけにとられて言葉を失った。

「高貴なるお方、貴方はどちら様で、いったいどういうお方なのでしょうか」と私は尋ねた。

「私は、ビルマ人僧侶で、ケリーと申します」と彼は答えた。いかに彼の肌が茶紙のように日焼けして、東洋の高僧が着る袈裟を身にまとっていても、私には、彼の目が喜びで輝いていることが分かった。「私はアイルランドの出身です」と彼は、とても気さくな話し方で言葉を続けた。「ところが、ある時、私が乗っていた船がビルマ沖で難破してしまったのです。ですが、私はこの国がすっかり気に入って、ここにとどまり、仏教に改宗して、僧侶になりました。そして私は今では、この寺の住職を務めています」と彼は誇らしげに締めくくった。

「そうでしたか、ケリー住職様」と私はこの時になってようやく緊張から解かれて答えた。「よろしければ是非、私が宿泊しているホテルにおいで下さいませんか」。

「いいえ、そこはキリスト教信者のための場所ですから、私はそこには行かれないのです」と彼はきっぱりと断った。

「でも、私に面会するために来ていただくのであれば、構わないのではありませんか」と私は彼に重ねて尋ねた。

「確かにそれならば、話は別です」と彼は同意した。そしてその言葉通りに、彼はその日の晩にやって来て、私たちはホテルの玄関先で長時間にわたって語り合った。ホテルの宿泊客たちは、私がロビーの片隅に腰掛けて、マンダレーの住職と流暢に言葉を交わしている姿を見てとても驚いた。

ケリーが帰った後、宿泊客のひとりの女性が、私に近づいてきて言うには、「貴方はなんと見事に完璧にも地元の言語を操って、現地の人と会話を楽しんでいらっしゃることかと私は感心して見ていました」。私は自分に向けられたこのよい印象を無為にしたくはなかったので、「私は東洋で手広く商売をしている者ですから、もちろん、多くの言語を話せなければ、皆とうまくやっていけませんからね」とそのご婦人に説明した。

僧侶から悪魔までというのは、あまりまっとうでない階級制であるが、私にとって、ビルマのケリー住職の思い出は、いつも別の逸話と結びついて、自分にはピンからキリまで様々な階層に属する友人がいるという証に、そのふたつを併せて紹介することにしている。数年前のある晩のこと、私は自分が所有する船にヨット仲間たちと乗り込んで、サンディフック灯台（一七六四年ニュージャージー州に建造され、現在アメリカ国内で使われている最古の灯台）から離れた場所で停泊していた時、私たちは特に何もすることがなく、それならばとコニー・アイランド（ニューヨークの観光地）へ向かうことにした。「コニー」といえば、誰もが知っている余興の楽天地である。私たちが訪れたその日に行われた呼び物のひとつは、単純明解な題目で「地獄」というものであった。

「多分、我らにとって、そんな場所を見る機会は滅多にない」と仲間のひとりが言ったので、私たちは皆でそれを見にいくことにした。これは誓って言うが、この時の私は、その修羅地獄の中で「悪魔」のひとりが、まるでずっと以前に見失った兄弟分に再会したような嬉々とした笑みを顔に浮かべて、私のほうをじっと見据えているのを目の当たりにして、安穏とは程遠い境地にあった。その余興（あるいはそれをなんと呼ぼうとも）の間中、その悪魔は、どうしても私から目を離そうとしなかったため、突如として我々一団が小屋から退去することに決めた時、私は内心とても安堵した。ところがなんとそのコニー・アイランドの悪魔は、小走りに私のほうに駆け寄ってきて、私を隅の暗がりのほうへ呼び寄せるなり、次のように言ったのである。

「リプトン卿、貴方にこんなところでお会いできるとは思ってもみませんでした。貴方は私のことを覚えておいでではないと思いますが、私は以前貴方のグリーンノックの店舗で働いていた者です」。かつての我が社の従業員が、現在従事しているこの仕事の影響力からしても、私は今後とも彼と仲良くしておくのが得策だと思った次第である。

随分前のことになるが、私ははるばるトルコまで短期間の休暇に出かけたことがある。その時の旅には、今でも鮮やかに思い起こされる思い出がいくつもある。たとえば、外国人観光客を閉口させる現地人らしき案内人の大群に包囲されたことは、私にとって忘れがたい経験であった。私は、コンスタンティノープル（トルコの都市イスタンブールの旧称）に一歩踏み入れるや否や、この案内人たちの一群に自分の周囲を完全に取り囲まれてしまったのである。彼らは、まるで私をずたずたに引き裂かんばかりの様相であった。そのひとりひとりが、私のことをまるで自分にとって特別な食い物であるかのように見据えて、大げさな身振りで、私の前や後ろで飛び跳ねながら「ピジン英語（英語と現地語が混合した主に通商のための言語）」で叫びたてた。私はすっかり途方に暮れて、どうやってその大群の中から誰かひとりを選び出そうかと考えたのだが、すぐにその自分の考えを改めた。もし私が誰かひとりだけを任命すれば、それ以外の連中たちは、そのひとりだけに私を占有させまいと大喧嘩を繰り広げることになるであろう。そこで私は誰も案内人をつけないことに決めた。私はその旨をこのお騒がせ連中に告げると、あたりを観光するために立ち去った。

それから数時間ほど、私のすぐ後ろには常に一ダース以上の追手がついて廻っていたが、その日が暮れる頃には、その人数が半分の六人ほどに減じた。私にはこの迫りくる忠実なる一団を振り払う何の手だてもなかった。一度は、母へのお土産に持ち帰る絨毯を買うために絨毯販売店に避難してみたが、この時も案内人たちは私のすぐ後ろについて来た。店内で私は、彼らの存在を気にせずに店主と絨毯の値段交渉を始めたところ、あまりにも法外な値段を提示された。そこで私がその旨を店主に告げると、彼は、私に付き添っている六人の案内人がそれぞれ自分たちの手数料を要求するため、この金額はそれ以上少しもまけられないと言い張ったのである。

この一件で私は、スタンボウル（イスタンブールの中心部を指す呼称）で生活するためには、案内人の用心棒なしには暮らせないと確信するに至った。すると私にある名案が閃いた。つまり私はその追剝連中の中で最も粘り強いひとりを選び出した上で、その相手に対して、もし彼がそれ以外の連中を振り払うことができるなら、彼を私の案内人に命じてもよいと告げたのである。すると奇妙なことに、私がこの提案をして、その趣旨が彼の脳裏に沁み込むや否や、彼がさっと手を振っただけで、他の競争相手たちは瞬く間に姿を消したのである。そして彼は、それから以後まるで犬のように私の身近に付きまとった。だがやがて私は、彼につくづく嫌気がさして、その翌日に彼を振り払う計画を練った。

「さて我が旦那様、明日の朝、我々は何時に出発いたしましょうか」と彼は、私がホテルに着くなり即刻尋ねた。

「少なくとも一〇時半前には出かけないよ」と私は、内心それより二時間ほど早く抜け駆けしようと目論みながら答えた。

だが、そんなことで彼が私の言うことを信じたと思うであろうか。もちろん否であった。翌朝、私がとても早い時刻に部屋の扉を開けると、なんと彼はそこに敷かれた靴拭いの上で眠っていて、私はあやうく彼につまずきそうになった。

「旦那様、ここにいるのは私でございます」と彼は上目づかいに答えた。「もちろん、もう出発する準備はできております」。私は、彼のこれほどまでの粘り強さを見直して、改めて彼をもう一日、自分の観光案内人として任命することにした。いつでも私は、仕事において「自らの最善を尽くす」ことを体現している人物を高く評価して励ますことにしている。そしてこの年輩のずるがしこいトルコ人は、それをまさに身をもって私に示してくれたのであった。

私にとって今でも思い出す度に笑ってしまう年輩のギリシャ人男性との珍妙な経験をしたのも、この同じ旅行中のことであったと思う。私は、東アジアのある国から別の国へと移動する途上、蒸気船上で一晩明かすための特別室を予約していた。乗船すると私は、その自分のための特別室に案内されたのであるが、困ったことにそこはふたり部屋であった。その時すでにもう一方の寝台には、太ってがっしりした体格の男性が横になっていて、明らかに大きないびきをかきながら、ぐっすり寝入っていた。だがそれ以外に空き室がなかったため、私は苦笑しながら、次に来るべき難儀に備えた。

私は、床につく前に歯磨きを済ませようと、そこに置いてあった水が半分ほど入ったコップを手に取って、その中味の水をちょうどその時開いていた船の丸窓から外に流し捨てた。私は自分の口内洗浄を完了すると、床に入り、瞬く間に熟睡した。翌朝七時頃、船室内に響く非常に恐ろしい叫び声で、私は突然目を覚ました。そこには年輩の紳士が夜着のままで立ち尽くして、呼びつけた乗客係に向かって声の限りにわめき散らしながら、自分の怒りを渾身で表していた。彼の怒りの眼差しが私のほうへ向けられた時、私は、自分にも何らかの嫌疑がかけられていることに気づいた。すると乗客係が私のところにやって来て、その事情を説明してくれた。私と相部屋であるこの乗客は、アテネに新しい入れ歯一式を作りに出かけて、その帰国途上であった。彼は、昨晩乗船した際、その入れ歯を口の中にはめていた。そして彼が夜寝ている間、入れ歯は船室内にあった。といっても彼の口内ではなく、洗面台のコップの中に入れてあった。それが今やどこにも見当たらないというのである。このなんとも不愉快な窃盗について、さて私は、何か知っているか、あるいはそれをどこかで見かけたか、それともそれを盗んだか、つまりその件について何らかの手掛かりを摑んでいたであろうか。そのギリシャ人男性は、あまりにも怒り心頭の様子であったため、私は、事の次第については、何も知らないふりをしておくのがよいと考えた。だが、その替わりに私は、自らの手荷物やベッドのわきに吊るしてある自分の洋服を指さして、そのいずれを探してみても私はまったく構わないと相手に伝えた。そしてその通り、その両方が捜索されることになり、結局、船室内にあるすべてのものがひっくり返された。挙句の果てに、そのギリシャ人は、必死の形相で私の顎を摑むなり、私の口を無理やりこじ開けて、もしや私が彼の入れ歯をはめていないかと丹念に調べ始めたのである。その後、すべての船員が招集されて、文字通り船首から船尾に至る隅から隅まで、このギリシャ人の入れ歯を巡る捜索が行われたことを私は後になって知ったのである。

第十八章　デュアー男爵が自ら語った逸話

トーマス・デュアー男爵は、私にとって四〇年来の親友のひとりであり、昨年その彼を亡くしたことは私にとって痛恨の極みであった。私たちは数多くの旅を共にしてきた。私にとって、彼よりも痛快な旅の道連れはあり得ない。彼は、我が家でも海外でも、多くの場面において、私の賓客であった。彼は、私が一九二〇年のアメリカズカップに挑んだ折、私に同行して、その機知に富んだ会話と短くも風刺が効いた警句と共に、彼の温厚で魅力的な人柄でアメリカ人を大いに喜ばせてくれた。私たちは海外を旅する時には、お互いに手紙や電信で連絡を取り合って、冗談を交えた会話を楽しんだ。デュアー男爵は、素晴らしい芸術家でもあった。彼が描く鉛筆画や水彩画は買い手がつくほどの腕前であり、しかも彼は、自分の名前に因(ちな)んだ飲み物（スコッチウイスキーのブランドDewar'sのこと）の売り上げで十分楽に暮らしていかれる身分であった。彼は、郵便葉書に私の顔を描いて、それを私が滞在している国宛に投函するのが殊の外お気に入りだった。そこで彼は、船員の服装をしている私の姿を描いて、その下に「U．S．A.」とだけ記入した葉書を投函したこともあったのだが、いつでもアメリカの郵便当局は、その葉書を数秒の遅れもなくきちんと私の手元に届けてくれたのである。またある時、彼がアフリカ中部に滞在していた折、私に電話をかけてきて言うには、「ここでは、リプトン紅茶六ポンド分で、細君が三人買えるんだ。ちょっとここに来てみないかね」とのことであった。そこで私は彼に対してこのように答えた。「それなら今すぐ必要分のお茶を発送するので、まずはその細君の見本を私に送ってくれないかな」。ところがこの時、デュアー男爵は、私に対してなんとも返答せず、ついに細君の見本も送ってよこさなかったのである。

ある時には、デュアー氏は、ヨークシャーのハロゲートにある私の店舗にやって来て、店内に踏み込むなり、自分は本社から派遣された視察員であると告げた。そして彼は、店中を隅々まで見廻し、帳簿類まで確認して、帰り際に曰く、「私は、この店の運営状況に殊の外満足したので、今後ここの従業員全員の賃金を週給一ポンドずつ上乗せすることに決めた」と断言した。彼は、この一件で、瞬く間にこれまでハロゲートを訪れた視察員の中で一番の人気者になった。この冗談は彼の気前のよさをよく表している。また私自身も、従業員の昇給を手控える心づもりはなかったので、彼が指示した通りの賃金を彼らに支給することにしたのである。

私たちは互いに「ふたりのスコットランド人トム」と呼び合って、いつでも鍔迫り合いを重ねてきたが、もちろんそれは親愛の情に溢れた競い合いであった。ふたりで私のヨットに乗って、シチリア島（地中海に位置するイタリア領の島）のタオルミーナを訪れたこともある。その旅には、我々ふたりの他にもうひとり、初代ノースクリフ子爵（アイルランド出身で「新聞王」と呼ばれたジャーナリスト、一八六五―一九二二年）の片腕として『デイリー・メール』（一八九六年創刊の英国最古のタブロイド紙）の創刊に関わったケネディ・ジョーンズ（グラスゴー出身のジャーナリスト、一八六五―一九二一年）が同行していた。この時、ケネディは自分が編纂している『デイリー・メール』紙を一部買いたいと言い出して、それはきっと町中へ出かければ手に入るだろうと言った。

するとデュアーは、「この町では、リプトンが自社の茶葉一ポンド分を入手するよりも、遙かにたやすく『デイリー・メール』紙を買えると思うよ」と面白おかしく言った。これに対して私は何とも返答せず、我々は皆で海辺へと向かうことになった。その日しばらくしてから、私たちは町で一番大きな店へ行くと、そこでケネディ・ジョーンズが軽快に「『デイリー・メール』を下さい」と頼んだ。ところが店員は茫然とした顔で彼を見てこう言った。「それは今までに聞いたことがないのですが」。そこで私が口をはさんでこう聞いてみた。「デュアーズ・ウイスキーを一本買えますか」。すると店員はまた肩をすくめるしぐさをした。そこで今度はデュアー男爵が、この我々三人の難局を打破するのは自分だとばかりに「リプトン紅茶はありますか」と尋ねた。すると今回、そのイタリア人の店員は、もの分かりよく満面の笑みを浮かべた。「ありますとも、旦那様」と彼はイタリア語でつぶやいて、所望の品を手早く差し出した。私たち三人がその店を後にした時、我が友人ふたりの顔に浮かんだ表情はなんとも見ものであった。とどのつまり、その日は「お茶のトム」のほうが一枚上手であった。

数年前のこと、デュアー男爵と私は、その時フランス南部への旅からの帰国途上にあった。

私たちがカレー（ドーバー海峡に臨むフランスの港町）に着くと、彼は廉価な英国の新聞数紙を購入して、それを自分が乗船するまで持っているようにと私に託した。私はその日、船に最初に乗り込んだ乗客のひとりだった。そして次にあるアメリカ人紳士が乗船して私のほうへと近づいてきた時、私は船員帽をかぶってその新聞類を小脇に抱えて、ちょうど乗船口の近くに立っていた。明らかに彼は、私のことを新聞売りと間違えたようで、「『ニューヨーク・ヘラルド（ニューヨークで一八三五年から一九二四年まで発行されていた無党派中立の日刊新聞）』はあるかね」とぶっきらぼうに私に尋ねた。そこで私は、すっかり新聞売り気取りで答えた。「あいにくですが、旦那様、『ニューヨーク・ヘラルド』はございませんが、もしよろしければ『デイリー・テレグラフ（一八五五年に創刊された英国の新聞）』でしたら、今この手元にありますが」。

「まあそれでもよかろう、君」とそのアメリカ人は言った。「その『テレグラフ』をくれたまえ、それはいくらかね」。私は、この売買で儲けを得て、デュアーに色よい話を報告したいと考えて、その価格は二ペンスだと答えた。その見知らぬ男性は、私から新聞を受け取ると立ち去っていった。その後、私は自分の友を探しにいくと、我が友は喫煙室にいるところで、私は、嬉々として彼のために金儲けをしたことを報告した。

「いつでも君からその類の話を聞けるのは嬉しいよ」と男爵は言った。「ところで君は、いったいどうやって儲けたのかね」。

そこで私は、自分が新聞売りに間違えられて起きた出来事を彼に話した。

すると彼は「君はちょっと馬鹿だな」と怒って「フランスでは『デイリー・テレグラフ』は

三ペンスするんだ。だから私は、金儲けするどころか、一ペンスの損失を被ったことになるね。つまりそれは、三三・三パーセントの損失に値する」と私に抗議したのである。

　またデュアー男爵は、話をする名人でもあった。主に彼がその巧みな話術を操って自分の友人たちをもてなしたのは、かなり手荒なことで知られるイーストエンド地区（人口過密により貧困や犯罪が多発したテムズ川の北側地域）の有権者を代表して、彼が英国議会の代議士を務めていた時のことであった。ある時、当時の大蔵大臣であったC．T．リッチー議員にデュアー男爵が同行して有権者の集会に出席したことがあった。その集会は盛況のうちに推移したが、その閉会後、大臣は控室に置いてあった自分の上着が盗まれていることに気づいた。すると当時まだ男爵の称号を授与されていなかった「デュアー氏」は、自らの選挙責任者の手に一ポンド金貨をそっと忍ばせると、彼に「あの少年たち」と交渉して、なんとか大臣の上着を取り戻してくるようにと指示した。およそ一〇分も経たないうちに彼は、上着六着を手にして戻ってきた。そのうちの一着は（それはその中で最高品質のものではなかったのであるが）、確かにその大臣の上着であった。それから数日後のこと、再びデュアーがその有権者たちのもとに戻ると、その委員会委員のひとりが彼のところへやって来て、あの日控室に置いた上着が盗難に遭った事件について、ひどく憤慨して詰め寄った。

　すると我らがウイスキー王（ウイスキー醸造が本業のデュアー氏のこと）は「私は、一ポンド金貨と引き換えに上着を無事取り戻したのだから、あの古い上着にはそれで十分だと思うのだが」と答えた。

すると「一ポンド金貨だって」と今度は別の者が金切り声で叫んだ。「なんという詐欺だ。あの日私は、貴方の選挙責任者から、たった一シリング（一ポンドの二〇分の一の貨幣）を手渡されて、あの上着をこっそり盗む役を務めたんだ」。

デュアー男爵は、私に関する話をすることもお気に入りのひとつで、その話は彼の口伝えによって世界中を駆け巡ったのであるが、それがこれまで文字として印刷されたことはなかったと私は思う。次の逸話は、その影響力を示す顕著な一例である。それはミルトン（長編叙事詩『失楽園』で知られる英国の詩人ジョン・ミルトン、一六〇八―一六七四年）が彼の不朽の詩篇のいくつかを創作したとされるバッキンガムシャー（イングランド南東部の州）のチャルフォント・セント・ギレスにある有名な古い小家屋を見学するために訪れたあるアメリカ人観光客が、その入場料として一シリングを支払った時のことである。案内人は、そこを訪れた彼に対して、その建物の中をくまなく見せて廻った後、詩人の椅子があるところにやって来て、語気を強めて仰々しく次のように言った。「これこそまさにミルトンが座っていた椅子なのです」。

すると突然その観光客は「誰だって」と尋ねて、それまで非常に熱心に案内人の話に聞き入っていた彼の顔に落胆の表情がみなぎった。「ミルトンだと。私はあなたが「リプトン」と言ったのだと思い込んでいた。そういうことなら、入場料の一シリングを私に返してくれないかね」。

ここで私は、このようにデュアー男爵のような偉大なるスコットランド人について語ってきて、自分には彼以外にも、私より遥かにその名を世界に知られたスコットランド人として、お互い長年にわたって強い友情の絆で結ばれてきた親友仲間がいることを思い起こした。そのひとりがハリー・ローダー卿である。つまり私の親友は、全員スコットランド人の四人組で、我々はロンドンでしばしば集まって語り合う仲であった。その面々とは、トム・デュアー、ハリー・ローダー、アンドリュー・ウィアー（現インヴァフォース男爵）と私の四人である。私たちは、まるで兄弟同士のようであった。デュアー男爵とインヴァフォース男爵は、我々四人組の中で知恵袋のような役割を果たしていた。そこで私も、自分が事業の中で苦境に立たされて、何か適切な忠告が必要だと思われる時には、両者の中でも後者のインヴァフォース男爵のもとを訪ねるのが常であった。そしてこのふたりは、いつでも私の期待に応えてくれた。特にインヴァフォース男爵は、私がこれまでの人生の中で出会った最も洞察力が鋭い賢人のひとりであると私は常々思っている。彼が第一次世界大戦の前後に大英帝国のために果たした役割は、それが一般に知られていないという単純な理由によって十分には評価されていない。だが戦時中の内閣は、彼の真価を理解していた。その功績が認められて爵位を授けられた我が偉大なる友であるアンドリュー・ウィアーは、自国の苦難の時に彼が捧げた素晴らしい貢献によって、まさに他の誰よりもその称号を賜るのにふさわしい人物であった。

ここで私は、話をハリー・ローダーのことに戻そう。彼は、仕事でロンドンにやって来ると、オシッジ（バーネット・ロンドン特別区にある地域）の私のところか、もしくは我々共通の友人でハーロウ（ロンドン西部のハーロウ・ロンド

ロンドンのサウスゲート地区オシッジにあるトーマス卿の美しい邸宅

ン特別区）に住むウィリー・ブラックウッドの家に泊まるのが常であった。いつも彼はおどけて、自分はどこのホテルに宿泊するよりも、私たちどちらかの家に泊まりに行くほうが世間の注目を集めるからと言っていた。「それに」と彼は、その目を煌（きら）めかせて次のように付け加えた。「そのほうがずっと安上がりだからね」。彼がハーロウに泊まる時はいざ知らず、オシッジでは、彼が家中の支配権を一手に掌握していた。彼は、自らの食事についてかなりの気難し屋で、我が家の食事時間とはまったく無関係に、好きなように自分が決めた時間に自分が決めた食事を所望した。我が家の召使いであるシンハラ人のジョンに対して、彼が自分の好みを厳格に指示している様子を見るのは、私にとってまさに一興であった。「六時きっかり、一分一秒も遅れずに用意してくれたまえ、ジョン爺。ハムエッグに、トーストはこんがり焼いて、紅茶は薄めで、そこにミルクは入れないで欲しい。ハムは、カリカリになるまで焼いて、卵は裏返して両面しっかり火を通して欲しい。分かったかね。それから、六時二〇分ぴったりに車を待たせておくようにベーカーに伝えてくれ。今のところ、それだけだよ、ジョン」。彼の指図を受けている間、ジョンはまるで銅像のように立ち尽くして、この著名で小柄な喜劇役者の指示が済むと、真面目に頭を下げて「かしこまりました、ハリー卿。ご指示はすべてこの中に刻み込みました」と答えながら、自分の頭部を指さした。きっとこのような時には、ジョンも他の召使いたちも、この家の主人は、いったい誰なのか、ハリー・ローダー卿か、はたまたこの私なのか、まったく定かでなかったに違いないと私は時々思ったものである。

私は一度、ハリーにいたずらを仕掛けたことがある。いつも彼は、私の車の一台を使って、仕事先のロンドンの劇場に通うのが常であった。それは、彼曰く、たった一〜二週間のためにわざわざスコットランドから自分のロールス・ロイス（英国の高級乗用車）に乗ってくるには値しないからとのことであった。ある晩のこと、私は、彼の終演後にいつものリムジン（お抱え運転手付きの大型乗用車）ではなく、その替わりに我が社の工場で使っている商品運搬用の小型トラックを手配しておいた。きっと彼はそれに乗ることを拒否してタクシーで帰ってくるだろうと私は予想していた。ところが、なんと彼はオシッジまでその小型トラックに乗って帰ってきたのである。彼が帰宅した時、私は、なぜタクシーに乗らなかったのかと彼をからかってみた。

「なんだって、ストラトフォード（チャリング・クロスに近いロンドンの中心部）からニュー・サウスゲイト（オシッジ近くの地名）まで

トーマス・リプトン（右）と、ハリー・ローダー卿（中）、ニューヨーク在住のカーネル・ウォルター・スコット（訳注：米国最大の卸売業者バトラー・ブラザースの元副社長で篤志家のスコットランド系アメリカ人、1861-1935年）。フィラデルフィア劇場の舞台上で撮影されたもの

タクシーで乗り付けるなんて、リプトン」と彼は叫んだ。「それはあまりにも法外な値段になるよ（実際にはいずれもロンドン特別区内で近距離）」。

だが、この「小型トラックの一件」は、その後しばらくの間、ローダー卿にとって苦い思い出として記憶されることになった。とはいっても、そのお陰で、彼は友人たちの間で大爆笑を獲得する機会になったのではあるが。「なぜかって」と彼は言った。「ハムの臭いがすっかり我が身体に沁みついたお陰で、それから一週間というもの、町中の犬どもが、私の後を追いかけて離れようとはしなかったのさ」。

第十九章　王妃の祝典

私が公的立場を担うことは、間違いなく滅多にないのであるが、つい先頃私は、あるふたつの関心からその役を務めることになった。そのひとつは、ヴィクトリア女王の即位六〇周年のダイヤモンド・ジュビリー（一八九七年六月二二日にロンドンのセント・ポール大聖堂で開催された祝典）を記念するため、プリンセス・オブ・ウェールズ妃殿下（万人から愛された麗しい思い出に満ちた後のアレクサンドラ王妃〔エドワード七世の妃、一八四四―一九二五年〕）が主催して、英国内で貧困にあえぐ四〇万人の人々を招待して晩餐会を開催するという偉大なる企画に私が提携する機会に恵まれたことである。この素晴らしい計画は、その端緒から私の民主主義的性向にかなうもので、私は晩餐会の開催を成功に導くために文字通り自らの身も心も捧げてその任務に傾注した。一般の人々にとって、この催し物は、海外から王族、大使、高位高官らを招待して華麗に執り行われる軍事的もしくは国家的な大規模企画として受け止められているように私には思われたのだが、実際のところ、王妃は「祝典」と呼ぶにふさわしい実に壮大なる構想を抱いていた。

1897年ロンドンの事務所におけるトーマス・リプトン。まだ50歳にならずして、彼はすでに数千万人もの従業員を擁する億万長者になっていた。

まずそのために王妃が開始した募金活動は、少なくとも当初はあまり人々に注目されなかった。イングランドの富裕層は、このような慈善事業に対する寄付行為には、常日頃ある程度寛大であることは私も認めるのだが、この晩餐会基金に関しては、なぜか好意的ではなかった。私はその進捗状況にすっかり落胆してしまい、基金の管理者であるロンドン市長宛に二万五千ポンドの小切手を送付した。だがその後も、この「貧困者たちのための王室主催晩餐会」を成功に導くための寄付には、それ以外に一銭も集まらなかったのである。

当然のことながら私は、こうした料理の仕出し配膳事業に関しては、いかなる規模の宴会にどのような構成や支出が必要であるかの専門知識を有していた。この時、私がその費用や数量を算出している様子を妃殿下が興味深そうに見守っていたことを私は今でも覚えている。この類稀なる宴会は、英国内のあらゆる大規模な集会場において一斉に開催された。そこでは招待客の各々に対して、肉類、パン、プラム・プディング（プラムなどのドライフルーツ類がたっぷり使われたフルーツケーキ）、チーズ、ケーキ類で構成された献立が準備されて、それ以外にもお茶やコーヒーなどの飲み物が用意されていた。それを総計すれば、七〇〇トンもの食材が賓客たちに振る舞われた計算になる。その料理の運搬には、四〇〇台の小型トラックが使われて、一万人の給仕たちがそれを配膳した。世界史上、それ以前にこのような晩餐会が開催されたことはなかったのではないかと私は思っている。光栄にも私は、この晩餐会の開催中に妃殿下と同行して、ロンドンにある会場のいくつかを訪れて、そこで幸せをかみしめて歓喜する人々に言葉をかける機会に恵まれた。

それから数年後のこと、再び私は、アレクサンドラ王妃殿下と密接に連携して、殿下がその心優しくも寛大なる人柄で取り組まれていた別の企画に携わるという特権に与(あずか)ることになった。それは、ロンドンで貧しい人々を対象として、とても良質な食事をわずかな仕入れ値で提供して人気を博したレストランを設立する事業であった。ここでもまた私は、事業の実際的な運営に関する助言と経済的支援という両面で支援することができた。それはアレクサンドラ基金によって正式に創設されたレストランであった。私はその事業経営に必要十分な額の寄付を行った。今でもこの設備は、その慈悲深くも魅力的な貴婦人の名のもとに日々賞賛すべき機能を存分に果たしながら、事業を継続していることを私は誇りに思っている。一般には、銅貨が数枚あれば（銅貨一枚は、一ペニー）、かなりよい食事をたっぷり摂ることができるが、このアレクサンドラ基金のレストランでは、もし総額一ペニーでも支払えれば、誰でもきちんとした一回分の食事を摂ることができるのである。その後も四半世紀にわたって、我々の料理人と給仕たちは、ロンドンの貧困家庭の人々とその学童たちに毎日五千食から一万食もの食事を提供し続けている。

一八九〇年代の後半以来、一般社会と私を近しく結びつけているもうひとつの関心事というのは、私のヨットに対する情熱である。私は自分の事業の推進に精力を注いだ年月の間も、幼少からの海への憧れは少しも失っていなかった。たとえば、私の度重なる渡米の機会において、私には「潮風の香り」以上に肌で実感できる旅路の報いはなかったといってよい。私にとって何よりの休暇は、海上で過ごした時間であった。だがこの自分の熱い思いが、明らかに再び少

世界に名高いトーマス所有のエリン号

年時からの情熱に向けられていることを我ながら再認識したのは一八九八年になってからのことであった。私にとって、それはすなわち、風や波、潮のしぶき、海風でたわむ帆柱であった。いずれにしても、私が実際に船の所有者となることは、自分の海への熱情を存分に満足させるものであり、そのお陰で私は、しばし事業運営から離れる機会が増えて気分転換にもなった。私にとってその魅力は抗しがたいものであった。こうして私は、幸いにもその後長年にわたって世界中にその名を知られることになる美しき蒸気小型帆船エリン号の所有者となったのである。

第二十章　エドワード王のオーダー

私がエリン号を取得したことによって、私には新たな喜びがもたらされることになった。この喜びは、職場で仕事に首までどっぷり浸かって過ごす人なら誰にでも効果があることを私はこの時になって初めて気づいた。私は日頃、どれほど精魂詰めて仕事をしても、週末になればエリン号に乗ることで、その単調さが打破され、さらに新たな活力が得られて、そこには私にとって完璧なる変化と喜びがあった。さらに私は、自らの船上では、陸上にも勝る交友関係が得られることにも気がついた。まもなくエリン号は、訪問客たちの間で、その名が知れ渡るようになった。今振り返ってみても、我が水上の家に数多くの高貴なる著名な人々を招きもてなす名誉に与(あずか)ったことは、私にとって大いなる満足感を与えてくれるものであった。ここで私は付言しておきたいのだが、このような人々は、ただ単に特権階級に属していたのではなく、皆それぞれが自分なりの「人生という船」を操縦している存在であった。

その中でも、エドワード王（エドワード七世、一八四一―一九一〇年、在位一九〇一―一九一〇年）を私の船にお迎えできたことは、エリン号にとっても、私自身にとっても、名誉なことであった。かの王は、海と船がたいそうお気に召していた。同様に我がエリン号には、アレクサンドラ王妃もご乗船賜り、ベアトリス王女（ヴィクトリア女王の第五王女、一八五七―一九四四年）とその子女で現スペイン王妃（アルフォンソ一三世、一八八六―一九四一年の妃）のエナ（ベアトリス王女の長女、一八八七―一九六九年）にもおいでいただいた。事実、エリン号の乗船芳名録には、ヨーロッパ中のほとんどすべての王族方に加えて、大西洋を挟む両大陸の著名人たちの名前が記されていた。だが私自身は、我がエリン号に乗船されるすべての方々に対して、いつでも同じ「トム・リプトン」として応対した。私は、自分の頭の上に船員帽をかぶっている時は、それ以外にいかなる類のもったいぶった雰囲気もかぶるつもりはなかったのである。

エリン号上では、乗船当初のぎこちない緊張が解けると、形式にとらわれない打ち解けた雰囲気が漂うのが常であった。アメリカの友人たちも、船上の私に度々会いにきてくれた。そしてそこでは誰もが大歓迎された。ある時のこと、ちょうど英国では競艇の季節にあって、その時はカウズ・ヨット週間（一八二六年に始まり、毎年八月に開催される世界最大規模の競艇）の最中で、私は、我が船の方向を目指して王室の汽艇が進んでくることに突然気がついた時、アメリカ人の友人たちをもてなしているところであった。それを見た私は、きっと英国王と王妃が私のエリン号においでになるところに違いないと思った。するとアメリカ人の訪問客たちも、その期待感に溢れてそわそわし始めた。ご婦人がたは、不安げに正式なお辞儀の仕方を練習し始め、私は、国王ならびに王妃をお迎えするため、我が船員一同を整列させて準備を整えた。そしてついにその王室船が我がエリン号

トーマス卿は、いつも水玉模様の青い蝶ネクタイをつけていた。

に横付けされた。ところがいったい誰がそこから姿を現したであろうか。それは、我が旧友で「ハニー・フィッツ」の愛称で知られるボストン市長のジョン・F．フィッツジェラルド氏（アイルランド系アメリカ人、ジョン・F．ケネディ大統領の母方の祖父、一八六三―一九五〇年）と彼の若き娘さんたちふたりであった。

　それを見た我々が、驚き慌てふためいて、しかもあっけにとられた様子といったら、ほんの羽毛一本で我々全員を吹き飛ばすことができるほどであった。

「これは驚きだ、フィッツ」と私は叫び声を上げた。「だが、いったいどうして、こんな大仰なやり方でやって来たのかね」。

「それはどういう意味だね」と彼は素知らぬ顔で尋ねた。「私は、君に会いに行くために調達可能な一番よい船を選んだにすぎない」。そして彼がエリン号に乗り込んできて、事情を説明したところによれば、この時ちょうど彼はロンドンに滞在中で、その日は急ぎ旅行に出かけることに決めて、私のところに電話をかけてみた。そして彼は家族と共にカウズ（ハンプシャー州対岸のワイト島にある港町）の海岸通りに着くと、その向こうに見える「大きな建物」を目指して歩いて、その「ロイヤル・ヨット・スコードロン」（一八一五年にロンドンで創設されたヨットクラブ）の貴賓搭乗口の階段を上って、「その時に空いていた唯一の汽艇を借り出した」のである。

　その船に乗り込んだ彼が、その日王室汽艇に乗務していた士官のところへ上がってきて「我々をトーマス・リプトン卿の船のところへ連れていってくれたまえ」と言った時、彼の威厳ある堂々とした口調を耳にした士官は、てっきりフィッツジェラルド市長が英国王の勅許の下にその汽艇を借用するのだと思い込んで、ただちに彼の指示に従ったのである。

だが、この話は、それでは終わらなかった。私が後で知ったところによると、ちょうどその日、王と王妃もその船を使用する予定があった。ところが彼らが自分たちのために手配された汽艇に乗り込もうと到着した時、そこには船が見当たらなかった。そしてその数分後になって、ようやくボストン市長とその家族をエリン号に送り届けた王室船がそこに戻ってきたのである。これはなんと奇想天外な状況であろうか。結局のところ、王と王妃は、自分たちの汽艇が温厚なアメリカ人紳士によって借用され、彼らを友人のトム・リプトンのところまで連れていってまた戻ってくるまでの間、突堤でじっと辛抱強く待たなければならなかったのである。

幸いにもこの事件には、さらに楽しい続編があった。その数日後の晩のこと、私は王室船上で王と夕食を共にする機会があり、その席上で、数日前の出来事について一部始終を話す機会に恵まれた。王は、その「ハニー・フィッツ」を巡る物語と彼の意図的ではない厚かましさがすっかりお気に召して、自分の船が遅れたことに対する船員への叱責を白紙撤回すると公言して締めくくって下さったのである。

だが、エドワード王は、この時に限らず、王ご自身にとっていかにご不便な出来事や災難に遭遇しても、心優しいご配慮を下さるのが常であった。王のこの素晴らしいお人柄は、私がアメリカズカップ（一八五一年に始まる世界最大規模かつ最古の国際ヨットレース）に二度目の挑戦をした折に一段と際立って印象的であった。王は、シャムロック二号に乗船され、ご自身の目でその帆柱が折れるのをご覧になったのである。この惨事は関係者一同にとって極めて遺憾な出来事であったが、その中でも、私のカップ挑戦日程の中からエドワード王がご自身で日程を選んで乗船されたまさにその日にその災難が降りかかったことが何より残念なことであった。

王がこのような場においでになることは、これまでにも珍しくはなかった。王は、長年にわたってヨットの操縦に強い関心を抱かれ、彼の名高き帆船ブリタニア号の見事な操縦手腕は国民にも記憶に新しいところである。私は、自分がシャムロック号でカップに挑む二年前に、私にとって誰にも勝る誠実なる支持者は、王ご自身であることを知って大変光栄に思った。私の初代シャムロック号に対抗して、王はご自身でブリタニア号を操縦して競艇に出場され、その競技で私にとって唯一の対戦相手になって下さったこともある。王のご芳情はシャムロック二号に対しても同様であったが、この時は王ご自身が乗船されるため、それはお忍びでのご臨席とされていた。当然のことながら、私は、その日の午後の航海およびエリン号上での午餐会をとても楽しみにして、出席者は皆その機会を待ちわびていた。その日の同席者は、少将のスタンレー・クラーク卿、王室侍従、(いつも私の帆船操縦手腕を高く評価して下さっていた)ロンドンデリー侯爵夫人、ジェイミソンご夫妻、我がシャムロック号の設計者であるG.L.ワトソン氏であった。

その日の海は波も穏やかで、いかにも王にふさわしい煌(きら)びやかな日差しに恵まれ、それは何よりの幸先よい吉兆に見受けられた。昼食を共にした後、私たちは、我らがシャムロック号へと向かって、それに乗り込んだ。その日の練習試合でシャムロック号と対戦する相手は、ヨール（縦帆が船尾に配置されている帆船の一種）のシバリタ号であった。我々挑戦者のシャムロック号に、まったく予期せぬ驚くべき災難が降りかかったのは、エリン号上で二時ちょうどに準備開始の号砲が鳴らされて、我々がこれからまさに出帆しようとする時のことであった。シャムロック号は、左舷開きの舷側を見せた途端いきなり大きく傾いて、艇首全体が揺さぶられてぐらつき、帆柱もろとも横倒しになってしまったのである。幸いにしてこの出来事は、我々が当初予測したほどの大惨事には至らずに済んだ。船のブーム（帆の下側を支える横桁）は、傷ひとつなく無事であった。その日、王はいつも乗船時のお気に入りの場所である甲板昇降口に立っていて、この出来事の一部始終をその目でご覧になっていた。その間中彼は、勇敢にも事態にまったく動じない姿勢を保ち続けて、その意味では、甲板上の誰よりもずば抜けて冷静であった。その後、王が発した第一声は、「誰か負傷した者はいないか」という照会で、乗船者は、第一見張り人も含めて全員無事であることが判明すると「それは何より」と胸をなでおろした。すると王は、やおらタバコに火を付けて、我々一団がエリン号に戻る準備が整うまで、穏やかにタバコの煙をくゆらせていた。その間ですら王は、静かに休んでいてはどうかという我々の申し出を断った。この私の船に降りかかった悲惨な出来事は、まさに王の乗船時に起きたにもかかわらず、王は、我々人間には予知できない今回のような不測の事態について、王ご自身も私と同様に残念に思っていると請け合って下さった。それは何よりも私を安堵させる十分なご配慮であって、このような王の懐の広さに私は改めて感服したのである。事実、王は、皆で私の汽艇に戻るや否や、すぐに再びシャムロック号に戻って、自らその損傷具合を確認したいと主張したのである。

我が船は、折れた帆柱が船の下で折れ曲がって船底に当たり、そのために船全体がしっかり固定された状況であることが確認された。そして次に、我々にとって、その帆柱を切断して船を解放するためは、カウズから鋲を打つ職人を呼び寄せる必要があることが判明した。やがてその職人たちが到着して仕事を開始すると、王は、その時任務に当たっていた船員たちの誰よりも熱心に彼らの仕事ぶりをご覧になっていた。

その晩のエドワード王は、特別列車でロンドンへご帰還される前、エリン号上での夕食の席上で、私がこれまで見たことがないほど上機嫌のご様子であった。彼は私の不運を何度も繰り返し悔やんで下さった上、さらに皆を終始楽しく盛りたてて、ある者が、「船のブーム部分が何の損傷もなく無事だったのは注目に値する」と言うと、王は次のような見事な機知で応じたのである。

「さよう、もしリプトン卿の船のブーム（物事の流行を意味するブームとのかけ言葉）が何の損傷も受けなかったことが注目に値すると言うならば、彼の商売の売上高（売上高のsaleと航海のsailのかけ言葉）が少しも失墜しないでいることをいかに説明するつもりかね」。私の懐具合を見透かしたこの冗談は、我々全員を笑いの渦に巻き込んだ。

実際のところ私は、エドワード王以上に鋭敏な機知に富んだ人物を他に知らない。彼は、その私的な場面において、誰よりも冗談を好んだ。私には今、これを証拠立てるふたつの出来事が思い起こされた。そのひとつが、王のご臨席のもとにエディンバラで行われた王室の軍隊閲兵である。その時の私の任務は、第六ハイランド軽歩兵隊の名誉大佐として騎馬で参列することであった。私はロンドンで馬を所有していて、頻繁に乗馬に出かけていたので、この役目は私にとって別段問題はなかった。だがこの時、エディンバラに住む私の友人からの手紙で、自分が所有しているとてもよい馬をその当日私に貸し出せるので、私の駿馬を遠路はるばる連れてくるには及ばないと伝えてくれていた。

私の友人が言うところの「とてもよい馬」というのは、いまだかつてまだ故障したことがない馬という意味であることは明らかであった。その馬は、私の連隊が王の御前を行進する直前になって、ようやく私を乗せるために到着した。すぐに私には、その一頭の馬が、四人の兵士から成るその連隊にとって不可欠な存在であることが見て取れた。そこでただちに私が馬のあぶみに足をかけると、その哀れな馬は、私を乗せて大隊の先頭を目指して駆け出して、特別観覧席の正面に到着するまで疾走した。観覧席には、王と王族、将官、提督、代議士たちが着席していた。ちょうどその時、この特異な場面に私が登場したことを祝すかのように、少なくとも私にはそう思われたのであるが、五〇人から成る大編成の楽隊が一斉ににぎやかな演奏を開始した。私の馬にとって、これが我慢の限界を越える引き金となった。我が馬は、ほんの数秒間じっと立っていたかと思うと、急に私のほうを振り向いて、非常に批判的な眼差しでじっと私を見つめた。それはまるで私の胸に付けられたイタリア王から頂戴した勲章を含む光り輝く装飾類を注意深く観察しているかのように私には思われた。すると馬は、騎手の私も、その装飾類も、自分には気に入らないと心を決めて、あたかもアリゾナのカウボーイが荒馬乗りの見せ物をするように跳ね上がって、私を振り落とそうとし始めたのである。私は馬の背から空中に一五フィート（約四・六m）放り上げられたかと思うと、小癪にもその馬は私が落下した場所にはいなかった。次に目が覚めた時、私はエディンバラの小さな病院に収容されていた。

その数日後、王は私の全快を祝って、ハイランドの麗しきディーサイド（ディー川沿いの風光明媚な場所）にある彼の美しい邸宅バルモラル城（スコットランド中東部アバディーンシャーにある王室の離宮）に私を招待して下さった。エドワード王は、今回の閲兵で私の身に起きた事故に心から同情して下さって、私が到着した日の晩の夕食後に、わざわざ私ひとりを他の賓客とは別にお呼びになった。そしてそこで私は、次のようなお言葉を王から頂戴したのである。

「この度、そなたに新たな称号を授けようと思っているのだ、リプトン氏」と彼は言いながら、私の肩を軽く叩いて付け加えた。「我はそなたを騎馬水兵（あり得ないことの喩えに使う慣用句）に昇格させよう」。

ここでもう一件、この偉大なる王とあるひとりの偉人の話をしたいと思う。ある時、王が私に次のように言われた。「近いうちに、そなたに与えたいと思っているオーダーがあるのだ、リプトン氏」。

シティ・オブ・ロンドンの統監の制服を身につけたトーマス・リプトン（訳注：1903 年）

「王様、それは光栄に存じます」と私は目を輝かせて答えた。「我が社にはオーダーいただける多数の取扱い商品がございます。すぐに価格一覧表をお届け申し上げます」。もちろん私たちはふたり共、それが茶葉のオーダーでないことは重々承知していたが、エドワード王は、私のこのちょっとした冗談をとてもお喜び下さった。そしてそれからまもなくして、王はその約束のオーダーを私に手渡して下さった。その寛大にも打ち解けた王のやり方に私は深い感銘を受けた。「これはそなたが予期せぬ贈り物だ、リプトン氏。帰宅後に開けてみてくれたまえ」。王が口にした言葉はそれだけだった。後で私がその小箱を開けると、中には私に授けられたロイヤル・ヴィクトリア勲章（一八九六年にヴィクトリア女王が創設した騎士団勲章、君主下に五階級の序列 order がある）のナイト・コマンダー（同勲章で男性の二等爵位）の徽章が入っていたのである。

私がエリン号でご一緒した高貴なる方々についての回想は、フランス皇后ウジェニー（フランス皇帝ナポレオン三世の皇后、普仏戦争後に英国に亡命、一八二六―一九二〇年）の逸話なしには完結できない。この素晴らしき年輩のご婦人が重ねた齢を考慮すれば、（その時すでに八〇歳の誕生日を過ぎていたのだが）、一九〇七年暮れのこと、私が車でファーンバラ（イングランド南部ハンプシャー州の町）へ向かった際、そこで出迎えた皇后侍従ペトリー氏から次のような知らせを受けた私以上に腰を抜かした者はいないのではないかと思う。「皇后様は、セイロンへの旅行を貴方様に手配していただきたいと希望されております。先日、貴方様がこちらへお立ち寄りになられた際、その島の美しさをあまりにも熱心に皇后様にお話しされたため、皇后様はなんとしてもご自身でそこへ行ってみたいと思われたのでございます。すでに皇后様は、旅行にお出かけになる心づもりはすっかりできていらっしゃいますので、あとはもしよろしければ、是非とも貴方様に、できるだけ早急に万事旅の手筈を整えていただきたいと所望されておいでなのです」。

私は、それまでにも皇后陛下と長期間の船旅も含めて何度も旅のお供をした経験があり、彼女がご高齢でもいかにかくしゃくとした人物であるかを存じていたのであるが、それでも私は当初、今回の旅はあまりにも困難であるためお断りしようと考えた。ところがその後、皇后にお会いして話をする機会に恵まれた私は、彼女がいかに熱くその旅を望まれているかを知るところとなり、それならば私の友であるこの尊敬すべきご婦人が、その島で可能な限り幸せに心地よく滞在することができるようにと、自分なりに全力を尽くす決意を固めたのである。そして、翌一九〇八年一月を迎えて早々に私は、その後まもなくご到着予定の王室ご一行に先立ってコロンボへ向けて出帆した。

私がコロンボに到着した数日後のこと、皇后陛下の一団を乗せたP.&O.（一八三七年に英国王室の勅許を受けて設立された船舶会社）の定期船ムルターン号（実際にはこの船は一九二三年に完成している）がその港に錨を下ろした。いまだかつてセイロンでは、このような歴史上の重要人物が来訪したことはなかったため、皇后は、この地で目が覚めるような歓待を受けることになった。まず私は、皇后陛下をお迎えするために誰より先にその客船に乗り込んだ。そして私はセイロン総督と同行して、王室ご一行のために予約しておいたゴール・フェイス・ホテル（英国人によって一八六四年に開業し、インド独立の父として知られるマハトマ・ガンディーも宿泊した豪華ホテル）の特別室へと皇后をご案内した。黒ずくめの服装で深くベールをかぶったこの「小柄にも偉大なるご婦人」がコロンボの町に初めて足を踏み入れると、集まった群衆は一斉に歓声を上げて彼女を迎え入れた。皇后とそのご一行はそれから七週間にわたってこの島で過ごされた。彼女はその後、事あるごとにその時の旅の楽しかった思い出の数々を私にも話して下さった。そのお言葉を借りれば、それは皇后にとって「これまでに過ごした休暇の中でも殊の外楽しい日々であった」とのことである。

もう一件、皇后陛下との興味深い思い出といえば、私にとって光栄にも皇后と同行させていただいたエジプトへの旅がある。これは陛下がかつてフランス皇后として在位中、一八五九年に開通（実際には一八六九年一一月一七日開通）の公式行事を執り行ったスエズ運河（地中海と紅海を結ぶ人工運河）をもう一度訪問したいとのご意向を私に対して表明されたことで実現したものである。

すでに私がアメリカズカップおよび英国のヨット操縦者にとって極めて珍重されるその優勝杯（一八五一年の創設以来一三二年にわたってアメリカが連勝してきたことで有名）を巡る自分の初期の挑戦について、一度ならずも言及してきたことは、すでにお気づきであろう。私は自らエリン号の所有者となるずっと以前から、このカップに挑む英国側の挑戦者たちや英国を代表する様々な船が、アメリカの海洋へ向けて出帆する光景を幾度となく非常に興味深く眺めてきた。挑戦者たちの船は、クライド湾（かつて蒸気船の造船所が多数あった場所）で建造されたものも多く、私も、願わくば今度こそ彼らがその栄えある優勝杯をこれまで辛くも連勝を重ねて王座に君臨している国（アメリカのこと）から奪取してきてくれるようにと、緊張の中にも熱い期待を込めて、彼らの幸運を祈っていた。

事実私も、エリン号を前の所有者であるフローリオ伯爵（イタリアの富豪、一八八三―一九五九年）から買い取る一年前のこと、ついにその挑戦者として自ら名乗りを上げたのである。つまり私は、アイルランドで最も歴史あるヨット操縦者団体であるロイヤル・アルスター・ヨットクラブ（一八六六年創設、一八六九年にヴィクトリア女王の勅許を得たクラブ）を通じて「挑戦状」を提出した。これがJ．P．モルガン提督（アメリカ五大財閥のひとつであるモルガン財閥の創始者、大のヨット好きで有名、一八三七―一九一三年）が代表を務めるニューヨーク・ヨットクラブ（一八四四年創設、一八五一年以来連続二四回アメリカズカップの優勝者を輩出したクラブ）に受理された。そしてロイヤル・アルスター・クラブの会員と私は、先方の代表と面会する特使としてニューヨークに派遣されて、極めて友好的な話し合いが行われた後、翌一八九八年の晩秋には、いくつかの練習試合の機会が設定されることになった。その結果、私は、アメリカズカップの挑戦者として登録されることになったのである。それはすでに三五年も前のことであるが、今でも私の名前はその名簿に載っていて、私にとってその期待感は、むしろこれまで以上に高まっている。

第二十一章　アメリカズカップに挑む

ヨット好きの人なら誰でも、アメリカズカップに挑む情熱を何より熱く語るであろう。ヨット競技に関する限り、この飛びぬけて素晴らしい話題以外は、すべてが色あせて見えるほどである。その競技が人々の心を捉えて以来、すでに八〇年の歳月が過ぎた。そして今後もそうであって欲しいと私は願っている。今年もまた、その歴史に新たな一頁が書き加えられる。私も今一度、それに参加する特権と名誉に与(あずか)りたいと考えているところである。

ヨット好きだけでなく、あらゆる競技者にとって、アメリカズカップといえば、その青いリボンを結んだ優勝杯は、イギリスダービー（一七八〇年にダービー伯爵らによって創設された競馬競走）が純血種の競走馬の世界で最も偉大なる賞であるのと同様に、ヨット界で最も栄えある優勝杯として知られている。必ずや「アメリカズカップ」という言葉は、それが開始される何週間も前から人々の話題にのぼっているに違いない。その「一〇〇ギニー（英国の旧通貨単位、現在の一・〇五ポンド相当）のカップ（英国では一〇〇ポンドのカップと呼ばれていたが、米国で誤解して付けられた名称）」は銀製で、その現在の価値は、少なくとも五〇〇ドルを下らないと思われる。これこそが正真正銘の優勝杯である。世界中のヨット競走において、力の限りを尽くして競い獲得する褒美としては、これに勝るものはないであろう。だが真の運動競技において、賞それ自体には何の意味もない。勝つことだけが、そのすべてである。そのために戦うだけで有意義であって、それは健康にもよく、国際的な刺激にもなるのである。

八〇年前にアメリカズカップが創始された発端は、ニューヨーク・ヨットクラブ本部が、当時のロイヤル・ヨット・スコードロン代表でのちに大英帝国ヨットクラブの総裁を務めたウィルトン伯爵から、一通の手紙を受け取ったことによる。伯爵がニューヨーク・ヨットクラブのスティーブンス代表に宛てたその手紙の内容は以下のようなものであった。

閣下

貴ニューヨーク・ヨットクラブの会員の方々は、現在、スクーナー（二本以上の帆柱をもつ縦帆船）を建造中で、今年の夏には、その船で英国に航海予定とのことについて、H．ブルワー卿（イギリス自由党の政治家、一八〇一―一八七二年）から伺っております。つきましては、貴船の英国滞在中に乗員および同行される皆様方をカウズにある我々のクラブハウスにご招待したく、小生以下ロイヤル・ヨット・スコードロンの会員一同、代表の貴殿宛にお手紙差し上げる次第です。

さらに小生は当クラブを代表して、貴国民の皆々様を歓迎いたしますと共に貴国の造船技術の向上および産業の発展を心からお祈り申し上げております。

敬具
ロイヤル・ヨット・スコードロン代表　ウィルトン

この書簡の文面から、英国へ航海するための船の建造は、この時すでにアメリカで協議中の段階であったことが分かる。つまりこの丁重な手紙によって、その計画が確約されたにすぎない。そしてヨット競走に関心をもつ六名の著名なるアメリカ人紳士によってシンジケート（このカップ創始以後、対戦に参加する船の運営団体を意味するようになった）が組織され、のちに「アメリカ号」として歴史にその名を刻むことになる船を建造するための指示が出されたのである。

何度か練習試合が行われた後、まだ万全の出来には至らなかったものの、その船は、一八五一年六月末に英国へ向けて出帆した。その海上での帆走力や操縦全般は、船主たちにとって、英国船と首尾よく対戦できると思わせる仕上がり具合であった。

アメリカ号の乗員とその後援者たちにとって、英国側の至る所でなされたこの船に対する評価や歓迎ぶりに何の不足もなかった。だが、その航海の真の目的であった英国船との対戦を取り決める段になると、このアメリカ船の受け入れ態勢はまったく整っていない状況であった。アメリカ号は、その後主流となる純粋な競艇目的の船とは、考えられる限りあらゆる点で対照的であった。それは、細身で風上に詰めて走ることができる船で、風が穏やかな時ばかりでなく大暴風の海上も航行できるように装備建造されていた。

アメリカ号は、専門家のみならず素人からも様々な批判を受けることになった。たとえば、その帆柱はあまりにも傾斜が大きすぎる、はたまた帆が扁平すぎるという具合で、当時の保守的な英国人のヨット競技者の間では、その船は、快走するという風評とは正反対に、むしろ海上を航行するにはまったくそぐわない形状であるという意見が優勢であった。

いずれにしても、その理由は何であれ、アメリカ号と対戦したいと申し出る船はなく、結局、スティーブンス代表は、ロイヤル・ヨット・スコードロン本部に千ギニーから一万ギニーを賞金として、アメリカ号と対戦する英国船を手配して欲しいと要請した。

その後しばらくの間、この申し出には何の反応もなかったが、ついにタイタニア号との対戦が決まって、アメリカ号はこの対戦に勝利した。するとロンドンの『タイムス』紙は、英国のヨット協会に対して、鳩の群れが、この度地平線に突如出現した「雀のような小さな鷹（ハイタカ）」に恐れおののき茫然としているという辛口の批評を掲載した。ところがこの小さな鷹は、やがて万全の装備を固めた船に対して厳しい結果を突きつける運命にあったのである。

この年の八月二二日のこと、ロイヤル・ヨット・スコードロンは、一〇〇ギニーの優勝杯を賭けてワイト島を巡る競艇を開催した。時間の猶予はなく、船のトン数に関係なく、艦隊のあらゆる船に出場資格が与えられ、アメリカ号の所有者にも心温かな出場招待がなされた。

波乱に富んだその日、四〇〇トン近い三本帆柱のスクーナーであるブリリアント号や、四七トンのカッター（一本帆柱の船）のオーロラ号などと共に全長一八フィート（約六m）のアメリカ号が姿を現した。記録によると、アメリカ号は一七〇トン船として登録され、おそらく当初の推測よりも大型船であることが判明したものと思われる。

　変わりやすい微風の中、競艇に参加する最後の船が出帆した時、アメリカ号は、すでに一二マイル（約一九km）も先にあるナブ灯台（ワイト島沖のソレント海峡にある灯台）に到達していた。風が吹き始めるとアメリカ号はすぐに先頭を走るようになり、ほぼ八マイル（約一三km）先を進むこともあった。夕刻になるとまた風が弱まって、スティーブンス代表およびアメリカ号の乗員は、風が止むことを恐れていたが、追手のオーロラ号が僅差まで迫ったにもかかわらず、その結果は明らかで、その「雀のような小さな鷹」は、八時三四分のこと最初にゴールに到着した。それに続いて八時五八分にはオーロラ号が到着して、さらに一時間ほど後に三着目の船がゴールした。それ以外の「鳩たち」がふらつきながらも徐々になんとかゴール地点まで戻ってきたのは、その夜になってからのことであった。

　このようにして、現在「アメリカズカップ」として知られる優勝杯がジョン・C・スティーブンス代表に手渡された。そして彼とその仲間たちが帰国するのに伴って、カップも大西洋を横断することになったのである。

　それ以後、それをなんとか奪回しようとする我々の努力にもかかわらず、そのカップは、今でもその地にあるのである。

　こうしてアメリカ号は、一夜にして有名になった。その勝利の翌日、ヴィクトリア女王は王配のアルバート公子を同伴して、この船を訪問した。その翌週、アメリカ号は、二〇マイル（約三五㎞）風上に向かって引き返す行程で、タイタニア号と対戦して、またしても一時間もかからずに帰還して勝利を収めた。

私は、アメリカズカップの現在に至る詳細をすべて語るつもりはない。ここで私は、自分も英国のヨット競技者のひとりとして、初期の幾多の挑戦者たちと同じくこのカップに心底熱中して、今では彼らの後に続く者であることを表明すれば十分である。その中でも、挑戦艇のシスル号（一八八七年の第七回アメリカズカップの挑戦艇、艇長はスコットランド人ジョン・バーで、弟のチャーリー・バーも乗船）がクライドの造船所で建造されたことによって、私は一念発起させられた。この船は、私の古くからの友達であるジョージ・L．ワトソン氏によって設計されたもので、やがて彼は、私のためにシャムロック二号を設計することになるのである。

このシスル号は、大西洋を横断して西へと船首を向けて出帆する前にすでに故国の海上で一一個の優勝杯を勝ち取り、一五の競艇で入選するという好成績を収めていた。そのため人々の間では、ついに我らが愛しのスコットランド艇によって、英国が長年奮闘を重ねてきた銀杯を奪回する好機到来との期待感が高まった。ところがまたしても防衛艇であるボストンのエドワード・バーグレス（マサチューセッツ州出身の船設計士、一八四八―一八九一年）とチャールズ・J．ペイン大将（南北戦争時の北軍大将、一八三三―一九一六年）の団結に軍配が上がって、スコットランドの挑戦艇は無得点のまま敗退することになった。

一八九三年から一八九五年にかけて、ダンレイヴァン伯爵（従軍記者出身の保守党議員、一八四一―一九二六年）が二艘のワ

カウズ競艇に参加したシャムロック号上で、舵輪の傍らに腰掛けるトーマス・リプトン。その後方にホワイト・ヘザー号（訳注：実業家ワリング卿 1860-1940 年所有の船）が見える。

ルキューレ号（ワルキューレ二号と三号、ワルキューレは北欧神話で戦場の生死を分ける女性）でヒアショフ氏設計のヴィジェラント号およびディフェンダー号（一八四八―一九三八年）に挑んだ挑戦は、大西洋両岸の多くのヨット競技者の記憶に新しいところであろう。アメリカ側から見れば、それはヨット設計士として名高きナサニエル・ヒアショフ氏（アメリカズカップの防衛艇四隻を設計してすべて防衛に成功させた船設計士、一八四八―一九三八年）を前面に立てたことで一段と注目を集めた対戦であった。この「ナット」こと、ヒアショフ氏は、その後も、私のシャムロック号の挑戦に絡んで、自国のヨット界で偉大なる名誉を勝ち得ることとなったのである（リプトンのアメリカズカップ挑戦五回のうち彼の挑戦艇四隻がヒアショフ氏設計の船に敗退している）。ここでようやく、我がシャムロック号の話題まで辿りついたが、まだ紹介していないこの話題について、さてこれから私は、それをどのように語ることにしようか。

最初の歴代四隻のシャムロック号は、結局のところ、すべて敗北に帰した。そのうちの何隻かはかなり善戦した。だがそのいずれの船に対しても、私は自らの熱い思いを傾注して臨んだ。私は、その船の一隻一隻をもって「古き杯（現存最古のスポーツ競技であるアメリカズカップに対する親しみを込めた呼び名）」を我が手中に収めようと四回試みたのである。それは私の知る限り世界中で最も入手困難な金属製品であるといえよう。だが私には、その追求に充てた時間は、私にとって人生の中で至福の時であったと明言できる。それに費やした金銭、時間、苦難はもちろんのこと、失意でさえも、それを遂行する私の歓びを少しも損なうものではなかった。この三〇年来、アメリカズカップ奪取の追求は、私にとって何にも勝る元気回復の源であった。そのお陰で私は、若さ、情熱、活力、希望を保ち続けることができた。それによって私は健康を維持し、素晴らしい友達を勝ち得ることができたのである。

それではここで私自身と我が歴代四隻のシャムロック号を巡る命運を手短に振り返ることにしよう。

一八九八年夏のこと、私が世界にその名が知られるこの優勝杯に挑む決心を固めた時、私にとってそれに挑戦する最初の意図は、アイルランドで建造された船で挑むことであり、我が祖国とロイヤル・アルスター・ヨットクラブの仲間たちに敬意を表したいと考えたことにあった。船の船体は金属製であるべきで、主要な素材となるのは青銅であり、その作業に従事するには、その当時の世界で最も優秀な蒸気船や快速定期船を多数生産してきた女王陛下の島と称されるベルファーストの熟練工が最適であると私には思われた。だが私の友人であるピリー氏、つまりのちのピリー卿で、ハーランド・アンド・ウルフ（一八六一年創業のベルファーストの造船業者、豪華客船タイタニック号の建造で有名）の会長が、私のこの意向を思い留まらせることになった。もちろんのこと、彼と彼の会社にとって、アメリカズカップ挑戦艇の建造に勝る喜びはないが、船の建造には非常に専門化した技法が必要で、そこに感傷的要素が入り込む余地はないと彼は私に断言したのである。彼の指摘によれば、競走艇の船体は、迅速で軽量な小船舶の建造に長い経験がある造船所に依頼するのが望ましいとのことで、彼は私にそのような会社をいくつか紹介してくれた。その結果、ソーニクロフト社（一八六六年にテムズ川沿いで創業した造船業者）が私の船を受注することになった。こうして私にとって最初のシャムロック号がテムズ川沿いのミルウォールで建造されたのである。私の初代シャムロック号の設計者は、ウィリアム・ファイフJr.氏であった。いよいよ海洋を横断する時がやって来ると、この船は大西洋の大波に立ち向かって、嵐に遭って我が蒸気船エリン号と離れ離れになった時も、シャムロック号の乗組員たちは少しも怖じけず短期間の単独航行を続けてくれた。やがてエリン号に導かれながら、どちらの船も二週間ほどで無事に対岸まで辿りついたのである。

私にとって初めての経験となったその時の歓迎会は、その後私がアメリカで数知れず招かれることになる同様の楽しくも心温まる場の先駆けとして、アメリカの著名人四〇名から成る代表団によって開催されたものであった。その主催者は、当時ニューヨーク州知事を務めていたルーズベルト氏（第二六代アメリカ大統領セオドア・ルーズベルトは、副大統領に指名される直前の一八九九年から一九〇〇年まで第三三代ニューヨーク州知事を務めた）の代理としてのジョージ・スレッドウェル大佐であった。その閉会後、お決まりの新聞記者たちの一団が押しかけて来て、彼ら特有の鋭くも陽気なやり方で私を質問攻めにした。私はいつも言うのだが、もしアメリカの新聞記者たちがこの時、私に尋ねなかった質問を書き出すとすれば、それはこの地球上で最も小さなノートの頁の半分にも満たないと思われるほど、彼らはありとあらゆる質問を私に投げかけたのである。だが、私は、彼らと共にとても楽しい時間を存分に満喫した。彼らの巧妙な創意工夫、見事な機知、その大胆さは、まさに驚嘆に値するものであった。そして彼らは、いつも私に対してとても好意的であった。

　こうしてシャムロック号とエリン号がアメリカの海洋に到着した直後のこと、私にとって今振り返っても嬉しく思う出来事が起きた。というのも私は、かの偉大なるデューイ大元帥（アメリカ海軍の軍人、米西戦争のマニラ湾海戦〔一八九八年〕の功績によりアメリカ海軍史上、海軍大元帥の地位を与えられた唯一の人物、一八三七―一九一七年）と朝食を共にしたのである。その機会は、次のような単純にして予期せぬやり方で実現したものである。ある朝早くのこと、我々の船がサンディフック岬の馬蹄形湾内に停泊していた時、巨大な戦艦が湾内にゆっくり汽走してきた。当初我々は、その船をよく認識できずにいた。もちろん我々もデューイ代将（デューイはこの凱旋帰国で大将に昇進し、その後一九〇三年に大元帥の地位を授与された）が帰還の途にあることは知っていたが、それはまだ数日先のことだと思っていた。だがその船が近づいて来ると、私の船の乗員は、それが代将の旗艦オリンピア号（マニラ湾海戦にも旗艦として参加したアメリカ海軍の防護巡洋艦）であることに気がついたのである。代将は、アメリカ海軍がスペイン軍に完勝した際、まさにその船の後甲板に立って指揮していた（この時、デューイが艦長に伝えた「準備ができたら、撃ってよし〔You may fire, when ready〕」という簡潔な指示は名文句として知られる）。私は、その知らせが伝えられるとすぐに入手可能なニューヨーク中の新聞をすべて携えて、我が汽艇をその戦艦に向けて進行させた。

それはまだ夜明けまもない時刻であったが、我が船の乗員たちは、皆起き出して任務に当たった。彼らは私のために相手の船に渡るタラップを用意してくれて、私はただちにオリンピア号に乗り込んで、かの有名な代将を表敬訪問したのである。事実、私はすぐに彼の船室に案内され、そこで手厚いもてなしを受けて、朝食に招待された。デューイ代将は、これから行われる予定のヨットレースにとても興味を示して下さり、私たちはその話題で大いに盛り上がった。一時間ほどののち、自分の汽艇に戻ろうとした時、私は、その戦艦の乗員たちが大勢、まるで線路のようにまっすぐ整列して、なにやら見覚えがある品を手に持っているのを目にして驚いた。しかも彼らは皆とても嬉しそうに狂喜しているのである。私には最初、その包みが何であるのか分からなかった。すると突然私は、数週間前にオリンピア号がフィリピンからの帰途、セイロンに立ち寄った際、私はすぐに我が社の現地販売部長に電話を入れて、その乗組員たち全員にリプトン紅茶を届けるように指示していたことを思い出した。その包みが彼らの手に渡って、こうして現在、彼らはまさに故国で待つ妻や恋人たちのもとへ帰還する途上だったのである。

私がこのアメリカ海軍の偉人を早朝に訪問したことに関連して、その数日後に行われた「デューイ歓迎式典（一八九九年九月三〇日に行われた）」の一環である堂々たる催し物に私自身も参加する名誉を与えられたことを思い出した。それは戦艦、ヨット、タグボート、フェリーなど、海に浮かぶあらゆる種類の船舶から成る行進で、その中で我がエリン号は、左方向へ舵を取る列の先頭を務める栄誉に与り、同じく右方向へ向かう列は、ピアポント・モルガン氏のコルセア号が率いた。我々は、ハドソン川（ニューヨーク州を流れる川）をバッテリー・パーク（ニューヨーク港に面するマンハッタン島南端の公共公園、かつて町を守る砲台があったことに因む命名）からグラント墓地（第一八代グラント大統領〔一八二二―一八八五年〕夫妻が埋葬されている北米最大の廟）へ向かってゆっくり威風堂々と船を進めた。そして、我々はそこから上陸すると、リバーサイド・ドライヴ（マンハッタンの大通り）を通過して、五番街（マンハッタンを南北に縦断する大通り）からその勝利凱旋を祝うデューイ凱旋門（仮設の予定であったが一九〇一年まで設営されていた）が建てられたマディソン・スクエア（第四代マディソン大統領に因む命名の公園）へと行進した。この経験は、私の人生の中で最も興味深い日々の中に記されるものとなった。私にとってこの一連の出来事は、その時私が滞在していた五番街ホテル（マンハッタンで一八五九―一九〇八年に営業していた豪華ホテル）の部屋にサンプソン提督（米西戦争のサンチャゴ・デ・キューバ海戦〔一八九八年七月三日〕で勝利を収めたアメリカ海軍少将、一八四〇―一九〇二年）およびシュレー提督（同じくサンチャゴ・デ・キューバ海戦で、サンプソンの指揮下に配属された、一八三九―一九一一年）というふたりのアメリカ海軍将官を招待することによって締めくくられた。その当時、この威厳あるふたりの将校が、事実上お互いに熾烈な勢力争いの渦中にあったことを私が知ったのは、ずっと後になってからである。今も私はその理由を知らないが、その時、私たち三人はとても和やかに食事を共にした。おそらくこのふたりは、私の午餐会の席上で交わしたその時の乾杯で和解したのではないかと思われる。

　ところでヨットレースの話題からまた横道に逸れていた。我がシャムロック号と防衛艇のコロンビア号（一八九九年就航、ナサニエル・ヒアショフ設計、ピアモント・モルガン所有、チャーリー・バー艇長）との初対戦は、制限時間が過ぎてもなかなか開始されなかった。その後ごく微風の変わりやすい天候が続いたため、我々がレースを開始できる風に恵まれるまでに二週間かかった。そしてこの回では、アメリカ船が勝利した。我が船は、完全にきっぱり、まさに決定的に敗北したのである。この時私は、ニューヨークの夕刊の一紙が、このレースのある一時点においてコロンビア号は「まるでエレベーターが階をひとつ飛び越して進むように、あっという間にトーマス・リプトン卿の挑戦艇を抜き去った」と論評している記事を目にした。

その翌日はさらに風に恵まれて、シャムロック号も、しっかり風を捉えて進んでいたが、風に逆らって強引に進行した時、トップマストが折れて短くなり、このため船は身動きが取れなくなって、再び我々はレースに敗北することになった。

一〇月二〇日には、このレースの三回目が行われ、これがこの時のカップの最終戦になったのであるが、ここでもまたコロンビア号は、勢いよく満帆に吹くそよ風を捉えて優勢にレースを進めて、わずか六分ほどで勝利を収めた。これが私にとって初めてのアメリカズカップ挑戦の幕引きとなった。だが私は、この時アメリカで存分に楽しんで過ごすことができて、素晴らしい温情と好意に恵まれたため、この最終戦の決着がつく前にすでにカップ再挑戦を決意していたのである。

今私が言及しているこの一八九九年のレースでは、マルコーニ（無線電信の開発で一九〇九年にノーベル物理学賞を受賞した発明家、Guglielmo Marconi、一八七四—一九三七年）という名の若きイタリア人が、『ニューヨーク・ヘラルド』紙と『イヴニング・テレグラム』紙（一八七九年カナダで創刊された日刊紙）に掲載するカップについての記事を無線で送信するという驚くべき独自の発明を披露して世界中を魅了した（これはマルコーニがアメリカで初めて行った公開実験の場であった）。そしてその後、この素晴らしい報道事業は、世界中で絶賛されるようになったのである。この時、実際にマルコーニ氏自身が、特別な通信機材を設置した蒸気船グランド・ダッチェス号に乗り込んで、ヘラルド紙の記者の報道を無線で伝達する実務に当たっていた。私たちの日常生活にラジオが普及した今日、私にとって初めてのアメリカ海上でのヨットレースがこのような手法で報道されたことは、非常に興味深いことのひとつであると私は常々考えている。

私がこうしてこの年に引き続き、翌年もレースに参戦している間、私は我がエリン号上にアメリカの著名な素晴らしい皆様方にご乗船いただく機会に恵まれた。ここにその名前をすべて列挙することは難しいが、ルーズベルト大統領、ピアモント・モルガン氏、マーク・トウェイン氏（『トム・ソーヤの冒険』で知られる作家、一八三五—一九一〇年）、トーマス・アルバ・エジソン氏（蓄音器、白熱電球などの発明家、一八四七—一九三一年）、ヘンリー・フォード氏（自動車会社フォード・モーター創設者、一八六三—一九四七年）、ネルソン・A・マイルズ中将（南北戦争、米西戦争などに従軍した軍人、一八三九—一九二五年）といった方々を我が船上にお迎えできたことは、私にとってこの上ない喜びと誇りである。私のエリン号の乗船芳名録には、それ以外にも数百名の方々のご署名があり、今でも私は時々、楽しかった日々や懐かしい皆さんの顔を思い浮かべながら、この乗船芳名録を手に取ってその頁をめくっている。その中には、私のアメリカの友人たちだけでなく、イングランドやヨーロッパの多くの王室の皆様方をはじめ、この三〇年来、社会、政治、産業などの各分野の最前線で世界の発展に寄与してきた方々の名前が数多く見られるのである。

　さらにコロンビア号との対戦が終了してイングランドへ帰国する前に、私は、ニューヨーク・ヨットクラブの名誉会員に選出されるという極めて例外的な待遇に恵まれて、とても光栄に思った。その他にも、アトランティック・ヨットクラブ、ラーチモント・ヨットクラブ、シカゴ・ヨットクラブから、私は同様の好意に与った。またアメリカ国民からは、金製のラヴィング・カップ（結婚式などで使われる取っ手がふたつついたカップで、双方の絆を意味する）を授与され、この素晴らしい贈り物は、ロンドンのオシッジにある私の自宅で最も大切なものを置く場所に飾ってある。また後年、私は、シカゴ自由市民の称号と町の鍵も授与され、ニューヨーク警察からは、名誉署長として、セントラルパークで六万人の観衆の面前で警察旗を贈られた。私は、この他にもアメリカの友人たちから数多くの名誉や特権を授与され、その中には、この種類の組織としては世界中で最も素晴らしいニューヨーク・アトランティック・クラブから頂戴した名誉会員も含まれている。

　その後、ロイヤル・アルスター・ヨットクラブとニューヨーク・ヨットクラブの間で行われた一九〇一年開催の競走についての協議は、二年前同様、迅速かつ和やかに進められた。私の二度目の挑戦艇シャムロック二号は、G. L. ワトソン氏の設計によるもので、クライド川沿いの名高きデニーズ造船所（デニー一族が経営した造船所、一九〇一年にはエドワード王ご用達の世界初の機関蒸気船を建造、一八四四—一九六三年）で建造された。その造船に関わったすべての人々が、この船の成功に大きな期待を寄せていた。このシャムロック二号に対する防衛艇は、再び前回と同じコロンビア号であった。コロンビア号も新たな船を含めた幾多の挑戦をあっけなく勝ち抜いての再対決となったのである。そしていよいよ我が船がその自前の速度でコロンビア号と競い合った時、ほんのわずかの差で相手に後れを取った。このような手強いレースにおいて我が船は、アメリカの防衛艇に対して、総合計時間にしてわずか三分二七秒という僅差で敗れたのである。この年、我々はなんと素晴らしいレースを戦ったことか。私がこの勝負を逃したのは、自分にはほんの少しばかり運が足りなかっただけだったと思っている。この対戦の最終回で、シャムロック号はコロンビア号より二秒先にゴールを切ったのだが、先方に対する許容時間のために敗北することになった。正々堂々とした決着というものがあるとすれば、これがまさにその好例であろう。この英国船は、これまでの挑戦艇の中で最上かつ最速の船だと認められてしかるべきである。だが、ハーバート・L．ストーン氏（月刊誌 Yachting の編集者、一八七一―一九五五年）は、彼の魅力的な冊子の中で、このレースについて「コロンビア号（アメリカズカップで初めて二回連続勝利した船）とチャーリー・バー艇長（前出のシスル号にも兄のジョン艇長のもとで乗船、その後その経験を生かしてアメリカ側の防衛艇で三回アメリカズカップを制した名艇長、一八六四―一九一一年）という組み合わせは、難攻不落である」と評している。

ファイフ氏（初代シャムロック号も設計した、一八五七―一九四四年）が建造したシャムロック三号は、当時の基準からみて抜群に美しい船で、その少し前の初代シャムロック号より細身の長身であった。再び我々は皆、今度こそ自分たちの出番がやって来たと確信した。我々がこの船を初代シャムロック号と共にイングランド南部で試走させた時にも、それは素晴らしい快走ぶりを見せてくれた。なぜ我々が新しいシャムロック三号を初代シャムロック号と競わせたかの理由は、二代目のシャムロック号は一九〇一年の競艇の後、アメリカに残してきたため、その時点で使える最もよい船が初代号であったからである。

だがこの時、我々のアメリカ滞在期間は長くはなかった。というのも、我々はシャムロック三号というよい船に恵まれたが、対する天才肌の「ナット」こと、ヒアショフ氏は、リライアンス号（引き続きチャーリー・バー艇長）という一段と大きくよりよい船を建造していた。この防衛艇は、まさに多くの点で変わった船で、なにやら一万六千フィート（約四・八㎞）もの驚くほど広大な帆を広げて、それは我が船より十分に二千フィート（約六〇〇m）は長いものであった。リライアンス号は、その年の競艇のすべての回において、シャムロック三号を無得点に抑えて、その大きな帆で海上を航行することは可能であることを決定的に証明してみせたのである。つまりこの対戦では、ファイフ氏の船がよくなかったのではなく、ヒアショフ氏の船が目覚ましく素晴らしかったということになるであろう。

多分この時までに、アメリカ人の中にも、この価値あるカップで私が勝利することを望む人々が出てきたのではないかと私は思っている。そのため、彼らは事あるごとに挑戦する側の我々を応援するという意思表示をするようになってきた。いずれにしても、私はアメリカへ向かう度に何千個もの幸運祈願のマスコットを受け取った。エリン号の甲板も特別室もそのような品で溢れんばかりであった。私はある時には、一七匹以上ものアイリッシュ・テリア（アイルランド原産で赤茶色のテリア犬、番犬や牧羊犬として親しまれる）を受け取ったこともある。だがそれよりも、私が幸運を摑むための縁起物としてハクトウワシ（頭部が白い大型の鷲、アメリカ合衆国の国鳥）を贈られた時のほうが私にとっては余程難儀であった。

また別の時に私は、ある黒人女性からの手紙で、彼女には一五歳になる漆黒の肌の息子がいて、髪の毛の色はアメリカ中で誰よりも赤いため、類稀な少年として大いなる幸運に恵まれているので、自分の息子を正式なマスコットとして採用してもらえないかと頼まれたこともある。この時私は、彼女に返事を書いて、「私にとって、あなたの息子さんをお預かりすることはとても光栄ですが、私の船にはすでにたくさんの動物たちがいて、もし私がレースに負けて、その動物を放出するようなことにでもなれば、息子さんのアメリカ中で一番赤いという自慢の赤毛を動物たちが真っ先に貪り喰ってしまうのではないかと私は案じています」と説明することになった。

私が知る限り、栄えあるこのカップを勝ち取りたいという私の三回にわたる挑戦を公平な競技としての関心からは眺めていなかった人物が、少なくともアメリカにはひとりいた。シャムロック三号が、いつもアメリカへ渡る際に停泊するニューヨーク港のトンプキンスヴィル（ニューヨーク湾内のスタテン島の北東部）に到着した日のこと、その男性は、手紙で私に次のように知らせてくれた。「私の家は、窓から船の停泊地がよく見える場所にあります。私はマーフィーという名前のアイルランド人女性と幸せな結婚をしました。そして初代シャムロック号がちょうど『自宅の向かい側』に到着した日のこと、私の妻が素敵な男の子を産んでそれを祝福してくれたのです」。

さらにその手紙によれば、「その後も私たちは、万事順調に過ごしてきました。そしてあなたのシャムロック二号が到着したまさにその日に、今度は妻が女の子を産んでくれました。そして今回あなたの新しいシャムロック号が到着した朝、彼女はまた新しい家族を我が家に送り込んでくれたのです。今回はふたり目の男の子でした。トーマス・リプトン卿、このようなわけで、もちろん私は百万長者ではなく、アメリカには一億人以上の人がいる中で、自国に対する忠誠心は誰にも負けないことを自認している者ですが、私は今度こそあなたがあの忌々しいカップで勝利を獲得するようにと心の底から願っています。たとえ私のこの願いが叶わなくても、金銭的な返金はありませんが、私に恵まれたこの幸運は決して破綻することはないのです」。

　この手紙を私はとても愉快に読んだものの、当初これは完全な冗談にすぎないと思って、その旨をしたためて差出人に返信した。すると今度はその本人が、妻と三人の子供たちを連れて私を訪ねてやって来たのである。それればかりでなく、彼は自分の手紙に書き綴った内容が真実であることの証として、彼の子供たちの出生証明書を取り寄せて持参して見せてくれた。その日付はいずれも、私の歴代シャムロック号三隻がトンプキンスヴィルに到着した日付とぴったり符合していた。もちろんのこと私は、彼の家族全員をエリン号上に招いて、自分にできる限りの歓待をした。今でも私は、これこそ私自身が直接体験した最も驚くべき偶然の一致であると信じている。そして実際に私は、何度もこの話をして多くの友人たちを笑わせてきたのである。

私の次なるアメリカズカップ挑戦は、一九二〇年まで実現しなかった。実際には、シャムロック四号とアメリカ側の防衛艇レゾリュート号（一九一四年就航、ナサニエル・ヒアショフ設計）との対戦を一九一四年秋に実施するための準備は万端整っていたのであるが、振り返れば、まさに我が船が大西洋を横断している最中に戦争（第一次世界大戦、一九一四―一九一八年）の火ぶたが切られることとなり、英国国民の関心は国際ヨットレースより、もっと重苦しい事態にすっかり引きつけられることになったのである。事実、我がシャムロック四号とその護衛艦エリン号の乗員たちが、この宣戦布告の知らせを初めて受け取ったのは、まさに海上にある時で、しかも注目すべきことに彼らはドイツの巡洋艦からの無線連絡を受信してそれを知ったのである。このため新たなシャムロック号は、到着するとすぐに波止場に留め置かれることになり、対戦相手のレゾリュート号も同じ運命を辿ることになった。この時点でこの二隻の船の関係者たちにとって、遥か昔にアメリカ号が獲得した「愛しの古きマグ」を巡って心おきなく対戦するという楽しみを我々自身がまた再開できる日がやって来るとは思いもしなかったことであろう。だがその機会は、やがてその通りに実現することになったのである。

英国内で開戦準備の兆しが見られ、若い兵士たちが戦いのために出陣していくのを目の当たりにした私は、自分たちが軍服のお偉方を制することができず、兵士たちを海港へと行軍させ、一路フランドル（オランダ南部、ベルギー西部、フランス北部を併せた地域）へと向かわせることになったこの数年来の動きを悔やんだ。このような事態となった今、私にできることは唯一、エリン号をアメリカから呼び戻して、それを連合国のための戦時病院船に改装して役立てることではないかと思われた。そこで私は早急にその準備を進めて、一九一四年の秋には、英国赤十字社（一八七〇年設立、一九〇八年エドワード王の勅許認可による国際慈善団体）後援のもと、医師、看護婦、病棟勤務員の一団をエリン号に乗せてフランスへと送り届ける任務で忙しく過ごしていた。

その数カ月後、エリン号は、病院船として地中海へ向かうことになった。もちろん、私も船に同乗した。この時の我々の任務は、同様の医療チームをマルセイユ（地中海に臨むフランスの港町）からサロニカ（エーゲ海に臨むギリシャ北部の港町）に送り届けることであった。そのため私はしばしば、サロニカから列車でセルビア（バルカン半島中西部の共和国）の中心部まで行ったのであるが、そこで私は、その国の連合国軍を襲ったチフスの流行による筆舌に尽くしがたい苦悶の実情を目の当たりにすることになった。また同時に私は、危険に身をさらす機会にも度々遭遇することになり、それは私のような年齢の人間（当時リプトンは六六歳頃）にとっては、身の毛のよだつ経験であった。たとえば、ベオグラード（セルビアの首都）では、偶然私は、オーストリア軍による爆撃の只中に踏み込むこととなり、いったいどのようにして死なずに無傷で脱出できたのか、今となっては自分でも定かではない。

私には、セルビア人のために奉仕することが性に合っていた。というのも、彼らが「大喧嘩の中の弱き存在」であったからである。多分、アメリカ国民も、これと同様の理由で、合衆国が正式に参戦する前から、セルビアに代表を送り込んで彼らのために勇敢な奉仕活動を行っていたのではないかと思う。実際、ギリシャと国境を接するセルビアの都市ゲヴゲリヤに我々の赤十字特別列車が到着した時、まず最初にその地に降り立った人物は、アメリカ人のドネリー医師（Dr. James F. Donnelly、一八七四―一九一五年）であり、その後彼が身をもって示した英雄的自己犠牲の精神は、私にとって忘れがたい思い出として心に深く刻み込まれている。

ドネリー医師は、宣戦布告と同時にニューヨーク港の軍医官としての職を辞して、セルビアでの奉仕活動に志願した。数年前に私は、ニューヨークのロータス・クラブ（一八七〇年に設立された主に男性のための社交場）で初めて彼と会った。次にこの極東の地の路傍の駅でお互いに再会を喜び合った時、私たちふたりにとって、これほど大きな環境の変化の中で無事に果たしたこの再会の続きが、その後いかなる悲劇に終わることになるか、まったく思いもよらないことであった。

この勇敢にも温厚な医師は、ゲヴゲリヤにおける自分の状況について、現在二万人の患者を診ているところで、その全員がチフスに感染して、駅近くのタバコ工場に収容されていると私に話してくれた。そして彼は、私がリプトン病院列車に乗って国内の別の場所に移動する前に彼と一緒に来て、その仮設病院を視察して欲しいと言った。私は彼の申し出に賛成して、その時に自分が準備してきた医療援助物資を持てるだけ持って、彼と一緒に出かけることにした。

その日私が目にした光景は、ここに書き記すにはあまりにも悲惨なものであった。そこでは病床の設備がまったく整っていない状態で、患者の多くは、ひとつのベッドに二人か三人もしくはそれ以上が一緒に寝かされていた。生存者の合間には、あちらこちらに死体も横たわっていた。藁を敷いた地面に直接寝かされている患者も多かった。さらにその時点でドネリー医師と共にこの病院に同行してきたアメリカ人看護婦一二名のうち、少なくとも九名以上がチフスに感染してしまったため、ドネリー医師は、実質的に必要な医療補助のすべてをオーストリア人捕虜に頼るしかない状況にあって、一段と困難を極めていた。是非とも私は、その勇敢にも病に侵された看護婦たちを彼女たちの粗末な部屋に直接訪ねて話をしたいと思った。この時の私は、そうすれば自分もチフスに感染する可能性があるとはまったく考えなかった。それよりも私には、人類に降りかかったこの疫病に対して、これほど勇敢にも気高い献身を捧げている若い女性たちと対面できることがこの上ない光栄であった。

これが我々にとってセルビアでの赤十字活動の始まりであったが、その後も私は、このゲヴゲリヤほどの惨状を他に見たことはなかった。そしてこの時、もと来たその小さな駅まで戻る途上でも、我々の心は重く沈んだままであった。私たちを駅まで見送るために、ドネリー医師と看護婦の姉妹テトラウトさんとフライさんは、彼らにとって夜となく昼となく絶え間なく続く激務から半時間だけ離れることができた。私に別れを告げる前にドネリー医師は、ゲヴゲリヤはブルガリアと国境を接しているため、まだその時点でブルガリアは正式に参戦していなかったにもかかわらず、時折ブルガリア人から砲撃されることがあると話していた。ドネリー医師は、その危険を可能な限り避けるための手段として、そこにアメリカの国旗を掲げておくのが最もよい方策ではないかと考えたのだが、残念ながら彼の手元にはとても小さな国旗しかなかった。その時ふと私は、そういえば確か私の船に巨大な星条旗があったのではないかと思い当たった。もちろんその通り、エリン号には、大きな国旗があることが分かったため、私はその場でサロニカに停泊している我が船の船長に電話を入れて、その旗をすぐここに持って来てくれるようにと頼んだ。そうすることが私にとって、我が友ドネリー医師のためにできるささやかな奉仕だと思われて、私は喜んでそれを行った。だが、この時の私には、自分の船から手配したそのアメリカ国旗が、この雄々しい医師の生涯の最終章を飾る運命になるとは思ってもいないことであった。

その二〜三週間後のこと、今回我々にとって初めてとなるセルビアへの救援遠征隊の任務が終了して撤収することになった時、私は、ドネリー医師に電信を送って、我々の列車が港へ向かう途上でゲヴゲリヤを通過する時刻を伝えた。そしてそこで是非とも先日我々を見送ってくれた看護婦の皆さんと一緒に医師にお目にかかって、握手を交わし、その後の近況を伺いたい旨を連絡しておいた。ところが、私たちの列車がゲヴゲリヤに到着した時、そこには看護婦は誰ひとり見当たらず、ドネリー医師もいなかった。私は、あの勇敢なる彼らになんとか再会したいと熱望するあまり、あらゆる方向を見廻してその姿を探していたので、とても落胆することになった。私には、何か悲劇の予感がした。いや、まさかそんなことがあるものか。だが、病院からやって来た看護手のハッジ医師が私の所に近づいて来て、次のように告げた時、私が最も恐れていたことが現実となったのである。

「私たちは、貴方からの電信を受け取っています、リプトン卿。ですが、テトラウトとフライの姉妹は、チフスに倒れました。そして、ドネリー医師も」と言うと、彼はしばらく目を伏せて、やがて付け加えて言った。

「ドネリー医師は、チフスのため、昨日亡くなったのです、リプトン卿」。

その時、私たちふたりは、もうそれ以上何も言葉を交わさなかった。私たちは、お互いの手をしっかりと握り締めながら、駅のプラットホームに立ち尽くしていた。

後になってハッジ医師は、ドネリー医師がその恐るべき病に倒れた後、彼が合衆国に残してきた妻に宛てたものを含めて九通の手紙を口述筆記した時の様子を私に話してくれた。彼は、もし自分が病から回復したら、その手紙は自分で保管するが、もしも病に死すことになった時には、それをリプトンに託して自分の友人たちに届けて欲しいと言っていた。そしてドネリー医師は、いまわの際にもうひとつの指示を付け加えた。彼の最期の願いは、自分のなきがらをエリン号からいただいてきたアメリカ国旗で包んで欲しい、そうすれば、その愛しい母国の象徴が異国の地に残された自分を故国へといざなってくれるだろうからというものであった。

言うまでもなく私は、我が亡き友が残した手紙に関する指示を敬意をもって遂行した。そして私は、その年のうちに再度ゲヴゲリヤを訪れた際、上部に大きな十字架が立てられたその医師の墓所の写真を特別に撮影してきた。私がその写真をアメリカで悲嘆にくれる未亡人に送り届けたところ、その四年後のこと、このご婦人はそれをどれほど感謝しているか身をもって示してくれることになった。一九一九年三月に私が戦後初めてニューヨークを訪れた際、アクイタニア号（一九一三年に進水し、第一次世界大戦中、最初に戦時援助船として使われた遠洋汽船）から下船した私を真っ先に迎えてくれたふたりの人物が、ドネリー夫人と彼女の六歳になるかわいらしいお嬢さんであったことは、私にとってこの上なく嬉しい驚きであった。このようにふたりが私に感謝の意を伝えるためにわざわざ波止場まで来てくれたことに私は心底感動したのである。

戦時中に故郷の肉親から遠く離れた地で自らの生涯を捧げたこの気高いアメリカ人紳士についての話を私がここで披露したのは、この一件が私にとって極めて印象深い出来事であったためである。だがもちろんのこと、この恐ろしい戦争中には、この他にも、ドネリー医師のような素晴らしい医師の皆様方や、テトラウトさんとフライさん姉妹のような女性たちが数多くアメリカから英国へやって来て、我々英国人の医師や看護婦たちと共に身の危険が迫る場所で職務に従事していた。私は、このような何の見返りも求めず自らのすべてを捧げる高い志の方々とヨーロッパの各地で出会った。こうした皆さんは、行く先々で出会うすべての人々にとって、理想を追い求める勇気ある行為の模範となったのである。

我々連合国の立場として、その後もセルビアは援助すべき国であり、我が船もマルセイユとサロニカを定期的に行き来していた。その中で次第に私は、勇敢なセルビア人に親愛の情を抱くようになった。私は彼らと共にいると幸せだった。そして彼らの誰もが、私が何か少しでも彼らのためにできることに従事していることを本当に喜んでくれた。彼らは、外国人として唯一私だけに、その時一時的に首都が置かれていたニシュ（セルビア南部の大都市、第一次世界大戦中、一九一五年までの戦時首都）の町で自由に過ごす権利を与えてくれた。また当時のセルビア王は、私に対して、聖サヴァ勲章（一八八三年セルビア王によって制定された各方面に功績のあった市民に対する称号）も授与して下さった。私にとって誇りであるこの勲章を見る度に、今でも私はスラブ人の国で過ごした極めて興味深い日々を思い出している。スラブの人々は、私のことを現地の言葉で「トムおじさん」と呼んでくれて、これが私にとって長い間、彼らからいただいた何よりの称号であった。

やがてスラブに敵が侵入してきたため、私はその地で活動できなくなり、イングランドに戻って戦争支援に従事するようになった。だがエリン号は、英国海軍本部の巡視艦として引き続き地中海に残っていた。エリン号が潜水艦の魚雷に攻撃されたのは、この任務中のことであった。このため私の美しくも歴史ある船は、海底に沈むことになり、なんと哀しいことに我が船員六名もその船と運命を共にした。私は、彼らのために我が船を喜んで捧げたいと思っている。

私のシャムロック四号の挑戦は、六年間延期されていた。大西洋両岸のヨットマンたちは、ようやく自分たちの親睦試合が再開されることにすっかり夢中になった。そして私が終戦直後に海を渡ると、そこには我が人生最大の歓迎会が準備されていた。私がニューヨークに到着してこのような豪奢なもてなしを受ける時はいつも、私の脳裏には、六〇年以上も遥か昔のこと、ポケットにわずか三〇シリングの所持金だけで移民として自分がバッテリーに上陸した当時のことが蘇る。そして今の自分が最高級ホテルで豪華に過ごす時間とまさに好対照をなすマイク・マクカリガンの下宿屋で過ごしたかつての経験を思い浮かべている。その時、下宿屋の食

セドリック号（訳注：タイタニック号も所有していた英国海運企業ホワイト・スター・ライン所有の大型遠洋汽船）上で、乗客の少女のひとりに葡萄を食べさせるトーマス・リプトン

事時には、早食いか余程長い腕を持っているのでなければ、我々は食べ物にありつけなかったのである。

私は、アメリカに上陸すると、真っ先に一番の関心事である我が挑戦艇の様子を見にいこうと、それを戦時中停泊させてあったシティ島（ニューヨークのロングアイランド湾西端部にある島）へと向かった。嬉しいことに我が船は、長い停泊期間中、少しも劣化せず見事な雄姿を保っていた。一九二〇年に行われた実際の競艇は、我々のこれまでの経験の中でも一段と好成績であった。その時行われた五回のレース中、我々は二回勝利を収めた。そのうちの一回は、事実上、防衛艇にとって不幸な災難によるもので、私も相手と同じくそれを残念に思った。その上、レゾリュート号が三回の勝利の初回を獲得した時、それによって得られた許容時間は、その当時の規則のもとで我が船に与えられた許容時間と大差ないものであった。つまり、両船の航行そのものに限れば、事実上、この勝負はまさに接戦であった。そして防衛艇がその後獲得したあと二回の勝利の中、少なくとも一度は、この時遭遇したかなり逆境の天候下での競艇時ですら、相手側よりも我々のほうがいくぶん有利に思われた。だが私は異議を唱えるつもりはない。それもすべて勝敗の中に加味されている。我々は、そのいずれの回も立派に戦い抜いた。いずれにしても私は、最終結果は、より勝った船が勝利を収めるものであることを哀愁を帯びた満足感のうちに思い知らされたのである。

次に我がシャムロック五号の挑戦が実現するまでには、かなりの時間が経過していた。一般

アメリカズカップ挑戦艇である歴代シャムロック号の中でも、最上のシャムロック四号の雄姿（1914-1920 年）

エンタープライズ号（訳注：米国鉄道会社の重役ヴァンダービルト一族のハロルド 1884-1970 年の所有）とシャムロック五号の偉大なる競艇の航跡を追いかける多種多様な船舶の一群

に知られるように、この年の競艇は、それ以前とは異なった規則のもとで実施されることになった。それは挑戦艇と防衛艇が同じユニバーサル・ルール（一九一四年にアメリカズカップで初めて施行された規則）に則って建造されるというだけでなく、船の構造についても、ロイド・レジスター（一七六〇年にロイド・コーヒーハウスに端を発して設立された世界初の船級協会）が定める要件を満たしていることが求められていた。この新たな規定は、いずれの船も、船として特異な型ではなく、大まかにいえば、船の一般的な用途に適したものであって、競艇以外には使い物にならないものではないことを保証していた。卑見では、これこそ、私が栄えあるこの優勝杯の挑戦者となって以来、常に友好的かつ和やかな精神のもとで重ねられてきた協議の中で最も望ましい成果であると思っている。この変更に伴う利点のひとつとして、これを契機に国際ヨットレースやヨットクラブに対

最初のレース開始直後、エンタープライズ号に先んじて進むシャムロック五号。
だが結果は、エンタープライズ号の圧倒的な完全勝利に終わった。

する世間一般の関心が、より一層高まったことが挙げられる。発展は、もたらされるべくして起きるものであり、その実現は、随所で歓迎されるべきものである。

この年、私は、新しい蒸気船エリン号の上で多くの日数を過ごすことになった。すなわち私は、また新たに今度はより大型のエリン号を所有することになったのである。そして私にとって、我がシャムロック五号が、英国中のあちこちの海岸で、当時国内では最新鋭の船を相手に素晴らしい競艇ぶりを見せて次々勝利を収める様子を見守ることは大いなる喜びであった。その我が最新挑戦艇がどのようなものであるかと問われれば、私は自信をもって言えるのであるが、ニコルソン氏（シャムロック四号および五号を設計した船舶設計士、Charles Ernest Nicholson、一八六八―一九五四年）が建造してくれたその船は、実に素晴らしいもので、たった今話したように、いかなる状況においても快速の走りを見せてくれた。シャムロック五号の艇長は、トールズバリー（イングランド南東部エセックス州の海岸沿いの村）出身のエドワード・ハードで、我々は皆、彼がその資質のすべてを傾注した操縦ぶりを見せてくれることを期待していた。さらに私にとって長年の親友で、船に関して信頼のおける助言者であるカーネル・ダンカン・ニールが、明敏にも極めて長期にわたる自身の経験の賜物を艇長に伝授したお陰で、私は、ハード艇長が存分にその本領を発揮してくれることを期待できたのである。

ダンカン・ニールについて言えば、彼は、私が幸いにも知己を得ることができた最も誠実なるスコットランド人のひとりである。彼と私は、船仲間であり、実に長い年月を共に歩んできた旧友同士である。彼はいつも私の指南役であり、哲学者であり、私が挑んだすべての船に関

エリン号上のトーマス・リプトン。彼の 80 歳の誕生日に撮影された写真

する挑戦や冒険の数々を共にしてきた仲である。それに加えて、彼は私にとって、世界中の様々な場所へと出かけた数多くの楽しい旅の道連れでもある。私はいつも言うのであるが、もし私が自分のシャムロック号に関して何か後悔することがあるとすれば、それは、自分には、このダンカン・ニールのような、いかなる荒波を航行する船の甲板も踏みしめ傾(かし)ぐ帆柱を操って勝利を獲得する最上の船乗りと存分に比肩しうる人物を擁していながら、アメリカズカップで一度も快挙を上げることができなかったことである。物静かにして誠実かつ真っ正直で、何事に対してもあらゆる面で高潔なダンカン・ニールは、今までも、そしてこれからも、我が生涯の中でかけがえのない存在である。

　さてそろそろ私は、あたかもスコットランド国務大臣のように、ここで自分の談話を締めくくりたいと思う。心の底から正直に申し上げると、私は自分にとって大切な数多くの親友たちから是非にと勧められたことから、このような自分の記憶や回想について語ることにしたまでである。私は、自らの事業計画の一環で多少なりとも宣伝広告を活用してきた世界でも数少ない者として、事実が誤って伝えられることを好まない。だが自らの私的生活に関する限り、私は決してそれを書いたり語ったりするつもりはない。私がこれを著した理由は以下の二点のみである。第一に、私の英国の友人たちが、何か私の人生の記録のようなものがあれば、自分たちも嬉しく思うと請け合ってくれたこと、第二に、この六〇年来、足繁く通った海の向こう側の偉大な国に対する私の愛着と尊敬の気持ちを自分の思い出話の中でそこかしこに差し挟む機会が与えられると思ったからである。

私に言わせれば、合衆国は、この地球上のあらゆる場所からやって来た人々から構成され、生き生きとした信頼関係に基づいて成り立つ途方もない規模の大家族のような国である。また幸いにもその結果、アメリカは、これまでに集積されてきた驚くべき知識が今後もまた同様に積み重ねられていくことを誇りとする人々の絆によって統合された偉大な国である。

私はいつも言うのだが、彼らを十分に理解してその真価を認めるためには、ただ我々英国人の身近にも絶えずやって来ているアメリカ人について理解し評価するだけではなく、私が少年の時分から今まで続けてきたように、我々の誰もが皆、アメリカへ行ってみたらよいと思っている。もし私が初めてアメリカの土を踏んだ時から現在に至るまでの間、我が国と合衆国の市民とを結ぶ絆を深めるために、たとえわずかなりとも何かお役に立てたとするならば、それこそ我が心底の願いが成就されつつある証に他ならず、私にとって何よりの本望である。我々両国民の間に何か相違があるとすれば、それは取るに足らない些細な点であって、その見解や願望、気質や理想において、我々の本質には何の違いもないのである。

第二十二章　私の信条

私は自分の本を締めくくるにあたって、これまで自分の生涯をかけて、とてつもなく懸命に働き続けて、今ではとても年を重ねた人間として、これからその道に踏み出そうとする方々に向けて、ここで何か父親のような助言のひとつやふたつを捧げるのがよいと思う。次の忠告は、私自身の発案と趣旨によるものであるが、私の私的な首席秘書のジョン・ウエストウッド氏によって随分前にきちんとした文章に整理されたものである。彼は誠実かつ賢明で洗練されたスコットランド人であり、かれこれ三〇年来、日々片時も離れずに私の右腕となっている。以前私は、「販売術」の会合（一九一六年七月に米国デトロイトで開催された国際会議）に出席を求められた時、自分だけではうまく発言内容をまとめられないことに気づいて、私の大まかな趣旨をウエストウッド氏に伝えて、彼にそれを文字に書き起こしてもらったことがある。つまり次に掲げるものは、その会合で読み上げるために我々ふたりが協力し合って仕上げたトム・リプトンからの教訓である。

「販売術（salesmanship）という主題は、私の事業経歴を通じて、常に何より特別な関心事のひとつであります。いずれにしても私は、若き日から小売でも卸売でも、商品の販売に関わってきた者として、販売者とはどうあるべきかについて、なにがしか語ることができるのではないかと考えております。私にとって、自らの事業の初期段階では、販売者としての資質に恵まれていたことが何よりの賜物でした。また私は、それ以外に、航海術（sailsmanship）の経験も多少持ち合わせております。これについては、我が歴代シャムロック号が顕著に物語ってくれるところであります。一見するところ、この両者の間には何も共通点がないように見受けられますが、よく検討してみると、そこには多少なりとも関連性があることが分かるのであります。まず手始めに申し上げれば、そのいずれも雰囲気や空気、さらには風向きに依存する部分が大きいものであり、時としては、熱気なるものが活用される場合もありうるのであります」。

「海上にある航海者（sailsman）にとって理想的な状況といえば、陽光に満ちた大気と力強くも確かで安定した微風が挙げられる一方、通商に携わる販売者（salesman）にとっては、心構えとして陽気で快活な雰囲気と、品揃えとしては強力で信頼できる魅力が大切とされています。両者共にスポーツマンのように正々堂々とした心意気が求められ、たとえ悪天候でも好天に恵まれた時と同じく対処していく心づもりがあって、さらに不況や突風に見舞われても好況や順風と同じく立ち向かう準備ができている必要があります。またいずれも自らの試合を公正に正直に執り行うべき者であります。正攻法以外の手段を採用して通商に携わる販売者は、たとえ一度は自らの顧客の風向きを捉えたとしても、取引の失敗で座礁したり、販売価格の問題で沈没する羽目に陥って、この分野で二度と顔向けできない状況が待ち受けていることでありましょう。もしこの手法に依りながら無罪放免で済まされる者がいるとすれば、それは自分の周囲に一生逃げおおせるだけの広大なる守備範囲を確保している者といえましょう」。

「つまり航海者は、たとえ風向きに対して誤った舵取りをしても、機嫌よく撤退して、常に海路の規則を順守するべきであります。まさに航海者が絶えず天候の変化を見張る必要があるように、販売者も常日頃から消費者の味覚の変化に目を凝らしていなければなりません。そして船乗りがそよぐ風のひと吹きを見守るように、商人は意外な流行の兆しを捉える必要があります。船は赤道無風帯に突入すれば、舵柄（かじづか）を上げて退却して海路の日和を待ちますが、商売も不況になれば、突破口を見つけて新機軸を打ち出さねばなりません。また逆風の時には、航海者は、前に進むために舵取り（tack）で方向転換して、なんとか目的地に向けて航行するのと同じく、販売者も、対峙した障害に機転の才（tact）で対処して、顧客のご機嫌を取りながら望む商品を供給して業績回復を目指すものであります」。

「販売者として成功する秘訣の第一は、常によい商品を販売することです。なぜならば、販売する側が自らの供給する品揃えに自信をもっているならば、よもや顧客を説得したり熱狂させたりしたいとは思わないからであります。そしてこのような信念を携えた上で、その秘訣を同業者たちに知らしめる努力をするべきものであります。また販売する者は、自分が取り扱う商品を熟知している必要があります。そうすれば、いざという時にその品物についてまるで専門家のように説明することができるからです。さらに販売人は、その取扱い商品がまさに顧客が必要としている品であるか否かも確認しておくべきであります。というのも、誰も必要としていない品を無理強いすることは無意味であるからです。もし売りたいと思う品が入手できない時には、その旨を商品供給先に伝達すると共に、何が求められているかの細目を的確に指示して、それに見合った品を製造するように要請するべきなのです」。

「国内の商業分野における成功の多くは、国外で世界中の商人たちが何を欲して、いかにそれにかなった製品を生産しようとしているかを敏感に察知することができる販売代理人の才能に依存する部分が大きいものです」。

「私がお勧めしたいもうひとつの要点は、商売敵の品を過小評価しないことであります。まずは相手の製品のよい点を認めて、と言っても、それがあればの話ですが、その上で、自社取扱い商品の利点を巧妙に列挙して、それがいかに優れているかを明示すればよいのです。また繰り返しになりますが、いかなる場合でも決してただちに反撃に出ないことです。顧客の反応がいつでも好意的であるとは限りません。常に色よい反響が得られるとは期待しないことです。どうぞ顧客の対応ぶりに寛容になって下さい。なぜかといえば、その時、相手方がいかなる災難や苦難に見舞われているか、たとえばワイシャツの襟のボタンをなくしているか、窮屈な靴を履かされているかは、我々にとって知る由もないからであります。できるだけ相手の攻撃を鎮める穏やかな返答をするように心がけて下さい。そうすれば、先方も貴方に対して自分が不当な扱いをした

ニューヨークで、長年の親友ハリー・ローダー卿と握手するトーマス・リプトン

ことに気づいて、攻撃の矛先を鈍らせることになり、それこそこちらの思うつぼであります」。

「そして何よりも、礼儀正しく丁重で友好的であって下さい。貴方の顧客がその人生の中でいかなる立場に置かれていても、たとえ経営者、支配人、部局長であろうとも、もしくは小さな村で馬一頭だけの所有者であっても、貴方にとってその相手は、この宇宙の中で唯一の存在であって、自分にとって相手の注文を受けることが人生における最大の願望であったかのごとく、それを相手に感じ取ってもらえるように応対していただきたいのです。貴方のお客様と近しくなって下さい。そして相手の信用を勝ち取り、それを得られたならば、今後もその信用を大切に築き上げて下さい。それこそまさに私が自分の商売を始めたごく初期の時点から、多くのお客様と親しく接する中で心がけてきたことであります。そうすることによって私は、自分の顧客と友達同士になりたいと願ったのであり、この点に関しては、自分がほぼ成功を収めたことを我ながら誇りに思っております。実際、私が店のカウンター越しにお客様として接待した心ある皆様方から、その後も折に触れてご連絡をいただくことがしばしばあるのであります」。

「海上にある航海者は、常に自分の船舶を手入れしてきちんと整え、船の真鍮部分を磨き上げ、船の帆はしみひとつなく清潔にする必要があるのと同様に、陸上にある販売者も、こざっぱりときれいに身支度を整えて、常に自尊心を持って、自らの店舗に自信を持って切り盛りするべきです。それでこそ初めて「通商大使」としての肩書と立場を立派に体現することができるのであります」。

あとがき　その類稀なる愛すべき人柄

ウィリアム・ブラックウッド

トーマス卿と私が、前出の自伝を書き終えた時、彼は、自らの人生の多くの時間と二五万ポンドを下らない大層な金銭を費やして偉大なる勝利を目指して臨みながらも、結局敗北に終わることになるシャムロック五号の対戦を見るためにニューヨークへ向かう船出を数週間後に控えていた。その時、主にアメリカズカップの規定変更によって、ついに生涯をかけた野望を勝ち取る絶好の機会にあって、ようやく彼は、かなり自信に満ちていた。

それはこれまでに見られない類の自信であった。実際、自信と楽観は、彼が絶えず間違いなく身につけてきた特質であった。こうして私は、昨年の夏の終わりに、彼がアメリカへ出発するのを見送った。彼は、昔ながらにあつらえたような縁取りがついた丈が短い青色の船乗り用の上着を羽織って、先のとがった襟首に水玉模様の青い蝶ネクタイを結んだ往年の粋な服装でウォータールー駅（ロンドンにある英国最大規模の鉄道駅）のプラットフォームを歩きながら、いつものように冗談で周囲を和ませていた。私は、彼と二〇年来の付き合いになるが、その時の彼の生き生きとした活気に驚かされて、思わず、ジョン・ウエストウッドの耳元で「このお年寄りは、まだ少なくともこれから先一〇年は、このまま変わらず元気そうに見えますね」とささやいた。ところが、ウエストウッドは、首を横に振った。彼は、トーマス卿の秘書として、誠実かつ勤勉で気が利いて人当たりがよいというのが最もふさわしく、しかも主人に仕えることに関しては頑として譲らない信念をもったこの上なく偉大な人物であるのだが、この時、主人であるリプトンの不屈の精神は健在でも、その立派な体格は衰えつつあることをすでに悟っていた。「トーマス卿は、これから大西洋を横断する最後の旅に出るところなのでございます」と彼は、私の耳元で静かに告げた。そしてこの言葉はその通りになったのである。

　リプトンは、シャムロック五号の敗北をいつものように毅然とした笑みをたたえて受け入れた。だが、その競艇が終わって一～二週間後に彼のためにニューヨークで行われた半狂乱に近い熱狂的な歓送会（一九三〇年十一月に市庁舎で行われたアメリカ国民有志募金による純金製カップ授与式）で演説をしようとした時、彼はその長い人生において初めて口ごもり、話の途中で座り込んでしまったのである。その場に居合わせた彼の知人である我々は皆、その催し物が最悪の結果に終わるのではないかと恐れた。だが、驚くべきことに彼は回復した。そして彼はオシッジに帰還した後も、目覚ましい健康の快復ぶりをみせた。私もこの数カ月の間に何度も彼と食事を共にする機会に恵まれる中で、正直に言って、八一歳にしてこれほどまでに威勢よく、どっしりと健康そうで、食べ物に興味津々な人物をこ

ニューヨーク市庁舎で、彼の「決して諦めない精神」に捧げられた純金杯を手にするトーマス・リプトン。（訳注：アメリカズカップ５度目の挑戦で敗北直後、新聞投稿の呼びかけでアメリカ市民からの募金により、ティファニー社が制作した18金製のカップを授与された。（右から順に）広告起業家コリアー男爵、リプトン、ニューヨーク市長ジェイムズ・J・ウォーカー、ボストン市長「ハニー・フィッツ」ジョン・F・フィッツジェラルド、1930年11月）

れまで他に見たことがなかった。

ところで、オシッジでの食事は、スープに、魚、獣肉か鶏肉、そしてライス・プディング（米をカスタードで柔らかく煮た粥状のデザート）と果物という具合で、いつでもまったく同じ献立であった。彼は、そのいずれも平らげて、果物を惜しみなく摘（つま）んで締めくくるのがお決まりであった。オシッジの温室で栽培した葡萄は世界一の絶品だと私が言うと、実はいつでも私はそう言うのだが、彼は大いにご満悦の様子で、その甘美な果物類を私の皿に食べ切れないほど盛り上げるようにと指示してくれた。トーマス卿は、毎日のように一日に少なくとも二皿はライス・プディングを賞味するのが常だった。それは、ふたりいるシンハラ人の使用人のうち、年上の「ジョン」がセイロン式調理法で作ったもので、訪問客は必ずといってよいほど、トーマス卿から「ジョンのライス・プディングは、大英帝国中で最高の一皿だ」と聞かされていた。事実、忠実なる熱心な彼の信奉者たちは、往々にしてそのレシピを書き留めて持ち帰り、帰宅後に「リプトン流」ライス・プディングを各々の食卓に供するようになった。すなわち、晩餐の食卓で自分のライス・プディングを愛でることが、当世流年輩紳士の流行となったのである。

実際、トーマス卿は、アメリカズカップにさらなる挑戦をすることに最期まで意欲を燃やしていた。次なる「カップ奪取作戦」をすでに決意していた彼は、船事指南役でこれまですべてのカップ挑戦に密接に関与してきたダンカン・ニールと共に事の詳細を打ち合わせにやって来た時、このお年寄りの目は熱意で爛々と輝いていた。その時の彼の姿は、八〇歳という年齢をみじんも感じさせないものであった。私は心底思うのだが、彼は、この世界で最も特権的な会員制クラブとされるかの有名なロイヤル・ヨット・スコードロンの会員となるための推挙が、無作法にも長年延期されていた挙句、ようやく晩年になって名誉会員として選出されたことを殊の外喜んでいたことと信じている。もしこれが彼のヨット歴のもっと早い時点で叶っていたならば、それを彼はどれほど喜んだことかと思う。昨夏も彼は、カウズ・ウィーク中にソレントでシャムロック号に乗って競艇に参加したのであるが、その際、彼は一度もロイヤル・クラブハウスに立ち寄らなかった。そして実際、彼の知り合いの多くは、それを密かに喜んでいたのである。

　トーマス卿がグラスゴーで開業した創成期はもちろん、世界に名だたる彼の会社がロンドンに移転した初期の頃について、その当時、まだ私は学生であったため、当然のことながらその詳細を知らない。だが私は、その後、古くから彼の同僚であった数多くの人々と会う機会に恵まれた。いまだかつて小売業の歴史の中で、たったひとりの人物によって成し遂げられた事例がないほどの大規模な事業を形成するに至った彼の驚くべき活力、財力、如才なさ、決断力について、彼らが語るのを耳にするのは、私にとって何よりも喜ばしいことであった。その時代、そしてその商売において、リプトンという存在は、あらゆる点で比類がなかった。彼の挑戦はことごとく成功を収めた。そして彼は、単なる成功だけでは決して飽き足らず、莫大な成功を収めることを意図した。彼は、想像を絶するほとんど達成不可能と思われるような大成功でなければ成功とは見做さなかった。そして彼は、四〇数年来、まるでガレー船を漕ぐ囚人（ガレー船は多数の櫂を人力で漕いで進む軍艦のため、漕ぎ手に囚人や捕虜を拘束して起用することもあった）のようにあくせくと働き続けた。しかもそれは、そうしなければならないためではなく、リプトンは何よりも働くことが好きだったからである。彼は、たった今ここで、巨大事業や内国税収入の支払いで莫大な額面の小切手に署名していたかと思うと、次の瞬間には、最近雇い入れたばかりの使い走りの少年に励ましの言葉をかけて、そしておそらく翌朝には、新規に開店する店舗のカウンター越しに立って、真っ白な上着と前掛け姿で、アバディーンもしくはポーツマスか、はたまたダブリンの主婦に対してハムかバターを最初に販売する役を務めているといった具合であった。

率直に言って、彼が築き上げた組織は、その後年には、彼ひとりの手腕では掌握し切れない規模に成長していた。もしリプトンの事業に何か不足の点があったとすれば、特に彼が成し遂げたような世界中に細分化した事業でも、自らの手で遥か遠方まで、そのすべてを管理できることを彼自身が信じ切れなかったことであろう。それは、まだ彼が若い男盛りの頃には、さほど問題ではなかったが、それからさらに一〇年以上経過した後になると、彼は非常に手強く激しい競争に自ら直面せざるを得なくなり、彼の「厳格さ」（彼が年を重ねるにつれて顕著になった特質を言い表すには、この表現が最もふさわしいと私には思われるのであるが）によって、株主の見地からすれば、彼の事業は組織としては必ずしも満足のいく状態ではなくなってきた。七〇代になったリプトンは、四〇代の時と同じように巨大事業の経営に携わることは、もはや不向きになったという事実を認めたくなかった。さらに彼は、たとえリプトン・マーケットという目覚ましい事業であっても、時代と共に推移していくものであることを理解しようとはしなかった。のちに彼が引退を余儀なくされた際も、彼はそれを不承不承受け止めたにすぎなかった。彼は自尊心をひどく傷つけられた。彼にとって、その偉大なるシティ・ロードの本社で毎朝九時に開始される事業が、肝心な自分を抜きにして進行するという世界や生活は、想像することもできなかったのである。私は、ロンドンの事務所に彼を最後に訪ねた日の様子を忘れることができない。その時の彼は、まるで大事なおもちゃを無理やり乱暴に奪い取られた子供のようであった。彼は、これまで達成された事業のすべては、まさに自分自身が全精力を傾注して成し遂げたものに他ならないことを理解できなかった。そして彼は、痛ましいほどの後悔に駆られて、彼にとって最も信頼がおける親友たちに対して、愚かなまでの怒りをぶつけていた。私が、彼のオシッジの自宅や素晴らしい船上で彼と共に過ごした心安らかで楽しい薔薇色の日々の思い出を胸に秘めて、その日その場から彼に別れを告げて立ち去ろうとした時、私は、トム・リプトンの目に涙が浮かんでいるのを見たのである。

私が知る限り、リプトンほど単純明解な生き方をした人間はいない。もちろんのこと、それは一見単純に見えるという意味である。彼には、いわゆる世間で言うところの「学識」がほとんど、もしくはまったくなかった。科学、政治、芸術などは、彼にとって何の興味もなかった。彼が、新聞に掲載された時事問題について何か議論しているのを私は一度も聞いたことがない。もし世間一般の人々が喜んで議論している数多くの話題のひとつを取り上げて、表面的な社交辞令ではなく、その話に彼を巻き込もうとしても、リプトンは、それを数分たりとも聞いていないであろう。そして彼は、急に話題を変えて、自分自身や自分の事業に関する見地、もしくは船の話題や光栄にも謁見の機会に恵まれた王室関係の人物について、さり気ない逸話の数々を披露してくれることであろう。彼にとって、「自分は、海に浮かぶ最上の船を所有し、乗船芳名録に地球上で最上の人々の署名が記載されていることで世間に広く知られ、それなりの敬意を表されているトム・リプトンである」というだけで十分満足であった。私にとって彼は、これまでの自分の人生の中で出会った最も自己中心的で、しかも自己満足している人間であった。

だが彼は、少しも気取らなくても（もし余程の特殊な状況でない限りは）、持ち前の愛想のよさで、自らも含めて周囲の人々をいつも和ませていた。確かに彼は、単純な人間ではあったが、もし誰かが彼を騙そうとしたり、訪問客が彼にとって何の関心もない話題に巻き込もうとしても、追従者が言葉巧みにずる賢く取り入っても、友人たちが（これは私が実際に彼らから聞いたのであるが）彼の使い切れないほどの財産で次に何をしようとしているのか興味本位に聞き出そうとしても、そのような時、トーマス卿は、決してそう単純な人間ではなかった。それどころか彼は、そうした場面において、極めて洞察力に優れ、酸いも甘いも噛み分けた一筋縄ではいかない老鳥であった。私は、ごく限られた近しい親友のひとりとして彼を知る者としても、彼が油断して不意を突かれている様子を決して見たことがない。

世界は、このトーマス・リプトン卿という偉大な人物を失うことになった。何の有利な点にも恵まれない生まれにありながら、終生にわたって彼が崇め、その忠告を注意深く拝聴した母親からの得がたい影響力を元手として、彼は、世界の通商分野で彼独自の最先端を切り拓き、王族と近しく交わりその信任を勝ち得て、国際的スポーツ競技の分野にその名を刻む偉業を成し遂げた。トム・リプトンのような人物は、空前絶後であると私は思う。彼は、自らの規範を自分で創り上げた。彼の欠点といえば、その大部分は、極めて特異な彼自身の資質にある。すなわち彼は、その行為、言動、思考において、あらゆる点で完璧に独創的な人物であった。

訳者あとがき

一般に「リプトン」という言葉を聞けば、黄色いラベルのティーバッグやアイスティーで知られる食品ブランドを思い浮かべる人が多いように、紅茶の代名詞のひとつとしてお馴染みである。だがそれが、あるひとりのスコットランド人が創始して世界的規模で繰り広げた事業の恩恵によるものであることは、ほとんど知られていない。本書は、そのトーマス・リプトン（一八四八―一九三一年）が自らの生涯を振り返って記した自伝の全文を初めて日本語で紹介するものである。

執筆の経緯については、本書の「まえがき」に友人で新聞記者のブラックウッド氏が記している。彼は「あとがき」にもあるように、リプトンの事業最盛期にはまだ学生で、一世代若い客観的な立場でリプトンの生き方を眺めつつ、自伝の補佐役を務めた。

文学の一分野としての自伝は、世界に知られる偉業を成し遂げた人物がその来歴を自ら綴ったもので、その動機や推進中の当事者の主観的な心境を窺い知ることができる。往々にして自伝の執筆時期は、本人にとって後年になってからであるため、その記載には、正確な場所や年月に誤謬が生じることがある。リプトンが自伝の執筆を決意したのも、五度目の挑戦として、一九三〇年に開催された国際ヨットレースのアメリカズカップに参戦する準備を始めた時期で、わずか数年で八〇年近い人生を振り返ってまとめたことになる。そのため本書は全編を通じて年号の言及が少なく、また事実の前後関係に矛盾がみられる箇所もあり、訳出にあたっては、読者の便宜を図って訳注で補うように努めた。

その一方、歴史書の一形態としての伝記は、対象とする人物の履歴に関して、正確かつ詳細な事実の客観的な記述が求められる。リプトンについても、スコットランドで国民詩人と称されるロバート・バーンズの伝記を執筆したことで知られるジェイムズ・マッカイによる伝記(日本語未訳)がある。

すなわち、自伝と伝記を比べれば、同一人物の生涯を扱っても、執筆の視点に主観と客観の相違がある。また自伝では語り尽くせない出来事や語りたくない部分を取捨選択する自由があるため、もし伝記と照らし合わせれば、何らかの相違があることは想像に難くない。だがもし自伝に読者の心を突き動かす力があるとすれば、それは、何事かに人生をかけて真摯に生きた人間の姿に学ぶところがあるためであろう。

リプトンが生きた時代は、アメリカ合衆国の独立宣言(一七七六年)後、一攫千金を狙うアメリカンドリームが花開いた時期にあたる。アイルランドから移民した両親のもとに生まれたリプトンが、港町のグラスゴーで育って船に興味を抱き、いずれ大西洋を渡ってアメリカの地を自分の目で確かめたいと夢見たのも不思議ではない。実際、初めてリプトンが一〇代にして単身渡米して職を転々としながら武者修行をしていた同じ時期に、日本からはのちに教育者として知られる青年期の福沢諭吉（一八三五―一九〇九年）が咸臨丸乗船に次ぐ二度目の渡米（一八六七年）を果たしている。両者共に鮮烈な海外経験で得られた現実的な国際感覚によってその後の人生を切り拓いたといえる。

リプトンは、その名が今も紅茶のブランド名として世界に通用するほど、宣伝広告の手法に傑出した独自の才能を発揮した人物である。彼が最初に思いついた宣伝は、両親が営む食料品店を暖簾分けして自分の店を持たせて欲しいと説得するためのもので、当時の交通手段であった馬車を借り出して「リプトン」の文字を大きく掲げて走らせ、その名を世間に広めるという趣向であった。実際には父の拒絶によって、この時は即刻馬車を解約する不手際となり、実現しなかったが、この記名して動き廻る宣伝媒体という発想は、その後、馬車だけでなく、同じく当時の英国で見られた人間によるサンドイッチマンをはじめ、豚の行進、紙幣の流通、難破船から紅海に投棄した船荷、セイロンで茶葉を摘む籠や象の背で運ぶ茶箱、アメリカで加工したハムを運搬する冷蔵車など、リプトンが思いつく限りあらゆる媒体を利用して繰り返されることになった。この抜け目のなさばかりでなく、彼の宣伝の特徴は、その中に笑いの要素を加味することで人々の清涼剤として、波及効果を一段と促進することを意図した点にある。

たとえば、リプトンが最初の店に吊り下げた木製ハムの一件を挙げると、このように店先にシンボル看板を掲げる手法は、紀元前の古代バビロニアに始まる歴史があるが、世界に共通する伝統的な酒屋の常套手段は、中国では愁いを払う箒、ローマでは酔いの境地で霊杖を連想する枝、日本では杉桶を象徴する杉玉を掲げるなど、いずれも間接的に取扱品を思い浮かべる暗喩が特徴である。それに比べてリプトンの発想は、主力商品そのものの真に迫った描写を極めるという正反対の趣向で、さらに日光の援軍でハムの塗装が溶けると、通行人の意表を突くほどの絶妙な出来映えとなり、その滑稽さの風評で近隣の人々が見学にやって来る予想以上の集客効果に恵まれた。

これは、彼がごく初期の段階から自らの接客経験を通じて、万人の心を和ませるユーモアの力と自ずと拡散する口コミの威力を実感した成果である。思わず人を惹きつけるユーモアのセンスは、自伝の全編を通じて見られるもので、リプトンの人柄を反映していると思われる。口コミを利用した宣伝効果を狙ったやり方は、彼がストブクロス通りで初めての店を構えた当初から、売り手と買い手のセールストークで相手の方言に合わせて同郷の親近感を抱かせる手法がその端緒であった。その後も街中で多様な宣伝パフォーマンスを繰り広げて人目を惹くことはもちろん、一定の知名度を得た後は、多様な話題を提供して、新聞記事に掲載されたり、取材を受けることで、無料で広範に宣伝してもらうというメディアの役割を逆手に取った方法を楽しんで活用したことは、リプトンが自分に関連する新聞記事を切り抜いた膨大な分量のスクラップブックが残されていることからも推測できる。

さらに重要な点は、リプトンがこのように宣伝広告に力を入れた前提には、「世界で最上の品をできる限り安い価格で提供する」という自らに課した事業経営の指針があったことである。このため彼は、商品の宣伝にあたって、広告主の礼儀に則って他と比較せず、自らの品の利点について自信をもって語ることができたのである。この決意を遡れば、生計を立てる職業選択に際して、リプトンは両親と同じく「人は誰も食べて生きている」という理由で、生命の存続に不可欠な食糧を取り扱う業種を選んだ上で、その利益を上げるために薄利多売を目指したことに起因する。つまり彼は商売のために宣伝することが必要だったのである。紙一重の相違であるが、リプトンの宣伝広告は、ただ単に自らが有名になるための売名行為ではなかったことは特筆に値する。

リプトンのように商人として、誰もが日常的に購入する食料品を販売するのであれば、まず購買者の立場に立って、第一にできるだけ良質な品を取り扱うこと、第二にそれをなるべく手頃な値段で提供することは、長い目で見れば最も大切な要点である。それを実行する経営者の立場では、時流を見極めながら、買い手が求めている品目を察知し、その商品について熟知した上で、入手経路や価格設定について最も望ましい手段を模索する必要がある。このあたりの微妙な手綱さばきについては、リプトンが自伝の最終章で自らの信条を披歴した中で、「販売者」と「航海者」を二重写しにしながら、後進に向けての親心溢れる忠告として見事に語られているところである。

現在も「紅茶王」として知られるリプトンは、自らこの信条を実践する中、事業拡大の途上で取扱い品目としての茶葉の可能性に着目した。その当時から世間一般に自分の名前が茶葉と結びついていることを自認していたリプトンは、自伝の中でその経緯について「まず最初に一般的な食料品全般を取り扱う商売から出発した者であり、その事業が多少なりとも軌道に乗った後にお茶取引に着手した」ことを強調している。

英国における喫茶の習慣は、大航海時代に中国の茶がヨーロッパにもたらされる中で、英国にも一七世紀半ばに初めて移入された当初、珍奇ながら薬効ある貴重品として、まず宮廷や富裕層に紹介された。その後コーヒーハウスでお茶が飲めるようになり、トワイニングのように茶葉を販売する店も現れて、『英語辞典』を編纂したサミュエル・ジョンソン博士が大のお茶好きで知られるほど、一八世紀末には広く一般に普及した。一九世紀に入ると禁酒運動の代替飲料としてお茶の需要が高まり、新茶を中国から一刻も早く届けようとティークリッパーの競争が繰り広げられ、食習慣では夕食時間の繰り下げによって血糖値が下がる午後の空腹時間にアフタヌーンティーの習慣が人気を博した。このような状況で一九世紀の間に英国内の茶葉消費量は一〇倍に急上昇した。その一方、阿片戦争（一八四〇—四二年）を機に英国では中国に頼らない茶葉生産の必要性が生まれ、折しもインドのアッサム地方で茶樹が発見されると、一九世紀後半から近隣地域一帯で大規模な茶樹栽培が開始された。このため茶葉は、茶園で効率よく製造される工業製品となり、瞬く間に中国茶を抜いて膨大な重量のアッサム種の茶葉が英国に輸入されるようになった。こうして一段と喫茶習慣が普及する状況を察知したリプトンが茶葉取引に参入したのは、まさにこの時期であった。

リプトンの場合、ただ単に食糧商として自らの取扱い品目に茶を追加しただけはなかった。まず閉鎖的な茶葉市場の特殊性を彼自身が実地に確かめ、原価と卸値の差異に気づくと、それまでの自らの経験を生かして、仲買人を省いて加工から販売まで自ら一手に掌握するというリプトンが他の取扱品に採用してきた手法を茶葉販売にも応用することに決めた。専門的な茶葉市場でリプトンのような新参の素人に不利なブレンドの難題は、自社の組織力を生かした試行錯誤の研究努力で補足する中、さらに彼は、お茶の味わいは茶葉のブレンドだけでなく、すでに広範囲に店舗拡大していた販売地域による水質差の影響も大きいことを実感した。その結果、地域ごとの水質調査に基づいて茶葉を調整した斬新な発想の「あなたが住む町にぴったりのお茶」が生まれ、これが現在も日本を含む世界各地で販売されているリプトン黄色ラベルのお茶の発端となった。こうして彼が独自に開発ブレンドした茶葉を取扱便利な個包装の商品として、自社既存の販売網に乗せて手頃な価格で売り出すと、自然の成り行きで「リプトン紅茶」はすぐに圧倒的な評判を博して、それまでの茶葉市場を席巻することになった。彼はこの好機を逃さず、その後一年も経たないうちに次のステップに踏み出したのが、よく知られるセイロンでの大規模な茶園買収であった。

当時セイロンでは、同様の気候帯で生育するコーヒー栽培が、葉の光合成が阻害されるコーヒーさび病の発生で失敗に終わり、農地が売りに出されていた時期にあたる。その地所を買わないかと銀行家からリプトン指名で話があったことがきっかけではあったが、この時も彼は、即座にお忍びで現地を視察に出かけている。これも「チャンスは自分から出向いて摑むもの」という彼の若い頃からの信念の実践である。リプトンにとって、実際に茶園の所有者となったことは、従来の営業手法の応用にとどまらず、それを遥かに超える利点が多数あった。つまり、これまで手掛けたハムやチーズの場合、直接大量に仕入れても、それは卸売と販売の兼任で、酪農主になったわけではなかったが、茶園買収の場合、発想は同じでも、もう一歩踏み込んだ農園主として、商品の生育・加工・販売というすべての行程を一貫して完全に掌握できた。また類似のコーヒー栽培と比較すると、コーヒーの場合、現地で収穫した生豆を消費地に輸出してから焙煎する手間がかかるのに対して、茶葉は生産地で製品化できて生産コストが低く抑えられる。さらに植物性の茶葉は、動物性の生鮮品とは異なり、乾物で軽量のため、保存や運搬に適した商品であった。しかも茶は、生育地域が限られた品目であるため、その特定地域を広範に買収専売する意義は大きかったのである。この事実を端的に美しく表現した「ティーガーデンから直送便でティーポットまで」という謳い文句は、リプトン本人がセイロンからの帰国途上で思いつき、現在もリプトン紅茶の宣伝に使われている。

その後の農園整備では、洋の東西という根本的違いをリプトン自身が身に沁みて認識する機会となったが、彼は幾多の苦難を乗り越えながら、茶葉の収穫に効率的な手法を多数採用して生産工程を再編成した結果、生産高を飛躍的に上げることに成功した。この当時の英国内では、喫茶習慣が一般庶民まで広く浸透して、建築家マッキントッシュの室内装飾で名高いグラスゴーのウィロー・ティールームなどの素敵な喫茶店が次々開店する中、トワイニングをはじめ、タイフー、マザワッテなど専門の茶葉商が乱立して、ルイス百貨店では、リバプール港で船荷すべてを買い付けた手頃な自社銘柄を販売していた。その中にあって茶園から買収したリプトンの取扱高は桁違いで、現地から国内に茶葉を輸入する際、通関実績を塗り替えるほどの莫大な額面の小切手に署名して、さらに彼はその確かな証を提示して自社の宣伝に利用することも忘れなかった。

やがて英国向け自社需要を満たして商品供給にゆとりが生まれると、彼は、茶葉が生育する地元のセイロンやインドをはじめとするアジアにも製品を出荷して、さらにアメリカにも進出することになった。その当時リプトンは、自社用ハムやベーコンの需要を満たす目的で自らそれを製造する豚肉卸業を創始するために度々渡米する中で、当地にはアメリカ独立の契機となった一七七三年のボストン茶会事件以来、まだ日常的にお茶を飲む習慣がないことに気づき、熟考の末、卸売り限定で茶葉を提供することに決め、結果的にアメリカにおける茶葉市場の創設に寄与することになったのである。アメリカでは、気候風土や文化的要因から熱いお茶よりもアイスティーが好まれるため、今でもリプトンブランドは、アイスティー部門に強いことで知られている。

こうして茶葉を手頃な価格で世界各地に広く流通させたリプトンは、今日のように人々が気軽にお茶を楽しむ習慣が世界中に定着するほどの影響力があった人物といえる。この茶葉取引を巡るリプトンの一連の動きについては、本人も自伝中で「お茶について考えうる最も望ましく、しかも単純明解な販売形態によって、それを大量に売りさばくことができた」と述懐している。これは彼がすでに少年時代に悟った「勝負の秘訣は、先手かつ増強」という信条の実践が功を奏した好例であろう。

リプトン自身の自伝の記述では、茶葉市場に参入した当時や茶園買収後の整備に関して、その意図や目的は明示するものの、現実には容易でなかったことを断言するのみで、事の詳細については多くを語っていない。彼は、この時宜を得た自社茶葉部門の動きが破竹の勢いで急成長した事実を自慢話と受け取られることを何より嫌って、むしろ自伝執筆の機会は、それに関わる交友関係や感謝の念の表明に充てたかったものと思われる。この心情は、一般にリプトンが英国の叙勲で高位の爵位と称号をヴィクトリア女王から授与されたことで広く知られながら、自伝中ではその一件に一切言及せず、替わりに閲兵時の落馬騒動でエドワード王から「騎馬水兵」の冗談を賜った逸話を披露していること、また第一次世界大戦時の奉仕活動でセルビア王から授与された聖サヴァ勲章よりも現地語で「トムおじさん」と呼ばれたことを喜び、エリン号上で乗船客を迎える際もあらゆる肩書代わりに水兵帽をかぶった「トム・リプトン」でありたいと願った彼の本音であろう。貧富の差でなく、あらゆる階層の人々が皆自分なりの「人生という船」を操縦しながら精一杯生きている有り様に接する時、いつもリプトンが抱いた敬意の念には、彼自身の生まれはもとより、誰もが口にする食料品を扱って多様な人々と実際に接してきた職業柄による実感も加味されている。

こうして茶葉取引で広くその名を知られるようになったリプトンは、幼少時に両親の食料品店を手伝って以来、事業拡大してきたリプトン・マーケットの成功で得た巨万の富を元手として、その後年にはヨットの国際レースであるアメリカズカップに挑むばかりでなく、戦争で困窮する地域や貧しい人々に対する食事の援助にも賛同して活動している。なかでも「貧困者たちのための王室主催晩餐会」とアレクサンドラ王妃の基金による貧しい人々のためのレストラン創設については、自伝の中で一章を充てて紹介している。いずれもリプトン自身がこれまでの経験を生かして運営と経済の両面で直接関与して、貧困にあえぐ人々に対して原価に近い価格で仕入れた上質な食材を豊富に使った食事を存分に堪能できる機会を準備した。さらに晩餐会当日には、自らその場を訪れて招待客と言葉を交わし、実際に幸せをかみしめて歓喜する人々の姿に接した経験は、リプトンにとって、いかなる地位や名誉よりも、自分が天職として取り組んできた職業冥利に尽きるうち震えるような喜びであったと推察される。

同じく茶葉事業参入の最盛期から終生にわたって歴代シャムロック号を仕立てて臨んだアメリカズカップへの挑戦も、事業経営という裏方の立場にあったリプトンが、前述の王室支援と同じく一般社会に触れる表舞台の公的立場を自覚して実行した活動のひとつであった。貿易港として世界へ通じるクライド湾岸で過ごした少年時代から海洋や船に強い関心をもっていたリプトンにとって、事業で多忙を極めて度重なる渡米の機会において、海上にある時の「潮風の香り」は、肌で実感できる何よりの旅路の報いとなっていた。それが契機となって彼は、幼い頃からの夢の実現として、自ら蒸気小型帆船エリン号を所有して、週末になると知人たちを船上に招待してもてなすようになり、次いで競艇用にシャムロック号を仕立ててアメリカズカップに挑戦することになった。

国際ヨットレースの最高峰と称されるアメリカズカップは、大英帝国の隆盛期にあって一八五一年にロンドンで開催された第一回万国博覧会を記念して、英国の王立ヨットクラブであるロイヤル・ヨット・スコードロンが主催した英仏海峡のワイト島一周レースに端を発するものである。この当時の日本は、二年後の一八五三(嘉永六)年にアメリカからペリー代将率いる艦船四隻が浦賀に停泊する「黒船来航」によって、翌年には日米和親条約が締結された幕末と呼ばれる時期にあたる。記念レース当日には、海洋国を誇った英国の快速船一五隻と共に新興国アメリカから招かれて唯一参加したニューヨーク・ヨットクラブのアメリカ号が大差で快勝して、レースの賞品として用意された銀製カップを大西洋を横断してアメリカに持ち帰ることになった。以来、この競技は優勝艇の船名を冠したアメリカズカップと呼ばれ、そのカップ奪取に国の威信をかけて競うヨットレースとして現在に至る歴史があり、近代オリンピックより半世紀ほど早く始まった世界最古のスポーツ杯である。

リプトンがこの由緒あるアメリカズカップに挑む決意を固めたきっかけは、両親の出自であるアイルランドに敬意を表して、故郷に錦を飾りたいという志によるものであった。実際には、故国の技術力の粋を尽くした挑戦艇を建造してレースに臨みたいという彼の愛国心は、先端技術に照らして現実的ではなく叶わなかったが、自伝の冒頭でモナガン州のリプトン連中の逸話を紹介しているように、彼は、移民の子として生まれた自分が今在るのは、先祖のお陰と認識していた。つまり彼は、過去からの歴史の集積の上に現在が成り立っていることに敬意を払って、その成果であるアイルランドの造船技術を結集させた船で自らが世界に挑むことによって、自分の出自に対する恩返しをしたいと願ったのである。

彼は幼くしてすでに、身近な材料を利用して丹精込めて創り上げた模型の船を野原の泥沼に浮かべて近所の子供たちと競う「トミー・リプトン提督」としての経験を積んでいる。アメリカズカップ参戦の場合でも、まず問われるのが造船技術であり、それを叶える経済力および艇長率いる船員の操船技術も必須であるが、最終的にはその総合力が勝敗を決めるもので、リプトンはその統括者としての立場にあった。幸い彼の場合、すでに自らの事業経営において、長年にわたって多様な役割の人々を統合する推進力を発揮していたため、一見無関係な販売（sale）と航海（sail）の類似性に気づいて、本業を趣味にうまく応用することができた。

さらに船の技術革新のような工学は、常に従来の非常識を常識に変える挑戦の連続で、しかも理論の実証にとどまらず、安全性は人命にも関わり、実際に役に立たなければ価値がない実学である点も、リプトンがこれまで経験してきた人間の命をつなぐ食糧を扱う商売と同様であって、彼はそのいずれにも地に足が着いた持ち前の底力を発揮している。

アメリカズカップは、前回勝利を収めた防衛艇と予選を勝ち抜いてきた挑戦艇の一騎打ち勝負であるが、海上競技の場合、最先端技術を駆使して準備万端整えて臨むレースにおいて、当日の風や波を正確に読み取る技術が不可欠である。すなわち現実にその船を操る人間が対峙する究極の相手は、地球上の七割を占める海を擁する大自然であるといえる。これが古くから海を支配することが帝国の基盤とされた所以である。

このアメリカズカップという競技の性格を仮に日本の国技である大相撲と比べてみると、正方形の土盛り上に円形の土俵を配して天地を象徴した場所で、東西に分かれて対する力士たちがその勝負を神に奉納する相撲という神事をそのまま海上に移し替えれば、世界規模で人間の技術力とチームワークの粋を尽くして一対一で対決し、お互いに切磋琢磨していく契機がアメリカズカップである。それはいずれもこの地球上に生きる命として、抗しがたい大自然に対する畏敬の念のもと、明暗寒暖などの対極が相対相補で絶え間なく変化していく巡りが永久に順調であることを祈って古来世界各地で行われてきた伝統的年中行事の側面を兼備している。

リプトンのカップ参戦も、むろんのこと勝利を目指して全力投球するものであるが、その目的でレースに参加すること自体に意義があり、連敗しながら決して諦めず、シャムロック四号で臨んだ挑戦で惜しくも敗れた後、彼自身が自伝の中で「最終結果は、より勝った船が勝利を収めるものであることを哀愁を帯びた満足感のうちに思い知らされた」と締めくくっている。ここでもリプトンが少年時代に泥だらけの土手のぬかるみに浮かべた手作りの船を競って習得したという人生で最も大切な教訓「いかにして楽しく勝利し、いかに笑みを浮かべて敗北するか」が生かされている。

アメリカズカップは、このリプトンによる挑戦の後さらに半世紀を経た一九八三年、ついにニュージーランドが一三二年にわたるアメリカの連勝記録を打ち破る快挙を成し遂げた。だがリプトンのように、結果的にすべて敗北に帰しながらも、三〇年にわたって五回連続で挑戦し続けた「決して諦めない精神」の記録は、おそらく今後も決して破られない不滅の金字塔であろう。

彼の不屈の精神は、第一次世界大戦でヨットレース開催が中断された間にも形を変えて命がけで継続されていた。この開戦によって現実に若い兵士が出陣する姿を見て、戦争を止められなかった自分たちの世代の力不足を悔やんだリプトンは、ただちにエリン号を戦時病院船に改装して、自身も乗船して戦地に向かい、チフス感染や命の危険も顧みず、爆撃の中をくぐり抜けて支援に奔走している。この果敢な行為は、同時期に「鉄鋼王」として財を成した後に慈善家として活動して、リプトンとも古くから知己の間柄であった平和主義者のアンドリュー・カーネギーが、この開戦と同時に絶望のあまり、それまで綴ってきた自伝を突然まったく書き進められなくなった心境と好対照をなしている。

リプトンはこのセルビアでの支援活動に関する記述の中で、戦地でチフスのために殉死したドネリー医師について詳しく紹介している。これは彼にとって、医師を目指しながら夭折した兄であるジョンの思い出が重なって見えたばかりでなく、そのような何の見返りも求めない高貴な志の人物の存在を語り継ぐことによって多くの人々の規範としたいという意図による言及である。このような偉業の他にも自伝の随所で、かつての恩人に対する感謝の気持ちが表明されているのは、リプトンが自伝執筆の動機に挙げている通りである。

後年のリプトンは、仕事やアメリカズカップ参戦で渡米する際の豪華な歓迎会の度に、自分がかつて初めてアメリカの地を踏みしめた木賃宿での経験が脳裡に鮮やかによみがえって感慨にふけっている。これはちょうどエリン号上にも招いた同時代のアメリカ人作家マーク・トウェインの作品『王子と乞食』（一八八一年）のように身分を取り換えたかのような天と地ほど異なる自らの実体験に基づくものである。彼にとって常に周囲の人々から親切に助けられたことに対する感謝の気持ちは、恩返しとして自らの活動で英米両国間の絆を深めることに少しでも役立ちたいという思いにつながった。さらにリプトンは、地球上の多様な人間同士として、たとえ表面的一時的な差があるとしても、本質的には共通点のほうが多く、結局のところ、誰もが皆同じで平等であるとの達観を得るに至った。

当然のことながら、このようにリプトンが何事に対しても感謝の念を深くする背景には、単に幸運だったためでなく、それ以上に辛苦の経験を重ねたからこそその思いが感じられる。一例を挙げれば、自伝にはアメリカズカップに挑む中で各地域のヨットクラブから名誉会員の申し出を多数受けた言及があるが、「あとがき」でブラックウッド氏が紹介する一節によれば、世界で最も特権的な会員制クラブとされる英国のロイヤル・ヨット・スコードロンからは、むしろ長らく排他的な処遇を受けていたことが分かる。つまり自伝中に溢れる感謝の記述を表向きだけ受け取るのは皮相的な捉え方で、自称「楽天家」の真意は、「難有り、すなわち、有難し」であった。この実感は、幾多の苦難の後に初めて味わえる人生の醍醐味であろう。

　同じくブラックウッド氏の描写によれば、雇用したばかりの少年に励ましの言葉をかけ、いつも店舗の新規開店時に待ち構えて最初の顧客に商品を販売する役を務めたリプトンの姿には、かつて家計を助けるため学校を辞めて飛び込んだ文具店での丁稚奉公や両親を説得して自分の店をもたせてもらった時の様子が二重写しになっている。人が生きるために食べる糧を扱って、最上の品を良心的な価格で取り揃え、清潔な店内で自らも真っ白い服装で身支度を整えた上で、「今ここで自らが対峙する相手は、この宇宙において唯一の存在」と肝に銘じて接客する責任と自覚こそが、リプトンにとって「通商大使」としての誇りであり、終始貫いた初心であった。このように身近な足元のミクロから広大な宇宙のマクロまでを同時に把握した彼の視野と認識は、古代ローマの哲学者アウグスティヌスの『告白録』以来、「人間とは何か」の理想像を文学として描き出す試みである自伝が目指してきた境地のひとつである。

　リプトンは、幼い頃近所の兄弟を手伝ったゴム底産業、気球操縦者と連携した広告散布、アメリカズカップ報道の無線配信など、その時々の技術革新の成果を実感しながら、その有用性を見抜く先見の明を持ち合わせていた。実際、第一次世界大戦は赤十字社の募金活動などで広告の必要性が認められる契機となり、アメリカズカップで実施されたマルコーニによる無線送信の公開実験は、その後ノーベル物理学賞を受賞（一九〇九年）した発明で、さらにラジオ放送開始につながり、改組を経て現在の公共事業体ブリティッシュ・ブロードキャスティング・コーポレーション（ＢＢＣ）に至っている。このように新聞からラジオやテレビに発展する情報手段の拡充、馬車や船から自動車や気球を経て航空機が開発される交通網の整備など、目覚ましい進化と共に歩んだリプトンは、そのような歴史の集積とその途上で発展に寄与した多様な存在に敬意を表して、アメリカズカップが新たにユニバーサル・ルールを適用した際にも「発展は、もたらされるべくして起きるものであり、その実現は、随所で歓迎されるべきものである」と述べている。

リプトンの事業も、地元の食料品店という小売商から起業して、マッシュルームのように急成長を遂げて、リプトン・マーケットの最盛期には、国内外に数百店舗を展開して一世を風靡した。その店内は、店員がカウンター越しに商品を必要に応じて量り売りもする形態であった。この販売方法は、顧客自身が売り場で商品を手にとって選ぶセルフサービスでなかった以外、生鮮品を含む食料品を豊富に取り揃えるという点において、無駄を省いて加速化する時代の要請に応える画期的な手法で、その後のスーパーマーケットの出現を予見させる橋渡しとなった。

その中にあって、リプトン自身が自社事業の引退時に本社の執務室を訪ねた友人のブラックウッド氏に対して思わず見せた涙は、人の子として正直な感情の表出であろう。リプトン・マーケットも一世紀近い繁栄を誇った後、一九六〇年代までに英国内の店舗も姿を消すことになったのは、まさに栄枯盛衰、その役割を果たし終わった時代の流れである。

リプトンの茶葉事業は、一九七二年までにユニリーバに買収され、さらに二〇二二年までにCVCキャピタル・パートナーズに売却される予定であるが、現在、リプトンブランドの茶葉は、生物多様性の維持と持続可能な生活の確保を使命とする国政的非営利団体であるレインフォレスト・アライアンスが認証した茶園で生産されたものだけを使用するように切り替えられている。この認証制度が二〇〇七年に初めて認定したケニアの茶園は、民間企業としてのリプトンが、地元の個人農家に技術支援や雇用面で協力している。このような時代に先駆けた積極的な動きには、幾多の紅茶ブランドの中で「リプトン」であることの誇りと責任が継承されて、消費者がリプトンを選ぶことで、お茶を飲みながら、持続可能な社会の実現を支援できるようにという願いが込められている。良い品を手頃な価格で提供することで、多くの人に気軽に美味しいお茶を飲んで欲しいというリプトンの理念は、こうして一段と時代の変化に即した形で生かされている。

今も紅茶の代名詞であるリプトンは、体内で七割近くを占める水分を補給するために世界中で水に次いで飲まれているお茶と、地球上の七割を占める生命の起源である海を舞台に繰り広げられる国際ヨットレースの最高峰アメリカズカップにかける人々の果てしない夢の背後にそっと寄り添っている。それはすなわち命の糧と心の糧の双方を象徴する存在である。こうして「お茶のトム」リプトンは、私たちの日常生活の中に生き続けているのである。

訳者は、スコットランドの食文化に関心を抱いて学び、世界の喫茶文化についても興味をもって勉強している者である。その中で、リプトンがグラスゴーの食糧商から起業して、広告を上手に活用した商法で成功した人物であることは知っていたが、それは若くしてアメリカへ渡って学んだ成果であることと彼の自伝が存在することを知って驚いた。改めて考えてみれば、世界に広くその名を馳せる「リプトン」という人物について、自分がほとんど何も知らないことに気づいて、まずは自伝を読んでみようと思った次第である。実は当初、それは大富豪の自慢話であろうと期待せずに頁をめくっていたが、すぐにその先入観とはまったく正反対に充実した内容の貴重な書物であることを悟って、是非とも日本に広く紹介したいと願うようになった。翻訳にあたっては、「リプトン本人が日本語で書いたように訳したい」という意図で作業を進めてきた。もしこの願いが少しでも叶っているならば、一世紀近い年月を経た今、「事実が誤って伝えられることを好まない」リプトン自身が語った生涯が初めて日本語で出版されることをリプトンも喜んでくれることと信じたい。

出版は、論創社の森下紀夫社長が再びのご縁でお引き受け下さり、完成までにフレックスアート加藤靖司さんの端正なレイアウト、小山妙子さんの丁寧な校正作業、遥かな時空間の余韻が感じられる奥定泰之さんの風雅な装幀、日本に届いたリプトン紅茶が静岡で仕上げられていることを教えて下さったリプトン広報部から頂いた巻頭言など、多くの方々にお世話になった。そのご尽力成果を松永裕衣子さんが細やかな編集手腕で見事にブレンドして下さったお陰様で、当初の翻訳データが、書籍として読みやすい日本語版に仕上がったことを関係者の皆様に心から御礼申し上げたい。

二〇二一年一〇月

野口結加

年　月　日	世界の動き
1899年9月30日	［米国］デューイ歓迎式典開催
1901年1月22日	エドワード七世即位
9月14日	［米国］第26代ルーズベルト大統領就任（～1909年）
1902年1月30日	ロンドンで日英同盟調印
1903年	［米国］ヘンリー・フォードがフォード・モーター創業
12月17日	［米国］ライト兄弟が初の有人動力飛行に成功
1906年	ルーズベルト大統領が日露戦争講和斡旋でノーベル平和賞受賞
1909年	マルコーニが無線電信の開発でノーベル物理学賞受賞
1910年5月6日	エドワード七世逝去
1914～18年	第一次世界大戦
1915年2月21日	ドネリー医師　没
1922年	英国放送協会（BBC）設立
1927年5月21日	［米国］リンドバーグが大西洋単独無着陸飛行
1929年9月4日	［米国］株価大暴落→世界大恐慌
1930年4月11日	デュアー男爵　没

（参考文献 Mackay, James *The Man Who Invented Himself: A Life of Sir Thomas Lipton*. Mainstream Publishing, 1998.）

年　月　日	リプトン略年譜　＊（　）内は、自伝に言及がないもの
夏	アメリカズカップ挑戦を決意
晩秋	アメリカズカップ挑戦者として登録
1899年（10月）	アメリカズカップに初挑戦、マルコーニが通信実験を実施
1901年	アメリカズカップ二度目の挑戦
（1903年）	アメリカズカップ三度目の挑戦
（1905年9月18日）	エディンバラで行われた王室の軍隊閲兵で落馬
1907年暮れ	ウジェニー皇后からセイロン旅行手配の依頼
1908年1月	ウジェニー皇后に先立ちコロンボへ出発
1912年秋	ニューオリンズでかつての下宿の女主人と再会
1914年秋	エリン号を戦時病院船に改装してフランスへ同行
1915年	エリン号で赤十字社救急看護奉仕隊と共にセルビアへ
（1916年4月19日）	エリン号が潜水艦の魚雷攻撃で沈没
（7月）	（米国・デトロイトで販売術の国際会合に出席）
1919年3月	戦後初めてニューヨークを訪問、ドネリー夫人と会う
1920年	アメリカズカップ四度目の挑戦、デュアー男爵が同行
1923年10月2日	グラスゴーに帰郷、名誉市民権を授与
1930年	アメリカズカップ五度目の挑戦
（11月）	ニューヨーク市庁舎で「決して諦めない精神」を称える純金製カップを授与
（1931年10月2日）	（ロンドン・オシッジの自宅で亡くなる）
1932年	『リプトン自伝』出版

年　月　日	世界の動き
1845〜1852年	［アイルランド］ジャガイモ飢饉
1851年8月22日	第一回アメリカズカップ開催
1853年	［日本］浦賀にペリー代将率いる黒船来航
1867年	福沢諭吉が二度目の渡米
1869年11月17日	スエズ運河開通式にナポレオン三世の皇后ウジェニーが臨席
1874年1月	第一次グラッドストン内閣退陣
1877年	［米国］トーマス・エジソンが蓄音機を実用化
1881年	［米国］マーク・トウェイン『王子と乞食』出版
1882年	［米国］オマハにてパクストンホテル創業
1880年代後半〜	英国で喫茶習慣が一般化
1896年	［米国］クロンダイクで金鉱発見

関連年表

年　月　日	リプトン略年譜　＊(　)内は、自伝に言及がないもの
(1848年5月10日)	グラスゴーに生まれる
(1859年頃)	子供の遊びでヨット所有者として「トミー・リプトン提督」に就任
1860年11月	ケネディ文具店に初めての職を得る
(1863年頃)	アメリカに渡り、その直後、15歳になる
(1869年頃)5月10日	21歳の誕生日にストブクロス通りに最初の店を開店
(1874年頃)5月10日	26歳の誕生日をグリーンノック店の開店で祝う
(1877年頃)	リプトン紙幣の流通
(1878年頃)	グラスゴーで豚の行進
1881年12月	グラスゴー店で「ジャンボ」チーズをクリスマスに販売
1883年	初めてシカゴで豚肉卸売業を創始→以後、1890年まで頻繁に渡米
1884～1887年	リプトン・マーケットの事業確立
1888～1898年	茶葉取引および事業の国際的急成長期
1889年2月1日	母（フランシス）没
(1890年)	セイロンで茶園買収
(1891年8月25日)	リプトン紅茶（ダンバテン茶園）が1ポンド当たり35ギニーの史上最高値を付ける
(1891年頃)	ロンドンに本社を移転
(1892年)7月4日	オマハの自社豚肉加工場をアーマー社に売却
1893年	シカゴ博覧会に出展、お茶・コーヒー・コーヒーエキスで受賞
(1897年1月8日頃)	紅海でオロタバ号が座礁、投棄船荷にリプトン紅茶の宣伝を塗装
(6月22日)	（ヴィクトリア女王即位60周年ダイヤモンド・ジュビリー開催） 同日に「貧困者たちのための王室主催晩餐会」開催
(1897年10月)	茶葉輸入のため大英帝国関税局で£50,513 11s 3d額面の小切手に署名
(1898年1月8日)	アラスカ貿易会社と燻製ベーコン500トンの取引契約を締結
(1月18日)	（ヴィクトリア女王からナイトの称号を授与）

【る】

【れ】

【ろ】

【わ】

【へ】

【ほ】

【ま】

【も】

【ら】

【り】

【と】

【な】

【に】

【の】

【は】

【ひ】

【ふ】

【け】

【こ】

【さ】

【し】

【す】

【せ】

【た】

【て】

人名索引

†著者

トーマス・リプトン（Sir Thomas Lipton）

スコットランド・グラスゴーに生まれる。両親が営む食料品店を手伝う中、港町で船舶や海洋に興味を抱く。十代で単身渡米して見聞を広めた経験を生かし、自分の店を構えて、店舗拡大しながら事業経営に乗り出し、斬新な宣伝広告で好評を博す。当時、英国内で普及し始めた喫茶習慣にも着目し、セイロンで茶園を買収して大規模な商品流通を実現させ、「リプトン紅茶」は現在も世界中で販売されて人々に親しまれている。後年、趣味を生かして国際的なヨットレースであるアメリカズ・カップに連敗しながら30年挑んだ彼の「決して諦めない精神」は伝説的な金字塔となった。

†訳者

野口結加（のぐち・ゆか）

慶応義塾大学文学部英文学科卒業。料理研究家。専門分野は、スコットランドの食文化。国内外でマクロビオティックの料理クラス担当も務める。訳書に『英国の喫茶文化』（クレア・マセット著、論創社）、共著に『スコットランドを知るための65章』（明石書店）、『ケルト文化事典』（東京堂出版）などがある。

リプトン自伝

2022年2月25日　初版第1刷発行
2022年3月15日　初版第2刷発行

著　者　トーマス・リプトン
訳　者　野口　結加
発行者　森下　紀夫
発行所　論創社
東京都千代田区神田神保町2-23　北井ビル
tel. 03（3264）5254　fax. 03（3264）5232
web. https://www.ronso.co.jp/
振替口座　00160-1-155266

装幀／奥定泰之
組版／フレックスアート
印刷・製本／中央精版印刷
ISBN978-4-8460-2125-2　

本体1500円

クレア・マセット著／野口結加訳

英国の喫茶文化

魅惑のお茶の世界！　一杯の紅茶に秘められた歴史物語。お茶が大富豪にしか手が届かない贅沢品だった時代から、華麗なティールームやアフタヌーンティーの浸透を経て、誰もが気軽にティータイムを楽しむ時代へ——。英国で進化を遂げてきた喫茶の歴史を豊富な図版とともにひもとく、美しい〝お茶の文化誌〟。